3억 원어민이 사용하는 생생한 영어표현

MAD for 영어회화 LITE

이상민 지음

03

MAD for 영어회화 Lite 03

지은이 이상민
펴낸이 이상민
펴낸곳 (주)매드포스터디

초판 1쇄 발행 2018년 7월 11일

검감수 JD Kim, Jodi Lynn Jones
기획/책임편집 이상민
표지디자인 한지은
본문디자인 홍정현
편집디자인 이상민
일러스트 이동윤

매드포스터디

주소 : 서울시 성동구 성수일로 89, 906호
이메일 : publish@m4study.com
연락처 : 1661-7661
팩스 : (02)6280-7661
출판등록 : 2010년 11월 2일 제 2010-000054호

값 12,000원
ISBN 979-11-953011-6-4 14740
ISBN 979-11-953011-3-3 14740 (전 10권)

www.m4books.com
매드포스터디 홈페이지를 방문하시면 MP3 자료를 비롯한
유용한 학습 콘텐츠들을 무료로 이용하실 수 있습니다.

3억 원어민이 사용하는 생생한 영어표현

MAD for 영어회화 LITE

이상민 지음

03

머리말

전화영어·화상영어 사업은 진입 장벽이 상당히 낮아 보입니다. 저도 12년 전 대학교 3학년을 마치고 우연한 기회로 찾은 땅 필리핀에서 이 사업을 시작하게 됐죠. 하지만 막상 뚜껑을 열어보니 고민해야 할 것이 너무나 많았는데, 그중 하나가 바로 교재였습니다.

그냥 시중에 판매되는 인기 교재를 사용하면 되지 않냐고요? 네, 저도 처음엔 그렇게 생각했답니다. 하지만 수강생들의 진도 관리가 자동으로 이루어지고, 화상 수업 시 교재를 화면에 공유하려면 교재들이 어떤 방식으로든 온라인화되어야 했는데, 시중 교재를 이용하려면 스캔해서 불법으로 사용하는 수밖엔 없었습니다. 설마, 현지 교육센터에서 전체 교육과정에 편성된 책들을 모두 강사 수만큼 구매해서 수업 시간마다 실제 책을 보며 가르친다고 생각하진 않으시죠?

전 합법적인 방법으로 시중의 우수한 교재들을 이용하고 싶었습니다. 그래서 몇몇 출판사들의 문을 두드렸죠. 하지만 그 당시 출판사들은 자사의 교재를 온라인화하는 것에 대해서 상당히 부정적이었습니다. 불법적으로 이용하는 업체들은 널리고 널렸는데 아무런 제재도 가하지 않고, 합법적으로 이용하겠다는 업체는 허락해주질 않고... 억울한 마음에, 그리고 어쩔 수 없이 제가 선택한 방법은 모든 교재를 자체 개발하는 것이었습니다.

필리핀 현지에는 뛰어난 강사들이 많습니다. 타 업체들처럼 이들을 활용하면 교재 개발이 그리 어려운 일이 아닐 것 같았고, 저도 상당히 짧은 기간에 30여 권의 교재를 개발하여 서비스에 이용했습니다. 하지만 개발된 교재를 이용하며 늘 아쉬움이 남았는데, 결론적으로 말해서, 영어 구사 능력이 뛰어나거나 잘 가르친다고 해서 좋은 교재를 만들 수 있는 능력까지 갖춘 것은 아니더군요. 더구나 필리핀 강사들은 영어를 모국어로 사용하는 게 아니라 단지 공용어로 사용할 뿐이라서 원어민만이 표현할 수 있는 생생한 표현력이 부족했습니다.

전화영어·화상영어는 현지 어학원과 마찬가지로 학습 효과를 강사의 교수 능력에 상당 부분 의존합니다. 쉽게 말해서, 강사를 잘 만나야 실력이 늘 수 있죠. 하지만 전 어느 강사와 수업하든지, 저희 매드포스터디에서 공부하면 무조건 실력이 늘게 해주고 싶었습니다. 그래서 내린 결론이 "훨씬 수준 높은 교재를 개발하여 강사 의존도를 낮추고, 배운 내용을 훈련할 수 있는 온라인 랩실을 제공하자."였고, 2012년 저는 "1년 내 완성"을 목표로 다시 교재 개발에 착수했습니다.

이미 30여 권의 교재를 개발해본 내공이 있어서인지, 교재 개발은 상당히 순조로웠고, 얼마 안 있어 전체 원고가 완성됐습니다. 하지만 여전히 만족스럽지 않았습니다. 너무 원서 스타일로 만들어서 초보 학습자들에겐 어려웠고, 수업용 교재라기보다 독학서 성격이 강했죠. 이 시기에 실력파 저자 JD Kim 선생님과 여러 북미 원어민 저자들이 합류하게 됩니다.

그동안 투자한 시간과 돈이 아까웠지만, 저희는 처음부터 다시 시작하기로 하고 시중 도서들부터 다시 조사했습니다. 하지만 국내 도서들은 대부분 독학서였고, 그나마 수업용으로 활용 가능한 해외 원서들은 초보 학습자에겐 너무 어려웠습니다.

전화영어·화상영어 서비스를 12년간 제공하며 쌓인 레벨테스트 통계로 알게 된 사실은 수강생들의 평균 말하기 수준이 상당히 낮다는 것이었습니다. 대부분 초보이거나 심지어 왕초보들도 많았죠. 이들의 학습 의지를 꺾지 않으면서도 원어민과의 과외식 수업에 딱 맞는, 심지어 독학서로도 활용될 수 있는 새로운 형태의 교재를 개발하기란 여간 어려운 일이 아니었습니다. 결국, 완성하고 뒤엎길 수차례 반복하면서 이 책을 선보이기까지 4년이라는 시간과 어마무시한 비용이 투자됐네요.

사실, 제가 이 이야기를 통해 어필하고자 하는 부분은 개발에 소요된 시간이나 투자된 비용이 아닙니다. 저희가 학습자들의 실력 향상을 위해 얼마나 고민해왔는지, 더 수준 높은 교재를 만들기 위해 얼마나 노력해왔는지, 이 교재에 얼마나 많은 사람들의 정성과 진심이 담겼는지를 알아주셨으면 좋겠습니다. 그리고 반드시 이 교재를 통해 영어 울렁증도 치료하시고요.

생생한 현지 영어를 하나라도 더 알려주시려고 막판까지 욕심을 부려주신 JD Kim 선생님과 책의 완성도를 높이기 위해 눈이 빠져라 살펴봐주신 Jodi 선생님, 책의 출판을 위해 많은 도움을 주신 김거송 원장님, 김영훈 대표님과 매드포스터디 임직원분들, 그리고 끝으로 그동안 "올해는 반드시 끝낼 거야."라는 부도수표를 항상 믿고 응원해준 제 아내에게 감사의 말을 전하며, 모든 영광을 하나님께 돌립니다. 감사합니다.

이 상 민

이 책의 특징

상황별 회화를 중심으로, 어휘 및 유용한 표현, 문장 패턴, 관련 문법, 미국 문화 등 영어를 종합적으로 배울 수 있게 구성했습니다.

이 책은 첫 만남, 헤어짐, 통성명 등 특정 상황에서 사용되는 회화 표현만 가르치는 일반적인 상황별 회화 교재와는 달리, 상황별 회화를 중심으로 하되 관련된 것들이 꼬리의 꼬리를 물도록 설계했습니다. 결과적으로, MAD for 영어회화 시리즈를 마스터하면 5권 정도의 회화학습 책과 더불어, 3권 정도의 어휘 및 표현학습 책, 1권 정도의 패턴영어 책, 그리고 회화 시 주로 사용되는 핵심 문법까지 학습하는 효과를 기대할 수 있습니다.

죽은 영어가 아닌, 살아 있는 현지의 "생생한 표현"을 담으려고 노력했습니다.

국내 포털의 영어 사전이나 검색을 통해 습득한 유용한 표현을 원어민과의 대화 시 사용해보면 못 알아듣거나, 어색하게 생각하거나, 틀린 표현이라며 교정해주는 경우가 많습니다. 반대로, 원어민이 유용하다며 알려준 표현이 정확히 무슨 뜻인지 알고 싶어서 검색해보면 도저히 관련된 정보가 안 나오는 경우도 많죠. 사실, 국내 포털의 영어 사전이나 국내 학습자들이 쓴 블로그, 카페 등의 콘텐츠에는 더 이상 사용하지 않는 "죽은 표현"이나 "틀린 표현"이 많습니다. 이 책은 JD Kim 선생님을 비롯한 여러 원어민 선생님들의 도움으로 국내 포털에서는 검색해도 잘 안 나오는 현지의 "생생한 표현"을 담고 있습니다.

슬랭을 비롯해 좀 과하다 싶은 표현들도 포함시켰습니다.

원어민이 다가와서 뭐라 뭐라 말하는데도 무슨 말인지 알 길이 없어 그냥 웃으며 "땡큐" 했는데, 나중에 알고 보니 그게 욕이었다면? 저는 "언어는 선택이다."라고 생각합니다. 알지만 "사용해도 될지 말지"는 말하는 사람의 "도덕적 또는 상황적 판단에 의존한 선택"이란 말이죠. 전 이 책으로 공부하는 학습자가 자신을 향해 욕하는 사람에게 웃으며 고맙다고 말하는 어이없는 경험을 하지 않도록 어느 정도의 슬랭과 과한 표현들을 이 책에 포함했습니다.

왕초보 학습자를 위한 한글 설명을 비롯해 추가적인 표현이나 팁을 포함시켰습니다.

누군가에게 자랑하기에는 원서가 좀 더 있어 보이죠? 그래서인지, 학습자들 중에는 한글이 포함된 교재를 무시하는 사람들이 간혹 있습니다. 또한, 어떤 분들은 "주니어를 대상으로 하는 학원에 공급하려면 원서로 만들어야 학부모들의 관심을 끌 수 있다"며 조언해주시기도 했습니다. 하지만 앞서 머리말에서도 언급했듯이 12년간 전화영어·화상영어 서비스를 제공하면서 원서로 원활히 학습할 수 있는 실력자들이 많지 않다는 사실을 알게 되니 도저히 한글의 도움을 배제할 수가 없었습니다. 이미 영어 실력이 상당하다면 회화를 학습하고 있지도 않겠죠? 이 책은 원서로 만들 수 없어서 한글 설명이나 팁을 포함시킨 것이 아니라 한국 회화 학습자들에게 가장 적합하다고 판단했기 때문에 의도적으로 한글 설명이나 팁을 포함했습니다.

원어민과의 과외식 수업을 위해 개발된 교재이지만 혼자서도 충분히 학습할 수 있게 만들었습니다.

이 책은 개발 초기 전화영어·화상영어 수업용 교재로 개발됐습니다. 하지만 전화영어·화상영어 수업 자체가 원격교육(遠隔敎育)이라는 특성만 제외하면 일종의 과외식 수업이기 때문에 원어민과의 개인 과외나 어학원 수업, 또는 대학교 영어회화 수업에서도 활용이 가능하답니다. 또한, 한글 설명과 유용한 팁들이 포함돼 있어 혼자서도 충분히 학습할 수 있습니다.

"MAD for 영어회화" 시리즈의 라이트 버전입니다.

이 책은 먼저 개발된 "MAD for 영어회화" 시리즈의 라이트 버전입니다. 풀 버전이 심화학습과 향후 스마트러닝을 목표로 개발된 버전이라면, 라이트 버전은 단순히 내용을 줄인 것이 아니라 기존 전화영어·화상영어 수업에 맞게끔 기본적인 내용을 중심으로 재구성한 버전입니다. 풀 버전과 비교하여 예문이나 대화문, 설명이 줄어들고, 복습용 Refresh Your Memory 파트와 수업 후 학습 내용을 점검할 수 있는 Wrap-up Quiz 파트, 그리고 문장 연습을 위한 Must-Remember Expressions 파트가 통째로 제외된 점은 아쉽지만, 10분 수업에 최적화된 점과 초보 학습자를 위한 번역이 더 많이 포함된 점, Understanding 파트 중간중간에 빈칸을 두어 유용한 표현이나 학습 내용을 점검할 수 있도록 구성된 점, 그리고 학습 내용을 연습할 수 있도록 Practice 파트가 추가된 점이 풀 버전과 다른 라이트 버전만의 매력이라고 할 수 있습니다.

이 책은 다음과 같이 학습할 때 가장 효과적입니다. 물론, 이는 최소 시간이며, 시간적인 여유가 된다면 부족한 부분에 더 많은 시간을 할애하는 것도 좋습니다.

1단계 - 어휘 암기 및 예습(20분) : 당일 학습할 내용 중 익숙지 않은 어휘만 따로 정리하여 암기한 후, Street Smarts 파트의 설명이나 팁도 미리 예습합니다.

2단계 - 실제 수업(10분) : 선생님과 함께 Understanding 파트와 Practice 파트를 학습합니다.

3단계 - 복습 및 훈련할 문장 정리(20분) : 당일 학습 내용을 복습하면서 자신이 평상시 사용할 법한 유용한 문장들을 따로 정리합니다. 이 단계에서는 풀 버전의 Must-Remember Expressions 파트를 활용하면 문장 선정과 추가적인 표현 습득에 유용합니다.

4단계 - 훈련(20분) : 3단계에서 정리해둔 문장들을 문장별로 소리 내어 연습합니다. 문장 연습 방법은 이 책 12페이지에 소개한 "문장 연습은 이렇게..."를 참고하세요.

이 책의 구성과 활용

Understanding - 당일 학습 내용 전달 파트

당일 학습해야 할 핵심 내용이 담긴 파트로, 크게 2~4개의 섹션으로 구성돼 있습니다. 이 파트에서는 일방적인 강의식 수업이 되지 않도록 설명이나 예문, 대화문 중간중간에 빈칸을 포함시켰습니다. 빈칸은 학습한 내용을 제대로 이해했는지 점검 차원에서 등장하기도 하며, 유용한 어휘나 표현을 소개하기 위한 목적으로 등장하기도 합니다. 특히, 유용한 어휘나 표현을 소개하는 섹션의 경우에는 Cheat Box라고 하는 힌트 상자를 제공하여 빈칸에 들어갈 적절한 어휘나 표현을 찾는 데 도움을 주기도 합니다. 정답은 Understanding 파트 끝부분에 제공됩니다.

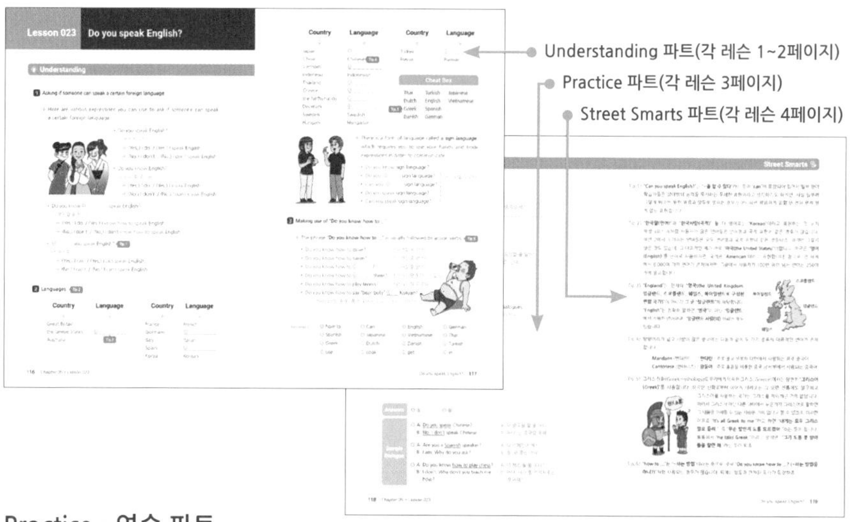

Practice - 연습 파트

학습 내용을 제대로 이해했는지 점검하면서 당일 학습한 표현들을 연습할 수 있도록 구성된 파트로, 다양한 유형의 문제들이 제공됩니다. 일부 유형을 제외하고, 각 문제는 대부분 대화문으로 구성돼 있습니다.

Street Smarts - 초보 학습자를 위한 한글 설명 파트

초보 학습자를 위한 설명, 특정 표현의 뜻과 유래, 미국 문화, 추가적인 표현 등이 제공되는 파트로, 복습보다는 예습을 위한 용도로 활용하는 것이 좋습니다. Understanding 파트의 내용 중 부연 설명이 필요한 부분에는 Tip.1 과 같은 아이콘이 등장하는데, 각 팁 번호는 Street Smarts 파트의 팁 번호와 일치합니다.

회화 잘하는 법

2014년 6월쯤, 어릴 적부터 알고 지낸 한 친한 동생이 갑자기 절 찾아와서는 "형, 회화 실력을 늘릴 수 있는 방법 좀 알려줘."라고 상담을 요청했습니다. 직접 누군가를 가르치는 것에서 손을 뗀 지 15년 가까이 되었는데도, 아직 내게 이런 상담을 구하는 게 고맙기도 했지만, 한 편으로는 답답함이 밀려왔습니다. 그 동생은 오랫동안 어학연수도 받아보고, 학원도 다녀보고, 전화/화상 영어도 이용해본 애였거든요. 전 영어 교육학 박사는 아닙니다만, 나름 오랫동안 영어를 공부하면서 많은 고민을 해봤기에 그 애의 입장에서 같이 해답을 찾아보려고 노력했습니다.

이야기를 나눠본 결과, 그 애가 정말 단순하면서도 중요한 사실 하나를 놓치고 있다는 것을 알게 되었습니다. 바로 "말하기(Speaking)는 직접 자신의 입으로 말해야만 실력이 는다"는 거죠. 어찌 보면 너무나 당연한 말이기에, 한 편으로는 맥 빠지는 해답일 수도 있지만, 스스로에게 한번 물어봅시다. 그걸 알면서 왜 실천하지 못하는지.

인터넷 서핑을 하다가 어떤 분이 이렇게 말씀하시는 걸 봤습니다. "너네가 왜 공부를 못하는 줄 알아? 너흰 공부를 안 해! (그러니까 못하는 거야.)" 와... 이런 걸 팩트 폭력이라고 하더군요. 맞는 말이라서 반박도 하기 힘든... 이것을 회화 버전으로 바꿔서 표현해보겠습니다. "여러분이 왜 회화를 못하는 줄 아세요? 여러분은 영어로 말을 안 해요."

"말하기(Speaking)는 직접 자신의 입으로 말해야만 실력이 는다"

사람들은 어떤 분야가 되었건 영어공부에 있어 소극적이며, 수동적입니다. 토익을 잘하려면 토익 학원에 가고, 회화를 잘하려면 어학연수를 가며, 문법을 배우려면 과외를 받습니다. 어떻게 해야 토익을 잘할 수 있고, 회화를 잘할 수 있으며, 문법을 잘 알 수 있는지 고민하기보다, 그런 것들을 가르쳐주는 장소나 사람에 의존하죠. 하지만 정작 학습법 자체를 모르면 그런 장소나 사람을 활용해도 크게 효과를 못 보게 됩니다.

어학연수를 떠났던 한 청년이 있었습니다. 나름 문법에 자신 있었던 그는 어학원에 다닌 지 한 달 만에 회화책 4권을 끝냈습니다. 별로 어려운 내용이 없었던 거죠. 하지만 한 달 후에도 여전히 회화 실력은 "어버버"였습니다. 부끄럽지만 바로 어릴 적 제 경험입니다. "회화"라는 게 어려울까요? 사람들이 평소에 주고받는 말을 "회화"라고 한다면, 그게 어려우면 이상하겠죠. 회화는 쉽습니다. 문법 전문가가 아니더라도 회화책을 그냥 쭉 읽어보면 대부분 이해가 될 정도로 쉽습니다. 제가 한 달 후에도 회화 실력이 늘지 않았던 이유는 회화책을 독해책 공부하듯 공부했기 때문이었습니다. 눈으로 보고 이해만 되면 학습을 끝냈다고 생각하고 진도 빼기 바빴던 것이죠. 사실, 독해책보다 회화책이 내용적인 면에서는 훨씬 쉽습니다.

회화 실력이 늘지 않았던 이유는 회화책을 독해책 공부하듯 공부했기 때문이었습니다.

"독해책 공부와 회화책 공부가 어떻게 다르길래 그러냐?"라고 물으신다면, "천지 차이"라고 답변 드리겠습니다. 언어에 있어 듣기(Listening)와 읽기(Reading)가 정보를 받아들이는 INPUT 영역에 해당한다면, 말하기(Speaking)와 쓰기(Writing)는 습득한(또는 획득한) 정보를 사용하는 OUTPUT의 영역에 해당합니다. 독해는 정보를 읽고 이해하는 것이 목적이지만, 회화는 의사소통이 목적입니다. 목적 자체가 다르며, 당연히 학습법도 다르죠.

여기서 한 번 생각해볼 문제는, 내가 내 입으로 말할(Speaking) 수 있는 내용을 상대방의 입을 통해 듣게(Listening) 되면 귀에 더 잘 들리며, 내가 글로 쓸(Writing) 수 있는 내용을 책으로 읽었을(Reading) 때 더 눈에 잘 들어오더라는 사실입니다. 하지만 반대로, 눈으로 봐서 이해한 내용을 다시 글이나 말로 표현하라고 하면 어려운 경우가 많습니다. 즉, 영어 학습 시 말하기와 쓰기 위주로 학습하면 듣기와 읽기 능력은 어느 정도 함께 상승하는 사례가 많지만, 듣기와 읽기를 잘한다고 해서 말하기나 쓰기 실력이 눈에 띄게 상승하는 사례는 드뭅니다. 물론, 네 가지 영역을 골고루 학습할 수 있다면 더욱 좋겠지만, 그럴 수 없다면, OUTPUT 영역을 위주로 학습하는 것이 훨씬 좋다고 말씀드리고 싶습니다.

다시 돌아와서, 저는 OUTPUT을 위한 회화책을 INPUT을 위한 독해책처럼 학습했습니다. 따라서 한 달이 지났을 때 책의 스토리는 대충 이해가 되었지만(당연히 글처럼 읽었으니) 배운 내용 중 그 어느 것도 제 입으로 쉽게 표현할 수는 없었습니다. 저는 비싼 돈 주고 책을 읽은 셈이었습니다.

저는 비싼 돈 주고 책을 읽은 셈이었습니다.

전 제 나이 또래 대부분의 사람들처럼 어릴 적부터 일본식 영어 발음에 익숙해 있었습니다. 따라서 발음은 엉망진창이었죠. 어떤 발음은 잘 들리지도 않고, 입으로 잘 나오지도 않았죠. 분명히 아는 발음인데도 제 머리와 제 입은 따로 놀았습니다. 하지만 토익 L/C 자료로 문장을 "따라 읽고", "동시에 말하는" 훈련을 하던 중 제 입으로는 불가하다고 생각했던 발음이 제대로 나오기 시작했습니다. 오호라~ 그때 비로소 깨닫게 되었습니다. 언어라는 건 머릿속으로 이해하는 것과 내 몸(입과 귀)이 습득하는 게 다르다는 사실을요. 즉, "안다는 것"과 "말할 수 있다는 것"이 다르다는 것을 알게 되었습니다.

회화는 아무리 쉬운 표현이라도 필요한 상황에 자신의 입으로 툭 튀어나오지 않으면 "회화를 학습했다"고 말할 수 없는 것입니다. 그러려면 머릿속 지식이 육체적인 감각, 즉 입을 통해 자연스럽게 나올 수 있도록 훈련하는 수밖에 없습니다. 이러한 의미에서 "말하기(회화)는 말하기를 통해 학습해야 한다"는 "아주 단순하면서도 대부분의 사람들이 실천하지 않는 진리"가 나오는 것이랍니다.

"안다는 것"과 "말할 수 있다는 것"이 다르다는 것을 알게 되었습니다.

회화를 학습할 때 원어민의 역할은 절대적이지 않습니다. 원어민 강사의 노하우나 체험에서 우러나오는 자세한 설명이 필요한 경우가 아니라면 자신이 알고 있는 내용을 써먹을 대화상대로, 더 정확히 말하자면 배운 내용을 입으로 훈련시켜줄 트레이너로 필요한 경우가 대부분이죠. 실제로 내용 이해는 한국 강사의 설명을 듣거나 한국말로 설명된 교재를 보는 게 더 빠릅니다. 그럼에도 불구하고 어학연수 가서 회화 수업을 받는 사람들을 보면, 하루에 6시간 넘게 1:1 수업을 하면서도 원어민 선생님의 설명을 듣고 이해하거나, 또는 책을 보고 이해하느라 수업 중 대부분의 시간을 낭비하는 학생들을 많이 봅니다. 이것은 전화영어나 화상영어 학습 때도 그대로 나타납니다. 제 말의 핵심은 어학연수나 전화영어, 화상영어가 효과가 없다는 말이 아닙니다. 그것을 활용하는 방법이 잘못되었다는 말이죠. 즉, 원어민과의 수업 시간은 자신이 아는 내용이나 학습한 내용을 훈련해야 할 시간인데, 그제서야 머릿속에 정보를 집어넣고 있다는 것입니다.

회화 공부는 훈련할 내용을 학습하고 이해하기 위한 시간과, 그것을 실제로 내 입으로 훈련하기 위한 시간이 필요합니다. 어학연수나 전화영어, 화상영어 학습의 관점에서 보자면 예습의 시간이 있어야 한다는 말입니다. 정보는 미리 머릿속에 담아와야 하고, 실제 수업 시간에는 그것을 내 입으로 훈련하는 시간으로 삼아야 합니다. 예습이 총알을 장전하는 시간이라면, 본 수업은 전투의 시간입니다. 매우 공격적이어야 하죠. 특히, 어학연수와는 수업 시간이 비교가 안 될 정도로 짧은 전화영어와 화상영어 학습은 수업 후에도 약 30분가량 자기만의 훈련 시간을 따로 가져야 합니다.

예습이 총알을 장전하는 시간이라면, 본 수업은 전투의 시간입니다.

이제, 지금까지 구구절절하게 설명한 내용을 요약해 "회화 잘하는 법"에 대한 결론을 짓겠습니다.

첫째, 회화는 '독해'가 아니라 '말하기'입니다. 읽지(Reading) 말고 말(Speaking)하십시오.
둘째, 원어민과의 수업 시간을 낭비하지 마십시오. 총알은 미리 장전해야 합니다.
셋째, 수업 시간에는 훈련에 집중하십시오.
넷째, 학습한 내용을 자신의 입으로 훈련하는 시간을 하루 최소 30분 이상 가지세요.

혼자서 훈련하는 시간을 꼭 가지세요. 훈련 시간을 낼 수 없다면, 어학연수나 전화영어, 화상영어 수업은 앞서 제 경험처럼 "비싼 돈 내고 책 읽는" 학습이 되기 쉽습니다. 훈련할 시간이 없다는 건, 회화 학습을 하기 싫다는 말입니다.

훈련할 시간이 없다는 건, 회화 학습을 하기 싫다는 말입니다.

마지막으로 한 말씀 드리고 글을 마무리하겠습니다. 아무리 좋은 교재가 나오고, 아무리 좋은 학습법이 개발되어도, "회화 실력은 자신이 직접 자기 입으로 훈련한 시간에 비례한다"는 사실은 변하지 않습니다! 이 책을 선택한 여러분은 "회화를 잘했으면 좋겠다"라는 막연한 바람에서 머물지 않고, 직접 책을 선택해 학습하려는 적극적인 의지가 있는 분들이라 믿습니다. 그러니 이제 같이 훈련을 시작합시다. 여러분은 할 수 있습니다.

회화 실력은 자신이 직접 자기 입으로 훈련한 시간에 비례합니다!

문장 연습은 이렇게...

혹시 "러브액츄얼리"라는 영화를 보셨나요? 영화에서 등장하는 여러 커플 중 어느 커플이 가장 기억에 남으세요? 보통은 스케치북으로 청혼하는 장면만 기억하시더군요. "TO ME, YOU ARE PERFECT" 기억나시죠? 제 경우엔 서로 언어가 달라 의사소통이 안 되던 작가 제이미와 포르투갈 가정부 오렐리아 커플이 가장 인상에 깊게 남았습니다. 제이미가 오렐리아를 바래다주는 상황에서 제이미는 영어로 "난 널 바래다주는 이 순간이 가장 행복해."라고 말하고, 오렐리아는 포르투갈어로 "전 당신과 곧 헤어져야 하는 이 순간이 가장 슬퍼요."라고 말하는데, 어쩜 같은 순간 같은 감정을 이처럼 다르게 표현할 수 있는지... 그 장면과 더불어 기억에 남는 건 제이미가 어학원 랩실에서 헤드셋을 끼고 열심히 포르투갈어를 공부하는 장면입니다. 눈치채셨나요? 바로 이 장면을 소개하기 위해 러브액츄얼리 이야기를 꺼낸 것이랍니다. 제이미가 오렐리아에게 청혼하기 위해 어학원에서 열심히 훈련했듯, 회화를 끝장내려는 의지가 있는 여러분이라면 적어도 제이미 이상의 노력을 기울여야 한답니다.

회화는 표현이 생명입니다. 특정 상황에서 얼마나 적절한 표현을 사용하는가가 중요하죠. 그러려면 많은 표현을 알고 있어야겠죠? 표현은 하나의 "단어(word)"일 수도 있고, "구(phrase)"일 수도 있고, "문장(sentence)"일 수도 있는데, 어차피 대화는 대부분 문장 단위로 할 것이므로 문장 단위로 연습하는 것이 좋습니다.

훈련에 앞서 가장 먼저 해야 할 것은 어떤 표현을 훈련할 것인지 "선택"하는 것입니다. 보통, 의욕이 앞서는 학습자는 맞닥뜨리는 표현을 몽땅 외우려고 덤볐다가 일주일도 못 가 포기하곤 하는데, 표현 선택 시에는 반드시 자신이 소화할 수 있는 양에서 최대 110% 정도만 선택하는 것이 좋습니다. 또한, 특이하고 재미있다고 해서 자주 쓰이는 건 아니므로 자신이 평소 자주 사용할 법한 표현들로만 선택하도록 합니다.

훈련할 표현을 정리했다면 제일 첫 단계는 "따라 읽기"입니다.

1-1 음원을 먼저 재생한 후 귀 기울여 듣습니다.

1-2 음원과 최대한 비슷하게 따라 읽어봅니다.

➡ 이렇게 한 문장당 최소 15회 이상 반복합니다.

두 번째 단계는 "동시에 말하기"입니다.

2-1 음원 재생과 동시에 말하기 시작합니다.

2-2 음원이 끝날 때 같이 끝날 수 있게 합니다.

➡ 이 단계 역시 한 문장당 최소 15회 이상 반복합니다.

이처럼 20~30여 회 이상 신경 써서 읽은 문장은 입에 익어서 적시에 무의식적으로 튀어나오기도 합니다. 이와 더불어 첫 번째 단계에서는 발음이 개선되고, 두 번째 단계에서는 억양과 강세까지 개선되는 효과를 기대할 수 있습니다. 연습해보면 알겠지만 두 번째 단계에서는 문장이 조금만 길어져도 비슷한 억양과 강세로 말하지 않으면 동시에 끝나지 않는답니다.

이 훈련에서는 주의해야 할 것이 세 가지 있습니다.

첫째, 간혹 반복 횟수에만 신경 쓰고, 정작 문장 내용이나 발음에는 신경을 안 쓰는 학습자들이 있는데, 그러면 그냥 멍 때리는 것과 같답니다. 반드시 문장 내용과 발음에 신경 쓰면서 읽어야 합니다.

둘째, 단계별 훈련 방법 소개에서 첫 번째 단계는 따라 "읽기"라고 표현했고, 두 번째 단계는 동시에 "말하기"라고 표현한 것 눈치채셨나요? 첫 번째 단계에서는 눈으로는 문장을 보고 귀로는 음원을 들으면서 연습하는 것입니다. 반면, 두 번째 단계에서는 보지 않고 "말해야" 합니다. 암기하면서 훈련하는 것이죠.

셋째, 말하는 내용은 다시 자신의 귀를 통해 2차 자극을 주게 됩니다. 즉, 자신이 말하는 내용이 다시 자신의 귀에 들리게 되면서 뇌에 반복 자극을 준다는 것이죠. 하지만 귀는 자신이 평상시 말하는 소리 크기에 익숙해져 있어서 평상시보다 더 크게 말해야 한답니다. 이러한 이유로 지금까지 이 방법으로 훈련해본 적이 없었던 학습자들은 하루 이틀 만에 목이 쉬기도 합니다.

자, 이제 문장 연습 방법을 충분히 이해하셨죠? 소금물 가글 준비하시고, 오늘부터 꾸준히 30분 이상 이 방법으로 훈련해보세요! 한 달이 지날 즈음엔 표현력과 더불어 발음/억양/강세가 눈에 띄게 향상돼 있을 거예요. 쏼라쏼라 영어 방언이 터지는 날을 기대하며, 화이팅!

Table of Contents

Roadmap to Your Destination

Chapter 18 - 하루의 시작과 마무리 Introduction 017

Lesson 084 넌 아침에 보통 뭐 해? 아침에 주로 하는 활동들 018
Lesson 085 간밤엔 잘 잤어? 잠과 관련된 다양한 표현들 022
Lesson 086 넌 일 끝나면 보통 뭐 해? 일과 이후에 주로 하는 활동들 026

Chapter 19 - 기분, 몸 컨디션, 느낌, 감정 Introduction 031

Lesson 087 너 오늘 기분/컨디션 어때? 기분 & 몸 컨디션 묻고 답하기 032
Lesson 088 나 충격받았어. -ed 또는 -ing로 끝나는 형용사들 036
Lesson 089 나 지루해서 죽을 맛이야. 형용사의 정도를 꾸며주는 부사들 040
Lesson 090 넌 이제 죽었다. "so"와 "very"의 다양한 쓰임 044
Lesson 091 걔 아직 나한테 화 안 풀렸어. 감정의 대상 앞에 사용되는 전치사들 048
Lesson 092 걘 느낌이 어때? 어떤 대상에 대한 느낌/생각/감정 묻기 052

Chapter 20 - look, seem, sound Introduction 057

Lesson 093 너 오늘 정말 멋져 보여. 상대방이 어때 보이는지 표현하기 058
Lesson 094 너 긴장한 거 같은데. 괜찮아? 상대방이 걱정돼 보일 때 사용하는 표현들 062
Lesson 095 너 오늘 엄청 피곤해 보여. 누군가 또는 무언가에 대한 인상 표현하기 #1 066
Lesson 096 너 몰골이 완전 장난 아니야! 누군가 또는 무언가에 대한 인상 표현하기 #2 070
Lesson 097 네가 보기엔 내가 그리 만만해 보여? 내가 어때 보이는지 묻기 074

Chapter 21 - 성격 Introduction 079

Lesson 098 넌 어떤 성격을 가졌어? 성격을 묻고 답하는 기본 방법 080
Lesson 099 난 우유부단한 사람이야. 성격을 묘사하는 기타 다양한 방법들 084
Lesson 100 걘 어떤 사람이야? 성격을 묻는 기타 다양한 방법들 088
Lesson 101 정말 좋은 생각이네! "what"을 활용한 유용한 표현들 092

Chapter 22 - 외모 Introduction 097

Lesson 102 그건 무슨 색이야? 색깔 묻고 답하기 098
Lesson 103 난 누르스름한 이 스웨터가 무척 마음에 들어. 색을 표현하는 기타 다양한 방법들 102
Lesson 104 걘 어떻게 생겼어? 외모를 묻고 답하는 기본 방법 106
Lesson 105 걔 머리는 붉은빛이 도는 금발 머리야. "have"와 "with"를 활용한 외모 묘사 110
Lesson 106 걔 얼굴은 어떻게 생겼어? 얼굴 생김새 묻고 답하기 114
Lesson 107 너 눈 왜 그래? "... 왜 그래?"라는 뜻의 표현들 118

Chapter 23 - 부상 및 질병 Introduction 123

Lesson 108 손들어! 신체 각 부위 명칭 124
Lesson 109 영화 볼 사람? "up"과 "put"을 활용한 유용한 표현들 128
Lesson 110 그냥 상황 봐서 되는 대로 하자. 신체 부위를 활용한 유용한 표현들 132
Lesson 111 나 발목 다쳤어. "hurt"와 "injure"을 활용해 아픔/부상 표현하기 136
Lesson 112 나 손목 삐었어. 출혈, 경련, 골절 등 부상 자세히 설명하기 140
Lesson 113 나 열이 좀 있어. "have"를 활용해 질병/증세 표현하기 144
Lesson 114 나 식중독 때문에 고생 중이야. 몸의 이상을 설명하는 기타 다양한 표현들 #1 148
Lesson 115 나 머리가 쪼개질 듯이 아파. 몸의 이상을 설명하는 기타 다양한 표현들 #2 152
Lesson 116 감기는 좀 어때? 몸이 아픈 사람에게 자주 사용하는 표현들 156
Lesson 117 나 지금 응급실 가는 길이야. 병원 이용과 관련된 표현들 #1 160
Lesson 118 나 병원에 입원해야 해. 병원 이용과 관련된 표현들 #2 164

Chapter 24 - 가족 Introduction 169

Lesson 119 네 가족은 모두 몇 명이야? 가족관계 묻고 답하기 170
Lesson 120 저 여자는 내 예비신부야. 가족과 관계된 기타 유용한 표현들 174

Chapter 25 - 직업 Introduction 179

Lesson 121 넌 무슨 일 해? 직업 묻고 답하기 180
Lesson 122 걔 삼성 다녀. 어디서 일하는지 묻고 답하기 184
Lesson 123 난 고등학교 교사가 되고 싶어. 어떤 사람이 되고 싶은지 이야기하기 #1 188
Lesson 124 난 뛰어난 과학자가 되고 싶었어. 어릴 적 꿈 이야기하기 192
Lesson 125 난 예술가가 되고 싶어. 어떤 사람이 되고 싶은지 이야기하기 #2 196
Lesson 126 내가 부유하면 좋을 텐데. "hope"와 "wish"를 활용해 "바람" 표현하기 200

Appendix 부록 205

#1 - Various Sleeping Positions 다양한 수면 자세 (Related to Lesson 085) 206
#2 - Parts of the Face 얼굴 각 부위 명칭 (Related to Lesson 106) 208
#3 - Body Parts 신체 각 부위 명칭 (Related to Lesson 108) 210
#4 - Fingers and Toes 각 손가락/발가락 명칭 (Related to Lesson 108) 212
#5 - Types of Medicines and Vitamins 약과 비타민의 종류 (Related to Lesson 118) 214
#6 - Words for Family Members and Other Relatives 가족 관계 호칭들 (Related to Lesson 119) 216
#7 - Types of Families 가족의 유형 (Related to Lesson 119) 218

Chapter 18 하루의 시작과 마무리

In this chapter

간혹 안 그런 사람들도 있긴 하지만,
일반적인 사람들은 인생 중 상당 기간을 학교에서 보내고
그보다 훨씬 더 긴 기간을 직장에서 보내죠.
두 주제는 추후 자세히 다루기로 하고,
이번 챕터에서는 학교나 회사에 가기 전, 혹은 다녀온 후에 주로 하는 활동들과,
그 시간대와 관련된 표현들에 대해서 학습하게 됩니다.

추가로,
일과를 시작하는 시점에 만나는 사람들과는 간밤에 잘 잤는지 안부를 묻고,
하루를 마무리하는 시점에는 "잘 자!"라고 인사하죠. 이러한 인사와 더불어,
"잠"과 관련된 유용한 표현들도 함께 배워봅시다.

Lesson 084 What do you do in the morning?

Understanding

1 Asking what someone usually does in the morning.

What do you (usually) do in the morning?
넌 (보통) 아침에 뭐 해?

What do you (usually) do in the morning before school?
넌 (보통) 아침에 학교 가기 전에 뭐 해?

What do you (usually) do in the morning ❶ ____________?
넌 (보통) 아침에 일하러 가기 전에 뭐 해?

What's your morning routine?
네 아침 일과는 어떻게 돼?

How do you (usually) ❷ ________ your mornings?
넌 (보통) 아침 시간을 어떻게 보내?

2 Morning routines.

※ Here are some phrases related to things people usually do in the morning.

wake up 깨다
turn off the alarm 자명종을 끄다
Tip.1 get up 일어나다
❸ ________ and yawn 기지개를 켜고 하품하다
jump out of bed 침대에서 벌떡 일어나다
Tip.2 make the bed 잠자리를 정돈하다
brush my teeth 이를 닦다
wash my face 세수를 하다
take a shower 샤워하다
wash my hair 머리를 감다
(= ❹ ____________ my hair)
dry my hair 머리를 말리다
Tip.3 brush my hair 머리를 빗다
(= ❺ ________ my hair)
❻ _____ my hair 머리를 손질하다
change clothes 옷을 갈아입다
make breakfast 아침 식사를 준비하다

have breakfast 아침을 먹다
(= eat breakfast)
❼ _______ a lunch (점심) 도시락을 싸다
❽ _______ out the trash 쓰레기를 내다 버리다
go for a jog 조깅하러 가다
❾ _______ the dog 개를 산책시키다
make coffee 커피를 타다
drink coffee 커피를 마시다
read the newspaper 신문을 보다
watch TV 텔레비전을 보다
put on clothes 옷을 입다
(= ❿ _______ dressed)
put on ⓫ _________ 화장하다
put on some perfume 향수를 뿌리다
put on lipstick 립스틱을 바르다
put contacts in Tip.4 콘택트렌즈를 끼다

take the bus ⑫ _____ work 버스 타고 출근하다
take the subway ⑫ _____ work 지하철 타고 출근하다
drive ⑫ _____ work 차를 몰고 출근하다

leave ⑬ _____ work 회사로 출발하다
leave ⑬ _____ school 학교로 출발하다

3 Talking about what time someone wakes up.

※ Here are various expressions you can use when asking and answering what time someone wakes up. Note that ***wake*** and ***get*** are **irregular verbs** and their past tense forms are ***woke*** and ***got*** respectively. Tip.5

What time do you (usually) wake up in the morning?	넌 (보통) 아침에 몇 시에 일어나?
What time do you (usually) get up?	넌 (보통) 몇 시에 일어나?
What time did you wake up this morning?	넌 오늘 아침에 몇 시에 일어났어?
What time did you get up today?	넌 오늘 몇 시에 일어났어?

I wake up at five a.m.	난 새벽 5시에 일어나.
I usually wake up before seven.	난 보통 7시 전에 일어나.
I usually get up around seven.	난 보통 7시경에 일어나.
I don't usually get up before eight a.m.	난 보통 8시가 넘어야 일어나.
I woke up around seven.	난 7시경에 일어났어.
I woke up very late!	난 엄청 늦게 일어났어!
I didn't wake up till noon.	난 12시가 돼서야 일어났어.
I got up at noon.	난 12시에 일어났어.
I ⑭ _____ got up.	나 방금 일어났어.
I barely got up at 10.	나 10시에 겨우 일어났어.
I didn't get up ⑮ _____ two p.m.	난 오후 2시가 돼서야 일어났어.
Tip.6 I overslept. / I slept ⑯ _____.	나 늦잠잤어.

※ ***Wake up*** means ***to go from being asleep to being awake***. If you add **someone** between ***wake*** and ***up*** as in ***wake** someone **up***, it means you are making someone wake up. We usually use this to ask someone to wake us up at a certain time or to tell someone that we are going to wake someone at a certain time. Note that we also use the phrase ***get** someone **up*** although it is less common in comparison. Tip.7

ex) (Please) Wake me up at six o'clock tomorrow. 나 내일 6시에 깨워줘(요).
ex) (Please) Wake me up ⑰ _________ work. 나 회사에 안 늦게 깨워줘(요).
ex) Can you wake me up tomorrow? 나 내일 좀 깨워줄래?
ex) I'll wake you up ⑱ _________ I get up. 일어나는 대로 바로 너 깨워줄게.

Answers ① before work ② spend ③ stretch ④ shampoo ⑤ comb ⑥ do ⑦ pack ⑧ take ⑨ walk ⑩ get ⑪ makeup ⑫ to ⑬ for ⑭ just ⑮ until ⑯ in ⑰ in time for ⑱ as soon as

Practice

A. Use your own words and complete the following dialogues.
샘플 대화문은 참고용입니다. 자신의 말로 자유롭게 대화를 나눠보세요.

❶ A: What's your morning routine?
B: I ______________________ and head out the door.

❷ A: What time do you ______________ in the morning?
B: I ______________ on workdays and __________ on weekends.

B. Find the best expression.
보기 중 빈칸에 가장 적절한 표현을 고르세요.

❸ A: What time ______________ this morning?
B: It was about 9 a.m.

A: 오늘 아침에 몇 시에 ______?
B: 9시쯤에.

ⓐ do you usually wake up
ⓑ will you get out of bed
ⓒ did you get up

C. Find the similar expression.
보기 중 밑줄 친 표현과 유사한 표현을 고르세요.

❹ A: <u>Can you wake me up</u> tomorrow?
B: Sure. What time?

A: <u>나</u> 내일 <u>좀 깨워줄래?</u>
B: 응. 몇 시에?

ⓐ Are you going to get me up
ⓑ Will you wake me up
ⓒ Can you stay awake

Sample Dialogue

❶ A: What's your morning routine?
B: I <u>brush my teeth, take a shower, get dressed, dry and style my hair, do my makeup, grab a bagel</u> and head out the door.

A: 넌 아침에 주로 뭐 해?
B: 양치질하고, 샤워하고, 옷 입고, 머리 말린 후 손질하고, 화장하고, 베이글 하나 집어서 집에서 나가.

❷ A: What time do you <u>usually wake up</u> in the morning?
B: I <u>wake up at six a.m.</u> on workdays and <u>10 a.m.</u> on weekends.

A: 넌 보통 아침에 몇 시에 일어나?
B: 일 나가는 날엔 아침 6시에 일어나고 주말엔 10시에 일어나.

Answers ❸ ⓒ ❹ ⓑ

Tip.1) 잠에서 깬 후 잠자리에서 일어나는 행동은 "**get up**"이라고 표현하죠. 때론 "침대를 박차고 일어난다"고 하여 "**get out of bed**"라고 표현하기도 하고, "침대에서 튀어나오다"라고 하여 "**jump out of bed**"라고 표현하기도 합니다. 그냥 간단히 "**rise**"라고 표현할 수도 있으니 참고하세요.

Tip.2) "**make the bed**"는 잠자리에서 일어난 후 "**잠자리를 정돈하다**"라는 뜻일 수도 있고, 잠을 자기 위해 "**잠자리를 깔다**"라는 뜻일 수도 있습니다. 어떤 의미인지는 대화 상황으로 파악할 수밖에 없죠.

Tip.3) "**머리를 빗다**"라고 표현할 때는 "**brush**"라는 동사를 사용할 수도 있지만, "**comb**"이라는 동사를 사용하기도 합니다. 단, 사용하는 빗이 좀 다르죠. 다음 그림을 통해 차이를 살펴보세요.

"brush"할 때 사용하는 빗

"comb"할 때 사용하는 빗

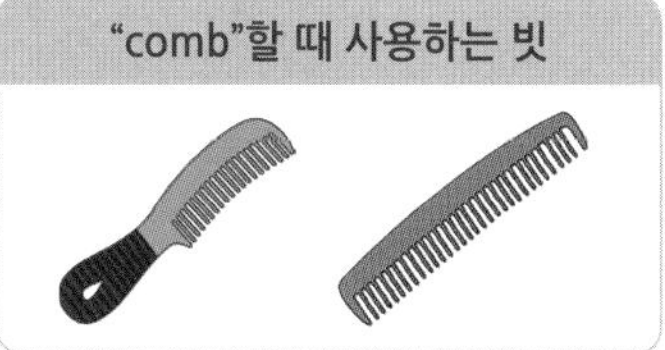

참고로, "**brush**", "**comb**"은 동사로 쓰일 뿐만 아니라 위에서 소개된 빗들을 가리키는 명사로도 사용됩니다.

Tip.4) "**콘택트렌즈**"는 알이 두 개인 안경처럼 쌍으로 착용하기 때문에 "**contact lenses**"처럼 복수로 표현하며, 간단히 "**contacts**", 혹은 드물게 "**contact lens**"라고 표현하기도 합니다. 참고로, 이번 레슨에서 소개한 "**put contacts in**"라는 표현은 "**put in contacts**"라고 표현할 수도 있습니다.

Tip.5) 사람들이 아침에 가장 먼저 하는 것은 "잠에서 깨는 것"이죠. 이를 영어로는 "**wake up**" 또는 "**get up**"이라고 합니다. "**wake up**"은 단지 잠에서 "**깨다**"는 뜻으로, 잠에서 깨더라도 눈을 뜨지 않거나 잠자리에서 일어나지 않을 수도 있죠. 반면, "**get up**"은 잠에서 깬 후 잠자리에서 "**일어나다**"라는 뜻입니다. 이처럼 정확한 의미에는 차이가 있지만 "**wake up**"과 "**get up**"은 보통 함께 이루어지기 때문에 대화 시에는 이 둘을 비슷한 의미로 사용하는 경우도 많습니다. 참고로, "**wake**"와 "**get**"은 불규칙 변화 동사로, 과거형은 각각 "**woke**", "**got**"입니다.

I woke up at 10, but I didn't get up until 11.
난 10시에 눈을 뜨긴 했지만 11시까지 안 일어났어.

Tip.6) "**oversleep**"은 의도치 않게 늦잠을 잔 것을 말하는 반면, "**sleep in**"은 자신이 원해서 일부러 늑장 부리며 늦게 일어난 것을 뜻합니다. 하지만 보통은 구분 없이 사용될 때도 많죠. 참고로, 자주 사용되진 않지만 "**oversleep**"은 "**sleep late**"이라고 표현하기도 합니다.

Tip.7) "**wake up**"은 "**(잠에서) 깨다**"라는 뜻이지만, "**wake someone up**"처럼 사용되면 "**(누군가를) 깨우다**"라는 뜻이 됩니다. 주로 "(어느 특정 시각에) **나 깨워줘.**" 또는 "(어느 특정 시각에) **깨워줄게.**"라는 식으로 많이 사용되죠. 이보다는 덜 일반적이지만 "**get someone up**"이라고 표현하기도 합니다.

Lesson 085 Did you sleep well last night?

Understanding

1 Talking about how you slept last night.

※ Here are some ways to ask and answer how someone slept last night.

Did you sleep ① ________ last night?	어젯밤엔 잘 잤어?
Did you have a good sleep?	푹 잘 잤어?
Did you have a good night's sleep?	푹 잘 잤어? / 충분히 숙면을 취했어?

Yeah, it was great.	응, 엄청 잘 잤어.
Yeah, I did.	응, 잘 잤어.
I had a good sleep.	푹 잘 잤어.
I had a good night's sleep last night.	어젯밤엔 푹 잘 잤어.
I slept well.	잘 잤어.
I slept ② ______ a baby.	단잠을 잤어.
I slept very soundly.	아주 푹 잘 잤어.
I slept on my shoulder ③ ________.	어깨를 이상한 자세로 하고 잤어.
Tip.1 I slept ④ ________ last night.	어젯밤엔 잠을 잘못 잤어. (이상한 자세로 잤어.)

※ Here are some expressions you can use when your body aches or hurts from sleeping incorrectly. Tip.2

- My neck hurts. 목 아파.
- My arm is ⑤ ________ me. 팔 아파 죽겠어.

2 Frequently used sleep-related expressions.

※ You can use the following expressions when saying "**Good night.**"

- Good night! 잘 자!
- Sleep tight! Tip.3 잘 자!
- Sleep well! 잘 자!
- Night-night! Tip.4 잘 자!
- Nighty-night! 잘 자!
- ⑥ ________ dreams! 좋은 꿈 꿔!

※ Here are some expressions we often use to talk about sleep.

- My son ⑦ ________ in his sleep. 내 아들은 몽유병이 있어.
- My daughter ⑧ ________ her teeth in her sleep. 우리 딸은 잘 때 이를 갈아.
- I have ⑨ ____________. 난 불면증이 있어. / 난 불면증이야.
- I'm sleep-deprived. 나 잠이 부족해.
- I can't sleep these days. 나 요즘 도통 잠을 못 자.
- I haven't slept in two days. 나 이틀 동안 잠을 못 잤어.
- My husband kicked me in his sleep. 남편이 자면서 나를 발로 찼어.
- I'm so tired I think I'm gonna ⑩ ________ out. 나 너무 피곤해서 기절할 것 같아.
- I'm so sleepy I can't ⑪ ________ my eyes open. 나 너무 졸려서 눈이 안 떠져.
- I'm ⑫ ____________. 나 비몽사몽이야.
- My neck hurts. I must've slept funny. 나 목 아파. 잠을 이상하게 잤나 봐.
- I hope you're not a ⑬ ________ sleeper. 네가 잠귀가 밝지 않으면 좋겠네.
- I'm kind of a night ⑭ ________. 난 약간 올빼미 체질이야.
- I'm usually wide-awake by this time of day. 난 보통 이 시간 즈음엔 말똥말똥해.
- He was ⑮ ________ and turning all night. 걘 밤새 뒤척였어.
- You should take a ⑯ ________. 낮잠 한숨 자.

※ You can also use the following phrases when talking about sleep.

go to bed (= go to sleep) 잠자리에 들다, 자다

Tip.5 hit the hay (= hit the ⑰ ________) 잠자리에 들다, 자다

go straight to bed 곧장 잠자리에 들다

⑱ ______ asleep 잠들다

sleep like a baby 세상모르고 자다

sleep like a log 정신없이 자다

⑲ ______ off (= nod off = drowse) 졸다, 깜박 잠들다

have a dream 꿈을 꾸다

Tip.6 have a nightmare 악몽을 꾸다

roll around in one's sleep 잠버릇이 나쁘다

talk in one's sleep 잠꼬대하다

snore 코를 골다

⑳ ______ in one's sleep 침 흘리며 자다

sleepwalk 잠결에 걸어 다니다

㉑ ________ some Z's (= get some Z's) 자다

get some shuteye 눈 좀 붙이다

can't sleep a ㉒ ________ (= get zero sleep) Tip.7 한숨도 못 자다

㉓ ________ an all-nighter 밤새다

sleep on something ~에 대해 하룻밤 자며 신중히 생각하다

㉔ ________ [평소에 자는 곳이 아닌 곳에서] 잠 들다

fast asleep (= sound asleep) 깊이 잠든, 잠이 푹 든

deep sleeper (= heavy sleeper) 잠귀 어두운 사람, 깊게 자는 사람

light sleeper 잠귀 밝은 사람, 깊게 못 자는 사람

Answers ① well ② like ③ wrong 또는 funny ④ wrong 또는 funny ⑤ killing ⑥ Sweet ⑦ walks ⑧ grinds ⑨ insomnia ⑩ pass ⑪ keep ⑫ half-asleep ⑬ light ⑭ owl ⑮ tossing ⑯ nap ⑰ sack ⑱ fall ⑲ doze ⑳ drool ㉑ catch ㉒ wink ㉓ pull ㉔ crash

⏱ Practice

A. Use your own words and complete the following dialogues.
샘플 대화문은 참고용입니다. 자신의 말로 자유롭게 대화를 나눠보세요.

❶ A: Did you ______________________________?
B: Yeah, ______________________________. I feel refreshed now.

❷ A: __________________________.
B: Why?
A: I must've slept wrong.

B. Complete the following dialogues using the given translations.
번역을 참고로 하여 다음 각 대화문을 완성해보세요.

❸ A: My daughter grinds __________________.
B: That's so weird.

A: 우리 딸은 잠잘 때 이 갈아.
B: 그거 정말 희한하네.

❹ A: You look half-dead.
B: Thanks. I _______________ in two days.

A: 너 반쯤 죽은 거 같아.
B: 말 안 해줘도 알아. 나 잠 못 잔지 이틀 됐거든.

❺ A: Are you with us, Terry?
B: Sorry, I'm _____________.
I just need to get some coffee.

A: 테리, 집중하고 있는 거야?
B: 미안해. 나 지금 비몽사몽이야. 커피 좀 마셔야겠어.

❻ A: Are you asleep?
B: No, I'm still _______________.

A: 너 잠들었어?
B: 아니, 아직 말똥말똥해.

❼ A: I'm so tired right now.
B: What time did you ______ the sack last night?

A: 나 지금 엄청 피곤해.
B: 어젯밤에 몇 시에 잤어?

Sample Dialogue

❶ A: Did you sleep well last night?
B: Yeah, I slept like a baby. I feel refreshed now.

A: 어젯밤엔 잘 잤어?
B: 응, 단잠을 잤어. 이젠 몸이 개운해.

❷ A: My neck hurts.
B: Why?
A: I must've slept wrong.

A: 목 아파.
B: 왜?
A: 잘 때 이상한 자세로 잤나 봐.

Answers

❸ her teeth in her sleep ❹ haven't slept ❺ half asleep
❻ wide-awake ❼ hit

Tip.1) **"I slept funny last night."**은 "난 어젯밤에 웃긴(funny) 자세로 잠을 잤다." 즉 **"나 어젯밤에 이상한 자세로 잤어."**라는 뜻입니다. **"I slept wrong last night."**이라고 표현하기도 하죠.

Tip.2) 보통, 신체 중 어느 부위가 **"아프다"**고 말할 때는 **"(아픈 부위) hurts."**라고 표현하며, 아픈 정도를 강조하여 **"아파 죽겠다"**고 말할 때는 **"(아픈 부위) is killing me."**라고 표현하기도 합니다.

Tip.3) 옛날에는 침대 매트리스 아래에 스프링이 아니라 지그재그식으로 밧줄을 묶어 매트리스를 지탱시켰습니다. 밧줄이 팽팽하게 잘 묶여 있어야만 허리도 편하고 잠도 잘 잘 수 있었겠죠? 여기서 유래된 표현이 바로 **"Sleep tight!"**랍니다. 즉, 밧줄을 **"tight"**하게 잘 묶고 편히 잘 자라는 의미이죠. 여기서 **"tight"**는 **"단단히"**, **"꽉 묶여 있는"**이라는 뜻입니다.

Tip.4) **"Night-night!"**은 자기 전 주로 부모가 자녀들에게 하는 인사말로, "**낸내**하자. (잠자자.)", "**맘마** 먹자. (밥 먹자.)", "**맴매**한다. (혼난다.)", "**까까** 줄게. (과자 줄게.)"처럼 **"잘 자!"**라는 표현을 아이들이 알아듣기 쉽도록 친숙하게 표현한 것이라 볼 수 있습니다. 이를 **"ninety-nine(99)"**처럼 재미있게 발음한 것이 **"Nighty-night!"**이죠.

Tip.5) 미국은 19~20세기 사이에 "큰 자루(sack)"에 "건초(hay)"를 넣어 지금의 매트리스처럼 사용했습니다. 그래서 **"잠을 자다"**라고 할 때 "몸을 큰 자루에 대고 자다", "몸을 건초에 대고 자다"라는 의미로 **"hit the sack"** 또는 **"hit the hay"**라는 표현을 사용하게 된 것이죠. 두 표현 모두 **"go to bed"**와 의미상으로는 동일합니다.

Tip.6) **"악몽"**은 영어로 **"nightmare"**이라고 합니다. 그보다 정도가 살짝 약하지만 그냥 **"안 좋은 꿈"**이라고 표현할 때는 그냥 **"bad dream"**이라고 표현하기도 하죠. 이 외에도 좋은 징조로 해석되는 **"길몽"**은 **"auspicious dream"**, 터무니없다고 여겨지는 **"개꿈"**은 **"silly dream"** 또는 **"wild dream"**이라고 표현합니다.

Tip.7) 모세라는 성경 인물이 시내산에서 십계명 돌판을 받아서 내려오기까지 걸린 시간이 40일이며, 예수님이 광야에서 시험받은 시간도 40일, 부활 후 제자들과 여러 신도들에게 자신의 영광을 보여주신 시간도 40일이었습니다. 이처럼 성경에서 40이라는 숫자는 "고난", "시험", "연단", "성장", "준비", "금식" 등에 사용되는 신성한 숫자로 여겨지죠. 뜬금없게도 영어에는 **"40번의 윙크(forty winks)"**라는 표현이 등장합니다. **"wink"**는 말 그대로 **"윙크"**라는 뜻이지만, **"눈 한 번 깜박거릴 찰나의 시간"**을 의미하기도 한답니다. 40번이나 윙크해봤자 그리 긴 시간이 아니겠죠? 따라서 **"get/have/take forty winks"**라고 표현하면 **"잠시 눈을 붙이다"**라는 뜻이 됩니다. 반대로, **"I didn't have a wink of sleep."**이라고 하면 "한 번의 윙크를 할 만큼도 눈을 붙이지 못했다." 즉, **"거의 한숨도 못 잤다."**라는 상당히 과장된 표현이 되며, 간단히 **"I didn't sleep a wink."** 또는**"I couldn't sleep a wink."** 라고 표현하기도 합니다.

추가 1) **"sleepwalker"**는 **"잠자면서 걷는 사람"**, 즉 **"몽유병 환자"**라는 뜻입니다. **"몽유병"**은 **"sleepwalking"**이라고 하죠. 참고로, **"jaywalker"**는 **"무단횡단하는 사람"**이라는 표현입니다.

Lesson 086 What do you usually do after work?

Understanding

1 Talking about when you return home.

※ Here are some phrases related to things people usually do in the morning.

	What time do you usually get home from school? (Tip.1)	너 보통 학교에서 집에 몇 시에 와?
	What time do you ① ______ off work today?	너 오늘 몇 시에 퇴근해?
Tip.2	**What time** are you done with school?	너 학교 몇 시에 끝나?
	What time is your last class?	너 마지막 수업이 몇 시야?
	What time do you get out of school today?	너 오늘 학교에서 몇 시에 나와?
	When do you get home?	너 집에 언제 와?
	When do you get off work?	너 언제 퇴근해?
Tip.2	**When** are you done with work?	너 언제 일 끝나?

It's different every day.	(그건) 매일 매일 달라.
It depends on what day it is.	(그건) 무슨 요일인지에 따라 달라.
I usually get home around six, six thirty.	난 보통 6시나 6시 반 정도에 집에 와.
I usually get out around five.	난 보통 5시 정도에 나와.
I get off at six o'clock.	난 6시에 퇴근해.
I'm done ② ______ work at seven p.m.	난 저녁 7시에 일이 끝나.
I just got off.	나 방금 퇴근했어.
I just got back.	나 방금 돌아왔어.
I just got ③ ______ of school.	나 방금 학교 끝나고 왔어.
I'm getting off ④ ______ 10 minutes.	난 10분 있으면 퇴근해.
I'll be off at 5:30.	난 5시 반에 퇴근할 거야.
I'll be done at five.	난 5시에 끝날 거야.

At six o'clock.

2 Things people do after work or school.

※ You can use the following expressions to ask what someone usually does or is going to do after work or school.

- What do you (usually) do ⑤ ______ work? (너) (보통) 일 끝나고 뭐 해?
- What do you (usually) do when work is ⑥ ______? (너) (보통) 일 끝나면 뭐 해?
- What're you doing after school? (너) 학교 끝나고 뭐 할 거야?

※ Here are some phrases you can use to talk about things you do after work or school.

cook dinner 저녁 준비하다
(= make dinner)
have dinner 저녁을 먹다
eat dessert 디저트를 먹다
do housework 집안일을 하다
⑦ ______ errands 심부름을 하다
(= do errands)
wash the dishes 설거지하다
(= ⑧ ______ the dishes)
do (the) laundry 빨래하다
clean the house 집 청소하다

go grocery shopping 장 보러 가다
go shopping 쇼핑하러 가다
hang ⑨ ______ with friends 친구들과 어울려 놀다
go out for some beers 맥주 마시러 나가다
⑩ ______ the gym 헬스장에 가서 운동하다
do homework Tip.3 숙제하다
⑪ ______ the cat 고양이에게 먹이를 주다
play with the dog 개와 함께 놀다
take the dog out for a walk 개와 산책 나가다
take a walk 산책하다

take out the trash 쓰레기를 내다 버리다
play online games 온라인 게임을 하다
chat with friends online 친구들과 온라인으로 잡담하다
surf the Internet 인터넷 서핑하다
watch TV 텔레비전을 보다

3 Things people do before going to bed.

※ Here are some phrases you can use to talk about things you do before going to bed.

Tip.4 take a shower 샤워를 하다
take a ⑫ ______ 목욕을 하다
watch a movie 영화를 보다
read a book 책을 읽다
Tip.5 read the news 신문을 보다, 뉴스를 읽다
read the newspaper 신문을 보다
turn off the TV 텔레비전을 끄다
have a glass of wine 와인을 한잔 하다
talk on the phone with a friend 친구와 전화통화 하다
sit around and chat with ... (~와) 같이 앉아서 잡담하다
Tip.6 change into pajamas 잠옷으로 갈아입다

⑬ ______ the bed 잠자리를 깔다
tuck in ... (= tuck ... in) (~에게) 이불 덮어주다
read ... a book/story (~에게) 책/이야기를 읽어주다
Tip.7 put ... to bed (= get ... to bed)
(= get ... to go to bed) (~를) 재우다
⑭ ______ ... a good night kiss (~에게) 굿나잇 키스를 해주다
set the alarm (clock) 자명종을 맞추다
turn off the lights 불을 끄다
go to bed 잠자리에 들다

Answers ① get ② with ③ out ④ in ⑤ after ⑥ over ⑦ run ⑧ do ⑨ out ⑩ hit ⑪ feed ⑫ bath ⑬ make ⑭ give

⏱ Practice

A. Use your own words and complete the following dialogues.
샘플 대화문은 참고용입니다. 자신의 말로 자유롭게 대화를 나눠보세요.

❶ A: What time ____________________?
B: I ____________________.

❷ A: What do you usually do after __________?
B: I usually ______________________________.

B. Complete the following sentences using the given translations.
번역을 참고로 하여 다음 각 문장을 완성해보세요.

❸ It's time to ________ the house.	집 청소할 시간이야.
❹ Will you go ________ shopping with me?	나랑 장 보러 갈래?
❺ I've got to _____ some errands.	나 심부름 좀 해야 해.
❻ Can you _________ the trash?	쓰레기 좀 내다 버려줄래?

C. Complete the following dialogues using the given translations.
번역을 참고로 하여 다음 각 대화문을 완성해보세요.

❼ A: What did you do last night? B: I ___________ and worked out.	A: 너 어젯밤에 뭐 했어? B: 헬스장에 가서 운동했어.
❽ A: Let me _____ you in. B: Thanks, Mommy.	A: 내가 이불 덮어줄게. B: 고마워요, 엄마.
❾ A: Is Daniel there? B: Yeah, but he's ________ a shower.	A: 대니얼 있어? B: 응. 근데 샤워 중이야.
❿ A: Honey, can you _____ the kids to bed? B: I can't. I'm washing the dishes.	A: 여보, 애들 좀 재워줄래? B: 안 돼. 나 지금 설거지 중이야.

Sample Dialogue

❶ A: What time do you get off work? B: I get off at seven.	A: 너 몇 시에 퇴근해? B: 난 7시에 퇴근해.
❷ A: What do you usually do after school? B: I usually head straight home and have dinner.	A: 넌 보통 학교 끝나고 뭐 해? B: 난 보통 집으로 곧장 가서 저녁 먹어.

Answers

❸ clean ❹ grocery ❺ run 또는 do ❻ take out
❼ hit the gym ❽ tuck ❾ taking ❿ put 또는 get

Tip.1) **"get"**은 뒤에 장소를 나타내는 부사류가 등장하면 **"~에 이르다"**, **"~에 도착하다"**라는 뜻이 됩니다. **"home"**의 경우도 **"집"**, **"가정"**이라는 명사 외에 **"집으로"**라는 부사의 뜻이 있기 때문에 **"get home"**이라고 하면 **"집에 도착하다"**, **"귀가하다"**라는 뜻이 되죠.

What time did you get home last night? 너 어젯밤에 몇 시에 집에 들어갔어?
I should be able to get there in 10 minutes. 나 10분이면 거기 도착할 수 있을 거야.

Tip.2) **"(나) ~ 다 끝냈어."**, **"(나) ~ 다 했어."**라고 말할 때는 **"끝내다"**라는 뜻의 동사 **"finish"**를 이용해 **"I finished ..."**라고 표현할 수도 있지만, 무언가를 끝낸 "상태"임에 좀 더 무게를 실어서 말하려면 **"I'm done ..."**, **"I'm finished ..."**, **"I'm through ..."**라고 표현할 수도 있습니다. 이 표현들 뒤에는 **"with + 명사"**나 **"(with) + ~ing"**와 같은 표현들이 동반되는 경우가 많습니다.

I'm almost done. (난) 거의 다 끝났어.
Are you done talking? 너 이야기 다 끝났어? / 너 할 말 다했어?
I'm finished with him! 그와는 끝이야!
I'm not finished with my report yet. 나 아직 리포트 다 못 끝냈어.
Are you through eating that? 너 그거 다 먹었어?

Tip.3) 학생이 하는 **"숙제"**는 **"homework"**라고 표현합니다. 이는 **"과제물"**이나 **"보고서"**처럼 결과물을 의미하는 게 아니라 "학업과 관련해서 처리 또는 해결해야 할 과제"를 뜻하기 때문에 불가산(셀 수 없는) 명사로 취급하죠. 이와 같은 표현으로는 **"assignment"**도 있는데, 이는 학생에게 주어지는 과제뿐만 아니라 일반적인 의미의 **"과제"**나 **"임무"** 등도 일컬을 수 있는 표현이며, **"과제물"**처럼 결과물을 의미할 수도 있기 때문에 **"assignments"**처럼 복수로 사용될 수도 있습니다.

Tip.4) **"샤워 중이야"**라고 말할 때는 **"be taking a shower"**처럼 진행되고 있는 행동으로 표현할 수도 있지만, 그냥 **"be in the shower"** 또는 **"be showering"**이라고 표현하기도 합니다.

He's taking a shower. = He's in the shower. = He's showering. 걘 샤워 중이야.

Tip.5) 개인 집에서는 보통 한 종류의 신문만 구독하기 때문에 **"신문을 보다"**고 말할 땐 **"read the newspaper"**처럼 단수로 표현하는 게 일반적입니다. 여러 신문을 본다고 말하려면 **"read the newspapers"**처럼 복수로 표현해줘야겠죠? 이보다 **"read the news"**라는 표현이 훨씬 일반적인데, 이는 실제 신문을 보든, 인터넷으로 뉴스를 보든, 모든 상황에 사용할 수 있는 표현이랍니다.

Tip.6) 우린 보통 잠옷을 "파자마"라고 표현하기도 하죠. 이를 영어로 표현할 때는 **"pajama"**가 아니라 **"바지(pants)"**나 **"청바지(jeans)"**를 표현할 때와 마찬가지로 복수로 **"pajamas"**라고 표현해야 합니다.

Tip.7) **"put the kids to bed"**는 "아이들을 침대로 밀어 넣다", 즉 **"아이들을 재우다"**라는 뜻입니다. 동사 **"put"** 대신 **"get"**을 써서 **"get the kids to bed"** 또는 **"get the kids to go to bed"**라고 표현하기도 하죠. 비슷한 표현으로는 **"put ... to sleep"**도 있지만, 이는 "잠자리에서 누군가를 재운다"는 뜻보다는, **"Today's lecture put me to sleep. (오늘 강의는 날 잠들게 했어. → 나 오늘 강의 시간에 잤어.)"**처럼 **"너무 지루한 무언가가 누군가를 잠들게 하다"**라는 뜻으로 쓰이거나, **"마취시키다"**, **"안락사시키다"**, **"목을 졸라서 기절시키다"**라는 뜻으로 쓰이는 게 더 일반적이랍니다.

Chapter 19 기분, 몸 컨디션, 느낌, 감정

In this chapter

대화를 나누다 보면, 기분이나 몸 컨디션, 느낌, 감정 등이 "어떠한지" 이야기하는 경우가 많죠.
이처럼 누군가의 "상태"를 묘사할 때는 형용사를 이용하게 됩니다.
이번 챕터에서는 누군가의 기분이나 몸 컨디션, 느낌, 감정이 어떠한지 묻고 답하는 방법을 배우면서,
이와 관련된 형용사들과, 그 형용사들을 더 맛깔나게 꾸며주는 부사들에 대해서도 학습하게 됩니다.

"너한테" 화가 나고, "나 자신에게" 실망하고, "어제 사고 때문에" 충격받듯이,
보통, 감정은 그러한 감정을 유발하는 원인이 있는데,
이를 밝혀줄 때는 감정의 대상 앞에 전치사를 동반하게 됩니다.
감정의 대상에 관계없이 늘 똑같은 전치사를 사용하는 형용사들도 있지만,
일부 형용사들은 감정의 대상에 따라 전치사가 달라지므로, 연습을 통해 잘 숙달하도록 합시다.

Lesson 087 How do you feel today?

Understanding

1 Talking about how you are feeling.

※ Here are some ways to ask and answer how someone is feeling.

Tip.1	How're you (today)?	너 (오늘) 기분/컨디션 어때?
	How do you feel (today)?	너 (오늘) 기분/컨디션 어때?
	How're you feeling (today)?	너 (오늘) 기분/컨디션 어때?
Tip.2	How were you last night?	너 어젯밤에 기분/컨디션 어땠어?
	How did you feel yesterday?	너 어제 기분/컨디션 어땠어?
	How were you feeling at the time?	너 그때 기분/컨디션 어땠어?

I'm great.	기분이 정말 좋아. / 몸 컨디션이 정말 좋아.
I feel terrific. Tip.3	기분이 아주 좋아. / 몸 컨디션이 아주 좋아.
I don't feel very well.	기분이 별로 안 좋아. / 몸 컨디션이 별로 안 좋아.
I'm feeling my ❶ ______.	나도 이젠 늙었나 봐. / 나이는 못 속이나 봐.
I'm not feeling good.	기분이 안 좋아. / 몸 컨디션이 안 좋아.
I was ❷ ______. Tip.4	화가 났었어. / 기분이 언짢았어. / 속상했어.
I felt ❸ ______.	무시당한 기분이었어.
I didn't feel well.	기분이 좋지 않았어. / 몸 컨디션이 좋지 않았어.
I was feeling terrible.	기분이 정말 안 좋았어. / 몸 컨디션이 정말 안 좋았어.
I wasn't feeling that well.	기분이 그리 좋지 않았어. / 몸 컨디션이 그리 좋지 않았어.

2 Frequently used words that describe feelings.

※ Here are some words we often use to describe feelings. Guess which word each picture describes.

I'm ❹ ______.
나 행복해. / 난 기분 좋아.

I was ❺ ______.
난 슬펐어.

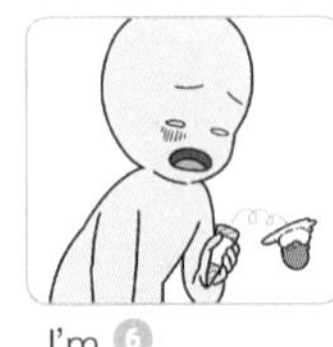

I'm ❻ ______.
나 속상해. / 나 화났어.

I was feeling ❼ ______.
난 졸렸어.

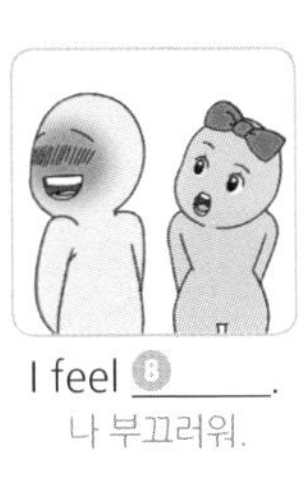

I feel ⑧ ______.
나 부끄러워.

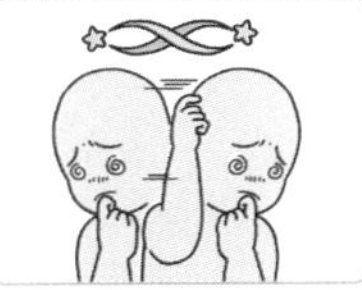

I felt ⑨ ______.
난 혼란스러웠어.

I'm feeling ⑩ ______.
나 외로워. / 나 쓸쓸해.

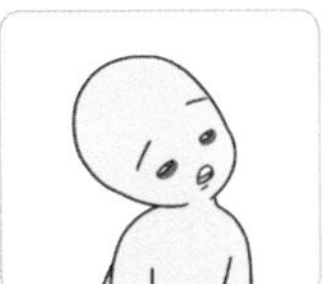

I'm ⑪ ______. Tip.5
나 피곤해.

I felt ⑫ ______.
난 상처받았었어.

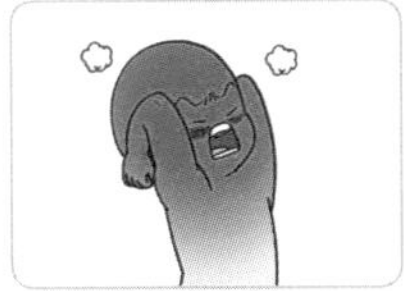

I'm feeling ⑬ ______.
나 스트레스받아.

I was feeling ⑭ ______.
난 자신이 있었어.

I'm ⑮ ______.
나 긴장돼. / 나 초조해.

3 Asking how to do something.

※ The phrase "**How do you ...?**" as in "**How do you feel?**" is often used to ask someone how to do something.

- How do you do that? 그거 어떻게 하는 거야?
- How do you know? 어떻게 알아?
- How do you ⑯ ______ this stuff? 너 이런 건 어떻게 생각해내는 거야?
- How do you ⑰ ______ the answer? 답은 어떻게 찾아?
- Tip.6 How do you open this? 이거 어떻게 열어?
- How do you make this? 이거 어떻게 만들어?
- Tip.7 How do you ⑱ ______ this? 이거 어떻게 고쳐?
- How do you use this? 이거 어떻게 사용해?
- How do you ⑲ ______ this? 이거 어떻게 잠그는 거야?
- How do you turn this on? 이거 어떻게 켜?
- How do you turn this off? 이거 어떻게 꺼?
- How do you get to work? 너 직장에 어떻게 가?
- How do you ⑳ ______ to work? 너 회사까지 어떻게 출퇴근해?
- How do you ㉑ ______ your stress? 넌 스트레스 어떤 식으로 풀어?
- How do you ㉒ ______ this situation? 넌 이런 상황에서 어떻게 대처해?
- How do you pronounce this? 이거 어떻게 발음해?
- How do you ㉓ ______ yourself? 왜 그러고 살아?

Answers ① age ② upset ③ ignored ④ happy ⑤ sad ⑥ upset ⑦ sleepy ⑧ shy ⑨ confused ⑩ lonely ⑪ tired ⑫ hurt ⑬ stressed ⑭ confident ⑮ nervous ⑯ come up with ⑰ find ⑱ fix ⑲ lock ⑳ commute ㉑ relieve ㉒ deal with ㉓ live with

⏱ Practice

A. Use your own words and complete the following dialogues.
샘플 대화문은 참고용입니다. 자신의 말로 자유롭게 대화를 나눠보세요.

❶ A: How're you feeling today?
B: ______________________.

❷ A: ______________ at the time?
B: ______________________.

B. Complete the following dialogues using the given translations.
번역을 참고로 하여 다음 각 대화문을 완성해보세요.

❸ A: How do you ______________? B: It's in the back of the book.	A: 답은 어떻게 찾아? B: 책 뒤에 있어.
❹ A: How do you fix this? B: Come here. Let me show you ________.	A: 이거 어떻게 고쳐? B: 이리 와. 내가 방법을 알려줄게.
❺ A: How do you ______________? B: You have to twist it open.	A: 이거 어떻게 열어? B: 돌려서 열어야 해.
❻ A: ______________ her? B: We went to high school together.	A: 너 걔 어떻게 알아? B: 우린 고등학교 같이 다녔어.
❼ A: Watch. I can touch my toes. B: ______________? A: I've been stretching every morning for the last two months.	A: 봐. 나 발끝에 손 닿아. B: 그거 어떻게 하는 거야? A: 지난 두 달 동안 아침마다 스트레칭을 했지.

Sample Dialogue

❶ A: How're you feeling today? B: I'm feeling much better.	A: 오늘 몸 상태는 좀 어때? B: 훨씬 나아졌어.
❷ A: How did you feel at the time? B: I was a bit hurt by her.	A: 너 그때 기분이 어땠어? B: 걔한테 좀 상처받았어.

Answers

❸ find the answer ❹ how ❺ open this
❻ How do you know ❼ How do you do that

Street Smarts

Tip.1) 보통, 누군가에게 그날의 기분이나 몸 상태를 물어볼 때 **"컨디션 어때?"**라고 묻곤 하죠. 하지만 실제로 **"condition"**이라는 단어는 **"건강 상태"**, **"질환"**, **"환경"**, **"조건"** 등을 의미하는 말로, 그날의 기분이나 몸 상태와는 무관하답니다. **"컨디션 어때?"**라고 물을 땐 **"How're you (today)?"**, **"How do you feel (today)?"**, 또는 **"How're you feeling (today)?"**이라고 합니다. 대답 시에도 컨디션이 좋을 땐 **"I feel good."**, 별로 안 좋을 땐 **"I don't feel very well."**이라고 말하죠. 즉, 기분이나 몸 상태와 관련된 대화에서는 **"condition"**이라는 말이 전혀 등장하지 않습니다. 참고로, **"How're you?"**는 지금 당장의 기분이나 컨디션뿐만 아니라 최근의 안부를 묻기 위해 **"어떻게 지내?"**라는 의미로도 쓰인다는 거 아시죠?

Tip.2) 보통, 과거의 몸 상태를 묻는 일은 별로 없기 때문에 과거 시제로 표현하게 되면 과거 일에 대한 기분이나 감정을 묻는 표현이 되는 경우가 많습니다.

Tip.3) **"terrific(아주 좋은, 멋진)"**과 **"terrible(끔찍한, 정말 안 좋은)"**은 철자는 비슷해도 거의 정반대에 가까운 뜻을 가지고 있으므로 사용 시 주의해야 합니다. 발음도 **"terrific(터뤼퓍)"**과 **"terrible(테뤄블)"**로 각각 다르답니다.

Tip.4) 보통, 사전에서 **"upset"**의 의미를 찾아보면 **"속상한"**, **"심란한"**이라는 뜻으로 소개되는 경우가 많은데, 물론 그런 뜻으로 쓰이기도 하지만 가장 일반적인 의미는 **"화난"**이라는 뜻입니다. 간혹, **"기분이 언짢은"**이라는 뜻으로 쓰이기도 하죠.

Tip.5) **"power"**은 **"권력"**, **"영향력"**이라는 뜻이며, 전기와 같은 **"동력"**을 말할 때도 쓰이지만, **"사람의 힘"**을 의미하진 않습니다. 따라서 **"힘이 없다"**고 말할 때 **"have no power"**이라고 말하면 완전히 엉뚱한 표현이 되죠. 이때에는 **"have no energy"**라고 표현하거나 **"so tired"**, **"fatigued"**, **"worn out"**, **"exhausted"** 등의 형용사를 사용합니다.

Tip.6) 무언가를 열 때는 돌려서 열 수도 있고, 밀거나 당겨서 열 수도 있고, 심지어 깨서 열 수도 있죠. 이처럼 무언가를 여는 것과 관련된 표현으로는 다음과 같은 것들이 있습니다.

twist (something) open	~을 돌려서 열다
push (something) open	~을 (바깥쪽으로) 밀어서 열다
pull (something) open	~을 (안쪽으로) 당겨서 열다
slide (something) open	~을 (옆으로) 밀어서 열다
crack (something) open	~을 깨서 열다

참고로, **"something"** 자리에 대명사가 아니라 **"the door"**과 같은 구체적인 대상이 등장하는 경우엔 **"slide open (something)"**처럼 대상을 끝에 표현하기도 합니다.

Tip.7) **"fix"**는 **"고치다"**라는 뜻으로, 평상시 일반적으로 사용되는 표현입니다. 이와 비슷한 표현에는 **"repair"**이라는 게 있는데, 이는 **"수리하다"**, **"수선하다"**, **"보수하다"**라는 뜻으로 **"자동차 수리"**, **"구두 수선"**, **"컴퓨터 수리"**처럼 좀 더 전문적인 느낌을 주죠. 그 외에도 영국에서는 **"mend"**라는 표현을 사용하기도 하지만, 미국에서는 이를 의복 같은 것을 수선할 때에만 사용합니다. 참고로, 이러한 동사들은 물리적인 것 뿐만 아니라 **"문제나 안 좋은 상황 등을 바로잡다"**, **"누군가와의 관계를 바로잡다"**라는 뜻으로도 쓰일 수 있는데, 이러한 뜻으로는 **"fix"**가 가장 일반적으로 사용됩니다.

Lesson 088 I'm shocked.

Understanding

1 Verbs describing feelings and emotions.

※ Here are a list of verbs that describe feelings and emotions. Tip.1

excite	흥분시키다, 들뜨게 만들다
bore	지루하게 만들다
① ________	관심을 끌다, 흥미를 갖게 하다
surprise	놀라게 하다
shock	충격을 주다
frighten	겁먹게 만들다, 놀라게 하다
scare	겁먹게 만들다, 놀라게 하다
② ________	불만스럽게 만들다, 좌절시키다
disappoint	실망시키다
③ ________	당황하게 만들다, 난처하게 하다
disgust	혐오감을 유발하다, 역겹게 만들다
④ ________	혼란스럽게 만들다
tire	피곤하게 만들다, 지치게 하다
worry	걱정하게 만들다
⑤ ________	기진맥진하게 만들다

2 Past participles describing feelings and emotions.

※ **Past participles of the verbs** describing feelings and emotions are adjectives. Since they function as adjectives, they modify nouns. Tip.2

- 나 무서워. → I'm **scared**.
- 나 혼란스러워. → I'm ⑥ ________.
- 나 진이 다 빠졌어. → I'm ⑦ ________.
- 나 겁먹었어. → I'm **frightened**.
- 나 신나. → I'm ⑧ ________.

- 나 걱정돼. → I'm ⑨ ________.
- 나 창피해. → I'm ⑩ ________.
- 나 심심해. → I'm **bored**.
- 나 피곤해. → I'm **tired**.
- 나 놀랐어. → I'm ⑪ ________.

- 나 충격 먹었어. → I'm ⑫ ________.
- 나 실망했어. → I'm ⑬ ________.
- 난 넌더리가 나. → I'm **disgusted**.
- 난 관심 있어. → I'm ⑭ ________.
- 나 짜증 나. → I'm ⑮ ________.

※ All the verbs introduced today are **regular verbs**. Note that they are dependably consistent in that **the past participle** ends in *-ed* as does **the simple past**. Tip.3

Simple Past		Past Participle
She surprised him. 그녀는 그를 놀라게 했어. He surprised them. 그는 그들을 놀라게 했어.	VS	He feels surprised. 그는 놀랐어. They're surprised. 그들은 놀랐어.

3 Present participles describing feelings and emotions.

※ **Present participles of the verbs** describing feelings and emotions are also adjectives. Tip.4

It's boring. 그건 따분해. → 그것 = 지루함을 "**주는 대상**"
So, I'm bored. 그래서 난 지루해. → 나 = 지루함을 "**받는 대상**"

※ Complete the following sentences using the given translations. Note that *scaring* or *worrying* is not used to modify a noun. We use *scary* and *worrisome* instead.

- 걘 아주 따분한 놈이야. → He's very **boring**.
- 그 경험은 소름 끼쳤어. → The experience was ⑯ ______________.
- 이야기가 흥미진진해. → The story is **exciting**.
- 걔 일은 엄청 고되. → His job is very ⑰ ________.
- 설명서가 엄청 헷갈려. → The instructions are very ⑱ ______________.
- 그 상황이 답답했어. → The situation was ⑲ ______________.
- 결과가 놀라워. → The results are **surprising**.
- 걔 선물은 당혹스러웠어. → His gift was ⑳ ______________.
- 그건 실망스러워. → It's ㉑ ______________.
- 이건 역겨워. / 이건 혐오스러워. → This is ㉒ ______________.
- 그녀는 흥미로운 여자야. → She's ㉓ ______________.
- 아기들과 놀아주면 진이 빠져. → Playing with babies is ㉔ ______________.
- 그 소식은 충격적이었어. → The news was ㉕ ______________.
- 그 영화는 무서웠어. → The movie was ㉖ ______________.
- 걘 걱정이 너무 많아. → She's too worrisome.

Tip.5

Answers
① interest ② frustrate ③ embarrass ④ confuse ⑤ exhaust
⑥ confused ⑦ exhausted ⑧ excited ⑨ worried ⑩ embarrassed
⑪ surprised ⑫ shocked ⑬ disappointed ⑭ interested
⑮ frustrated ⑯ frightening ⑰ tiring ⑱ confusing
⑲ frustrating ⑳ embarrassing ㉑ disappointing ㉒ disgusting
㉓ interesting ㉔ exhausting ㉕ shocking ㉖ scary

Practice

A. Complete the following dialogues using the given translations.
번역을 참고로 하여 다음 각 대화문을 완성해보세요.

❶ A: I'm __________. B: Yeah, same here. Let's do something fun.	A: 나 심심해. B: 응, 나도. 뭐 재밌는 거 하자.
❷ A: Did Steven's team win? B: No, it was a tie. The score was two to two. It was really neck and neck! A: Wow. It must have been very _________.	A: 스티븐의 팀이 이겼어? B: 아니. 동점이었어. 점수는 2:2였고. 정말 막상막하였어. A: 와~ 엄청 재미있었겠네.
❸ A: I couldn't reach you. B: Sorry. I guess my phone died. A: I was ____________ sick about you. B: I'm really sorry. Can you forgive me?	A: 너 연락이 안 되더라. B: 미안. 핸드폰 배터리가 나갔었나 봐. A: 엄청 걱정했잖아. B: 정말 미안. 용서해줘.
❹ A: I'm _________________. B: It's okay. Everybody makes mistakes. Don't worry.	A: 나 창피해. B: 괜찮아. 실수 안 하는 사람은 없어. 걱정 마.
❺ A: It's kind of ___________. B: Hang in there. It's almost over.	A: 좀 지루하네. B: 조금만 참아. 거의 다 끝났어.
❻ A: What happened to your grade? B: I'm ___________, too. I'll go ask my professor about it.	A: 네 성적이 왜 그래? B: 나도 충격받았어. 교수님께 가서 여쭤봐야겠어.
❼ A: I'm a bit ____________. B: Just wait until I get there. Don't touch anything.	A: 나 좀 헷갈려. B: 내가 거기 갈 때까지 그냥 기다리고 있어. 아무것도 만지지 말고.
❽ A: Kim walked in on me in the bathroom. B: How _________________.	A: 내가 욕실에 있는데 킴이 불쑥 들어왔어. B: 정말 당황스러웠겠다.
❾ A: I heard you got fired today. Aren't you ___________? B: What's the use of worrying? Tomorrow will take care of itself.	A: 너 오늘 잘렸다며. 걱정 안 돼? B: 걱정한들 무슨 소용이 있겠어? 내일 일은 내일 생각하자고.

Answers ❶ bored ❷ exciting ❸ worried ❹ embarrassed ❺ boring ❻ shocked ❼ confused ❽ embarrassing ❾ worried

Tip.1) 일반동사 중에는 "누군가의 기분이나 느낌, 또는 감정을 어떠한 상태로 만들다"라는 뜻으로 사용되는 동사들이 있는데, 이를테면 "**tired**"의 원형인 "**tire**"도 그중 하나랍니다. "**tired**"가 원래 동사에서 파생된 단어라는 것 아셨나요? 사실, 이번 레슨에서 소개한 동사들은 동사로 사용되기보다 과거분사 또는 현재분사 형태로 쓰이는 경우가 훨씬 많습니다.

Tip.2) 이번 레슨에서 소개한 동사들의 "**과거분사(past participle)**"들은 바로 앞에 위치한 명사를 꾸며주는 형용사로 쓰이는데, 이때 바로 앞의 명사는 "**주어(subject)**"인 경우가 많으며, 어떠한 기분, 느낌, 감정을 "**받는 대상**"이 됩니다.

I'm disappointed. 난 실망했어. → "**disappointed**(실망한)"가 바로 앞 명사 "**I**"를 꾸며 줌

Tip.3) 앞서, 일반동사를 소개한 레슨에서 일반동사의 기본형(원형)과 과거형을 배웠죠? 이 외에도 동사의 형태에는 "**과거분사형**"이라는 게 하나 더 존재합니다. 이 역시 많이 사용되기 때문에 동사를 외울 땐 항상 이 세 가지를 함께 외워줘야 하죠. 그래서 보통 "**동사의 3단 변화**"라고 한답니다. 다행스럽게도 규칙변화 동사들은 과거형(~ed)과 과거분사형(~ed)이 동일한데, 이번 레슨에서 소개된 동사들은 모두 규칙변화 동사에 해당합니다.

Tip.4) 이번 레슨에서 소개한 동사들의 "**현재분사(present participle)**"들 역시 바로 앞에 위치한 명사를 꾸며주는 형용사로 쓰이는데, 이때도 바로 앞의 명사는 "**주어(subject)**"인 경우가 많으나, 어떠한 기분, 느낌, 감정을 "**받는 대상**"이 아니라 "**주는 대상**"이 됩니다.

It is surprising. 그거 놀랍군. → "**surprising**(놀라운)"이 바로 앞 명사 "**it**"을 꾸며줌

Tip.5) "**scaring**"과 "**worrying**"은 무언가를 꾸며줄 때는 사용되지 않습니다. 대신, "**scary(무서운)**"와 "**worrisome(걱정스러운, 걱정스럽게 만드는, 걱정이 많은, 걱정을 많이 하는)**"을 사용하죠. 참고로, "**scary**"는 자주 사용되지만, "**worrisome**"은 잘 사용되지 않는 표현입니다. "**worry**"는 다음과 같이 그 자체로 동사로 사용되거나, 간혹 "**worrier**"라는 명사 형태로 사용됩니다.

She worries too much.	걘 걱정을 너무 많이 해.
She worries a lot.	걘 걱정이 많아. / 걘 고민이 많아.
She tends to worry.	걘 평소 사소한 일에도 걱정을 달고 사는 편이야.
She is a worrier.	걘 걱정이 많아. / 걘 걱정을 달고 살아.

추가 1) 어떤 기분이나 느낌을 받는 대상은 사람이지만, 그러한 기분이나 느낌을 주는 대상은 사물일 수도 있고 사람일 수도 있죠. 따라서 현재분사형 형용사들은 사람과 사물 둘 다 꾸며줄 수 있답니다.

You're boring.
넌 따분해. → 너의 말/유머/행동 등이 따분하다는 의미

She is surprising.
그녀는 놀라워. → 그녀의 능력/행동/언사 등에 놀랐다는 의미

Lesson 089 I'm bored to death.

Understanding

1 Some words or phrases used to mean *to some extent*.

※ When we want to say ***to some extent***, we use phrases like ***a little***, ***a*** ❶ ______, or ***kind*** ❷ ______. Tip.1

ex) I'm a little ❸ ____________. 나 좀 헷갈려. / 나 좀 혼란스러워.
ex) I'm feeling a bit ❹ __________. 나 약간 외로워.
ex) I'm kind of ❺ __________. 나 좀 긴장돼.

※ You can use ❻ ________ ***of*** or ***somewhat*** instead. Tip.2

ex) I'm sort of shocked. 나 다소 충격 먹었어.
ex) I'm sort of ❼ __________. 나 약간 걱정 돼.
ex) I'm somewhat ❽ ______________. 나 다소 실망했어.
ex) I'm somewhat relaxed. 나 약간 긴장이 풀렸어. / 나 마음이 좀 편해졌어.

2 Some words or phrases used for emphasis.

※ Words like ***very***, ***so***, ***really***, ***totally*** and ***pretty*** are often used to emphasize adjectives. They all mean ***to a high degree***. Tip.3

ex) I'm feeling very ❾ ________. 나 정말 속상해.
ex) I feel very disappointed. 나 몹시 실망했어.
ex) I'm so ❿ ______________. 나 너무 창피해.
ex) I feel so worried. 나 너무 걱정돼.
ex) It was so ⓫ ____________. (그건) 정말 걱정스러웠어. / (그건) 정말 우려되는 일이었어.

ex) I'm really nervous. 나 정말 긴장돼.
ex) It's really ⓬ ____________. (그건) 정말 헷갈려.
ex) It was really scary. (그건) 정말 무서웠어.
ex) I was totally confused. 난 완전 헷갈렸어. / 난 아주 혼란스러웠어.
ex) I'm pretty upset. 나 상당히 화났어. / 나 기분이 꽤 상했어.

※ The word ***super*** can also be used for emphasis. It means ***extremely***. Tip.4

ex) I'm super tired. 나 엄청 피곤해.
ex) I'm super sleepy. 나 완전 졸려.

※ *To death* means ***to an extreme or intolerable degree***. You can use it after an adjective to emphasize what you want to say. Tip.5

I'm starving to death!
Starving?!!
To death?!!

ex) I'm ⑬ ________ to death. 나 지루해 죽겠어.
ex) I'm tired to death. 나 피곤해 죽겠어.
ex) I was scared to death. 나 무서워서 죽는 줄 알았어.
ex) I was worried to death. 나 걱정돼 죽는 줄 알았어.
(= I was worried ⑭ ________.)

※ ***Dead*** can sometimes be placed before an adjective to mean ***totally*** or ***completely***. Tip.6

ex) I'm dead tired. 나 열라 피곤해.

3 Words or phrases that specify the degree of something with various adjectives.

※ Let's look at how the words or phrases that specify the degree of something can be used with various adjectives. Tip.7

ex) I feel a little sick. 나 몸이 좀 안 좋아.
ex) I'm feeling a little ⑮ ________. 나 약간 알딸딸해.
ex) It's a bit heavy. (그건) 약간 무거워.
ex) I'm kind of busy right now. 나 지금 좀 바빠.
ex) It's sort of ⑯ ________. (그건) 좀 재밌어.
ex) He's really ⑰ ________ to me. 걘 나한테 정말 잘해줘.
ex) It's pretty shocking. (그건) 꽤 충격적이네.
ex) It's pretty ⑱ ________ out there. 바깥 날씨가 꽤 쌀쌀해.
ex) It was pretty good. (그건) 꽤 재미있었어. / (그건) 꽤 좋았어.
ex) That was pretty weird. 그건 꽤 이상했어.
ex) I'm feeling super hungry. 나 엄청 배고파.
ex) He's super cool. 걘 정말 애가 괜찮아.
ex) Jennifer is super ⑲ ________ about her weight. 제니퍼는 자기 몸무게 관련해서는 굉장히 민감해.
ex) I'm starving to death. 나 배고파 죽겠어.
ex) I'm ⑳ ________ to death. 나 추워 죽겠어.
ex) I'm dead serious. 나 정말 심각해. (나 정말 심각하게 말하는 거야.)
ex) You're dead wrong. 너 완전히 틀렸어. / 네가 엄청 잘못했어.
ex) You're dead right. 네가 딱 맞혔어. / 바로 그거야. / 네 말이 100% 맞아.

Answers
① bit ② of ③ confused ④ lonely ⑤ nervous
⑥ sort ⑦ worried ⑧ disappointed ⑨ upset ⑩ embarrassed
⑪ worrisome ⑫ confusing ⑬ bored ⑭ sick ⑮ tipsy
⑯ funny ⑰ nice ⑱ chilly ⑲ sensitive ⑳ freezing

⏱ Practice

A. Use your own words and complete the following dialogues.
샘플 대화문은 참고용입니다. 자신의 말로 자유롭게 대화를 나눠보세요.

❶ A: I'm ____________ nervous.
B: Don't be. Just relax and take a deep breath.

❷ A: It was ____________ exciting.
B: I'm glad you enjoyed it.

B. Complete the following dialogues using the given translations.
번역을 참고로 하여 다음 각 대화문을 완성해보세요.

❸ A: Let's get some grub.
B: I'm ____________ busy right now.
A: 우리 뭐 좀 먹자.
B: 나 지금은 좀 바빠.

❹ A: Your daughter is ____________ cute.
B: Yeah? Thank God she looks like me.
A: 네 딸 엄청 귀엽다.
B: 그렇지? 날 닮았기에 망정이지.

❺ A: I'm so sorry. I lost the purse you gave me.
B: Really? That was ________ expensive.
A: 정말 미안해. 네가 준 지갑 잃어버렸어.
B: 정말? 그거 꽤 비싼 거였는데.

❻ A: You sound dead drunk.
B: No, I'm fine. It's just that I'm feeling ____________ tipsy.
A: 너 많이 취한 것 같은데.
B: 아니야, 난 괜찮아. 그냥 좀 알딸딸해서 그래.

❼ A: I'm ________________.
B: Why don't you hit the shower and go to bed early?
A: 나 피곤해 죽겠어.
B: 샤워하고 일찍 자는 게 어때?

Sample Dialogue

❶ A: I'm kind of nervous.
B: Don't be. Just relax and take a deep breath.
A: 나 좀 긴장돼.
B: 그럴 필요 없어. 그냥 맘 편히 갖고 심호흡 한 번 크게 해.

❷ A: It was really exciting.
B: I'm glad you enjoyed it.
A: 정말 재미있었어.
B: 좋았다니 다행이야.

Answers

일부 답변은 응답자에 따라 달라질 수 있음
❸ sort of ❹ super ❺ pretty ❻ a little ❼ tired to death

Tip.1) 기분이나 느낌, 또는 감정을 말할 때는 "**정말** 짜증나.", "**약간** 심심해.", "**너무** 외로워."처럼 구체적으로 표현하는 경우가 많죠. 정도가 약할 때는 "**조금**", "**약간**"이라는 의미의 "**a little**", "**a bit**", "**kind of**"라는 표현을 사용합니다. "**little**"이나 "**bit**" 앞에는 관사 "**a**"가 붙는다는 점에 유의하세요. 참고로, "**a little**"과 "**a bit**" 둘을 합쳐 "**a little bit**"이라고 표현하기도 하는데, 이 역시 자주 사용되므로 함께 알아두세요.

I was a bit surprised.	난 약간 놀랐어.
I was a little confused.	난 약간 헷갈렸어. / 난 좀 혼란스러웠어.
I was a little bit disappointed.	난 조금 실망했어.

Tip.2) 정도가 약할 때는 "**sort of**"나 "**somewhat**" 등의 표현을 이용할 수도 있습니다.

Tip.3) 정도가 강할 때는 "**very(매우, 아주, 몹시)**", "**so(정말, 너무나, 대단히)**", "**really(정말, 진짜)**", "**totally(아주, 완전히, 전적으로)**", "**pretty(꽤, 상당히)**"와 같은 부사들을 이용할 수 있습니다.

Tip.4) 가까운 사이나 편한 대화 상황에서는 "**엄청**", "**완전**", "**극도로**"라는 뜻의 "**super**"라는 표현을 사용하기도 합니다.

Tip.5) "**~해서 죽을 것 같아**"처럼 과장해서 강조하고 싶을 때는 "**to death**"라는 표현을 끝에 붙여줄 수도 있습니다.

Tip.6) "**dead**"는 "**죽은**"이라는 뜻으로 많이 알고 있지만, "**되게**", "**몹시**", "**완전히**"라는 뜻의 부사로 사용되기도 합니다. 이 경우에는 격식적인 자리에서 입에 담기에 민망한 "**졸라**", "**열라**" 수준과 비슷하다고 생각하면 되죠. 참고로, "**dead**"는 다른 일반적인 부사들과는 달리 일부 형용사 앞에서만 제한적으로 사용됩니다.

He's dead broke.	걘 완전 빈털터리야.
She's dead serious.	걘 완전 진지해.

Tip.7) 정도를 나타내는 표현들은 기분이나 느낌, 또는 감정을 설명할 때뿐만 아니라 그 외 다양한 상황에서도 사용할 수 있습니다.

추가 1) "**~해서 다행이야**"라고 말할 때는 "**I'm glad ...**"라는 표현을 사용합니다. 말 그대로 "**~해서 기뻐**"라는 뜻이죠.

I'm glad you like it.	네가 마음에 든다니 다행이야.
I'm glad you came.	네가 와줘서 다행이야.
I'm glad it helped.	그게 도움이 됐다니 다행이야.

추가 2) "**Thank god!**"은 "**정말 다행이다!**", "**하나님 감사합니다!**"라는 말로, 일종의 감탄사처럼 쓰이는 표현입니다. 이 뒤에 완벽한 문장이 등장하게 되면 "**~해서 다행이지**", "**~하니 망정이니**"라는 뜻이 되죠.

Thank God you're okay.	네가 괜찮아서 다행이야. / 네가 괜찮으니 망정이지.
Thank God you're here.	네가 여기 있어서 다행이야. / 네가 여기 있으니 망정이지.
Thank God you didn't get hurt.	네가 안 다쳐서 다행이야. / 네가 안 다쳤으니 망정이지.

Lesson 090 You're so dead.

Understanding

1 Use of *so*.

※ *So* can be used to emphasize adjectives. Tip.1

ex) I'm not so ⓫ ________. 확실히 장담 못 해.
ex) You're so weird. 넌 정말 이상해.
ex) You're so ⓬ ________! 네가 백번 옳아!
ex) You're so stupid. 넌 정말 멍청해.
Tip.2 ex) You're so ⓭ ________. 넌 이제 죽었다.
ex) You're so great! 너 참 멋져! / 넌 참 대단해!
ex) This is so ⓮ ________! 이거 정말 멋진데! (최곤데! / 죽이는데!)
ex) This car is so expensive. 이 차는 정말 비싸.
ex) It's so hot today. 오늘 날이 참 덥네.
ex) I have so many things ⓯ ________. 나 할 게 엄청 많아.

※ *So* can also be used to emphasize adverbs.

ex) I love him so much. 난 그 사람을 너무나 사랑해.
ex) I ⓰ ________ you so much. 난 네가 아주 많이 보고 싶어.
ex) You did so ⓱ ________! Good job! 아주 잘했어! 훌륭해!
ex) Why are you ⓲ ________ so early? (너) 왜 이렇게 일찍 일어난 거야?
ex) I woke up so late today. 나 오늘 엄청 늦게 일어났어.
Tip.3 ex) How did you get here so ⓳ ________? (너) 여기 어떻게 이리 빨리 온 거야?

※ We use "***so* + adjective/adverb + *that***" to express cause and effect. Tip.4

ex) This movie is so good that I can watch it over and ⓴ ________.
이 영화는 보고 또 봐도 질리지 않을 정도로 정말 재밌어.

ex) I'm so busy at work that I can't do anything else these days.
난 요즘 회사에서 너무 바빠서 다른 일은 할 수가 없어.

ex) It's so cold outside that we can't play golf today.
바깥 날씨가 너무 추워서 우리 오늘 골프 못 치겠어.

ex) I was so busy that I ⑪ ________ study much.
난 너무 바빠서 공부를 많이 못 했어.

ex) I was so sick that I ⑫ ________ miss my class.
난 너무 아파서 수업을 빼먹어야 했어.

2 Use of *very*.

※ ***Very*** is similar to ***so*** in that it is used for emphasis. Let's review how ***very*** can be used in various situations. Tip.5

ex) Very ⑬ ________ so! 정말 그래! ('Yes'의 강조)
ex) I'm very sorry. 대단히 미안합니다. / 참 안됐습니다.
ex) I was very wrong. 내가 크게 잘못했어. / 내가 완전 헛다리 짚었어.
ex) He was very sure. 걘 아주 확신에 차 있었어.
ex) It's very spicy. (그건) 아주 매워.
ex) We ⑭ ______ very fast. 우린 식사를 아주 빨리했어. / 우린 음식을 후딱 먹어치웠어.
ex) I'm not feeling very well. 나 오늘 컨디션이 그렇게 좋지 않아.
ex) I'm very good ⑮ ______ English. 난 영어 정말 잘해.
ex) Thank you very much. 대단히 감사합니다.
ex) That's very kind ⑯ ______ you. 정말 친절하시군요.
ex) I didn't like the movie very much. 난 그 영화가 그리 썩 좋진 않았어.

※ ***Very*** can be used to emphasize superlatives or stress identity. It means ***exactly the thing or person*** or ***completely***. Tip.6

- the very left 맨 왼쪽(의)
- the very right 맨 오른쪽(의)
- the very ⑰ ________ 맨 앞(의)
- the very middle (= the very center) 한복판(의), 정중앙(의)

- the very beginning 맨 처음
- the very end 맨 끝
- the very last 맨 꼴찌(의), 맨 나중(의)
- the very first 가장 최초(의)
- the very best 가장 최선(의), 가장 최고(의)
- the very ⑱ ________ 바로 그 사람, 장본인
- the very man 바로 그 사람(남자), 장본인
- the very ⑲ ________ 바로 그 순간

ex) I did my very best.
난 할 수 있는 한 최선을 다했어.

ex) I remember the very first day I met you.
난 널 제일 처음 만난 그 날을 기억해.

Answers
① sure ② right ③ dead ④ cool ⑤ to do ⑥ miss ⑦ well
⑧ up ⑨ quickly 또는 quick ⑩ over again ⑪ couldn't ⑫ had to
⑬ much ⑭ ate ⑮ at ⑯ of ⑰ front ⑱ person ⑲ moment

Practice

A. Complete the following sentences using the given translations.
번역을 참고로 하여 다음 각 문장을 완성해보세요.

❶ I'm so tired that ________________________________.
나 너무 피곤해서 오늘 밤에 못 나갈 거 같아.

❷ I'm so sleepy that ____________________.
난 너무 졸려서 생각을 똑바로 할 수가 없어.

❸ I was so drunk that ____________________.
난 너무 취해서 운전할 수 없었어.

B. Complete the following dialogues using the given translations.
번역을 참고로 하여 다음 각 대화문을 완성해보세요.

❹ A: It's so __________ that I can't buy more than two.
B: I know. I wish it were cheaper.

A: 그건 너무 비싸서 두 개 이상은 못 사.
B: 그러게. 좀 더 싸면 좋을 텐데.

❺ A: Don't you think he looks so much like Brad Pitt?
B: __________ so!

A: 쟤 브레드 피트 닮은 거 같지 않냐?
B: 정말 그래!

❻ A: I'm so ________ that I could eat a horse.
B: Me, too. Let's go eat something.

A: 나 너무 배고파서 돌이라도 씹어 먹겠어.
B: 나도. 뭐라도 좀 먹으러 가자.

❼ A: You dumped your boyfriend because he cheated on you?
B: Yep, that's ______________.

A: 남친이 너 몰래 바람피워서 차버렸다고?
B: 응, 그게 바로 그 이유야.

❽ A: You look like hell.
B: Man, I'm so hungover. I drank so _____ that I threw up five or six times last night. I'm never drinking again.

A: 너 몰골이 장난 아니야.
B: 어휴, 속 쓰려 죽겠네. 너무 많이 마셔서 대여섯 번이나 토했어. 다신 술 마시나 봐라.

❾ A: I just think you could've tried harder.
B: I don't care what you think. I know I tried my _________.

A: 난 네가 노력을 다하지 않았다고 생각해.
B: 네가 뭐라 생각하든 난 관계 없어. 난 내가 할 수 있는 최선을 다했으니까.

Answers
❶ I don't think I can go out tonight ❷ I can't think straight
❸ I couldn't drive ❹ expensive ❺ Very much
❻ hungry ❼ the very reason ❽ much ❾ very best

Tip.1) 기분이나 느낌, 또는 감정의 정도를 강조하는 표현으로 소개한 "**so**"는 그 외 다양한 형용사나 부사를 꾸미기 위해서도 사용할 수 있는데, 그 의미가 때론 "**very**"와 유사하고, 때론 "**really**"와 유사하며, 또 어떤 때는 "**too**"와 유사하기도 해서 다소 헷갈리는 부사입니다. 이는 "**so**"를 우리말의 특정 단어와 연결지어 이해하려다 보니 그런 것으로, 영어의 모든 단어가 우리말의 특정 단어와 의미가 딱 맞아 떨어지지는 않는답니다. "**so**"는 그 자체로 쓰임이 많은 "존재감이 큰" 단어이며, "**very**"나 "**really**" 등과 비교해 기쁨이나 놀라움과 같은 감정이 더 많이 실려 있어서, 다른 단어를 발음할 때와는 달리 "**so**"를 발음할 때는 좀 더 길고 강하게 발음하는 경향이 있습니다. 결론적으로, "**so**"는 무언가의 정도를 강조해주는 "감정 실린" 단어이며, 이를 굳이 번역하자면 상황에 따라 "**참**", "**정말**", "**엄청**", "**너무나**", "**아주**", "**대단히**" 등으로 알맞게 번역해야 합니다. 참고로, "**so**"는 부정문에서는 "**너무**", "**그렇게**", "**그리**"라고 번역되며, 상황에 따라 "**이렇게**", "**이리**"라고 번역되기도 합니다.

Do not walk so fast!	너무 빨리 걷지 마! / 그렇게 빨리 걷지 마!
It's not so easy to change his mind.	걔 마음을 돌리는 건 그리 쉽지 않아.
Why are you so nice to me?	너 왜 나한테 이렇게 잘해주는 거야?

Tip.2) "**You're so dead!**"는 무언가 사고를 쳤거나 잘못한 사람에게 "**너 이제 죽었다!**", "**너 이제 큰일 났다!**"는 투로 말하는 표현입니다. 이와 비슷한 표현에는 다음과 같은 것들이 있습니다.

You're in trouble now!	너 이제 큰일났어! (→ 가장 일반적인 표현)
You're dead meat!	너 이제 x됐어! / 너 이제 죽었어!
You're so done!	너 이제 x됐어! / 넌 이제 끝이야!

Tip.3) 형용사 "**quick(빠른)**"의 부사형은 "**quickly(빨리)**"이지만, 대화 시에는 "**quick**" 자체를 부사로 사용하기도 합니다.

Tip.4) 형용사나 부사의 정도를 꾸며주는 것에서 끝나지 않고 그로 인한 결과까지 설명하고자 할 경우에는 "**so ~ that ...**"이라고 표현합니다. "**너무 ~해서 ...하다**"라는 뜻이 되죠. 참고로, 이를 "**so ~ as to ...**"라고 표현하기도 하는데, 이는 대화 시보다 주로 글에서 사용된답니다. "**so ~ that ...**" 뒤에는 완벽한 문장이 등장하는 반면, "**so ~ as to ...**" 뒤에는 동사 원형이 뒤따라야 함에 유의하세요.

I'm not so stupid as to make such a big mistake.
난 그런 큰 실수를 저지를 정도로 그렇게 멍청하지 않아.

I'm not so rich as to buy such an expensive watch.
난 그런 고가의 시계를 살 수 있을 정도로 그렇게 부유하지 않아.

Tip.5) "**very**"라고 하면 "**Very good! (아주 좋아요!)**"부터 튀어나올 정도로 "**very**"는 우리에게 "매우" 친숙한 표현이죠. "**very**"는 무언가의 정도를 강조하는 측면에서는 "**so**"와 거의 비슷한 표현이라고 볼 수 있습니다. 이 역시 부정문에서는 "**그렇게**", "**그리**"라고 주로 번역되죠.

Tip.6) 간혹, "**very**"는 명사를 꾸며주기도 하는데, 이때는 "**맨**", "**가장**", "**바로 그**"라는 뜻이며, 항상 앞에 정관사 "**the**"나 소유격을 동반합니다.

Lesson 091 He's still angry at me.

Understanding

1 Adjectives using different prepositions depending on where one's emotions or feelings are directed. Tip.1

Tip.2 **mad** 화난	Toward a person or thing	I'm mad at you. 나 너한테 화났어. / 나 너 때문에 미쳐버리겠어.
	Toward a situation	She's still mad ❶ ________ yesterday. 걘 아직 어제 일 때문에 화가 나 있어.
Tip.3 **angry** 화난, 성난	Toward a person or thing	Why is he angry with you? 걘 왜 너한테 화가 나 있는 거야? He's still angry at me. 걘 아직도 나한테 화가 나 있어.
	Toward a situation	He's still angry about something. 걘 아직 뭔가에 화가 나 있는 상태야. I'm angry about Jim's ❷ ________. 난 짐의 태도(/행동/행실) 때문에 화가 나.
shocked 놀란	Toward a person or thing	She's shocked at you. 걘 너 때문에 놀랐어. / 걘 너 때문에 충격받았어. I was shocked by the size of his house. 난 걔 집 크기에 충격받았어.
	Toward a situation	I was shocked at his behavior. 난 걔 태도(/행동/행실)에 충격받았어. She's shocked about the accident. 걘 그 사고에 놀랐어. / 걘 그 사고로 충격받았어.
disappointed 실망한	Toward a person or thing	I'm disappointed ❸ ____ you. 나 너한테 실망했어.
	Toward a situation	I'm disappointed about my life. 난 내 인생이 실망스러워. I'm disappointed in the ❹ ________. 난 그 판결에 실망했어. I'm disappointed by the decision. 난 그 결정에 실망했어. I'm disappointed at my grades. 난 내 성적에 실망했어. I'm disappointed with the result. 난 그 결과에 실망했어.

※ The above are the most commonly used prepositions. Keep in mind that in some situations, less common prepositions may also be used. Tip.4

※ You can also use the following words and phrases when you feel or show anger.

- I'm not upset with you at all. 난 너한테 기분 언짢은 거 전혀 없어.
- I'm pissed ⑤ _____ at you. 나 너 때문에 짜증 나.
- I was so ticked off last night. 나 어젯밤에 엄청 짜증 났어.
- I'm frustrated with ⑥ _________. 나 스스로에게 짜증 나.
- I'm furious with my boyfriend. 나 남친한테 화가 단단히 났어.

2 Adjectives using the same prepositions no matter where one's feelings or emotions are directed. Tip.1

tired 피곤한, 지친	I'm tired of you. I'm tired of living here.	난 너한테 지쳤어. 난 여기 사는 게 지겨워.
jealous 질투하는, 부러운	He's jealous ⑦ _____ her.	걘 그녀를 부러워 해.
proud 자랑스러운	She's proud of you.	그녀는 널 자랑스러워 해.
embarrassed 당황스러운, 부끄러운	I'm embarrassed ⑧ _____ my job.	난 내 직업이 부끄러워.
ashamed 창피한	They're ashamed ⑨ _____ you. You should be ashamed ⑨ _____ yourself.	걔넨 널 부끄러워해. 창피한 줄 알아라.
afraid 두려워하는, 무서워하는, 걱정하는	He's afraid of us. He's afraid of losing his job.	걘 우릴 두려워해. 걘 실직할까 봐 두려워해.
scared 무서워하는, 겁나는	You're scared ⑩ _____ failure, aren't you?	넌 실패를 두려워하는구나, 그치?
interested 흥미 있는, 관심 있는	I'm interested ⑪ _____ you. I'm interested ⑪ _____ studying English.	나 너한테 관심 있어. 난 영어 공부에 관심 있어.
worried 걱정되는	I'm worried ⑫ _____ my presentation tomorrow.	난 내일 발표가 걱정돼.
frustrated 짜증이 난	I'm frustrated ⑬ _____ my girlfriend. I'm frustrated ⑬ _____ my work.	난 여자 친구가 짜증 나. 난 내 일이 짜증 나.

Tip.5 (embarrassed, ashamed)

Tip.6 (afraid, scared)

Answers ① about ② behavior ③ in ④ ruling ⑤ off ⑥ myself ⑦ of ⑧ of 또는 about ⑨ of ⑩ of ⑪ in ⑫ about ⑬ with

Practice

A. Complete the following sentences using the given translations.
번역을 참고로 하여 다음 각 문장을 완성해보세요.

1. I'm embarrassed ________ you.
   난 네가 부끄러워. / 난 네가 창피해.
2. I'm not interested ________ your story.
   난 네 이야기에 관심 없어.
3. He's mad ________ my brother.
   걘 우리 형(/오빠/남동생)한테 화가 나 있어.
4. I'm disappointed ________ myself.
   난 나 자신에게 실망했어.
5. I'm worried ________ you.
   난 네가 걱정돼.
6. She's proud ________ her country.
   걘 조국을 자랑스러워해.
7. I'm angry ________ what that person said.
   난 저 사람 말 때문에 화났어
8. She's mad ________ the result.
   걘 그 결과 때문에 화가 나 있어.
9. I'm frustrated ________ this job.
   난 이 직장이 짜증 나.
10. He's jealous ________ your relationship.
    걘 너의 관계를 질투하고 있어.
11. They're ashamed ________ their past.
    걔넨 과거를 부끄러워해.
12. He's scared ________ his mom.
    걘 자기 엄마를 무서워해.
13. Don't get angry ________ me!
    나한테 화내지 마!
14. I'm angry ________ my boyfriend for ignoring my texts.
    남친이 내 문자를 무시해서 열 받아.

Answers

1 of 또는 about	2 in	3 at	4 in	5 about
6 of	7 about 또는 at	8 about	9 with	10 of
11 of	12 of	13 with 또는 at	14 with 또는 at	

Tip.1) 감정은 "사람이나 사물에 대한 감정"일 수도 있고 "상황에 대한 감정"일 수도 있죠. 감정을 묘사하는 형용사 중에는 감정의 대상에 따라 전치사가 달라지는 것들이 있는데, 이번 레슨 초반에는 그런 형용사들을 소개하고 있으며, 뒤이어 후반에는 감정의 대상에 관계없이 동일한 전치사를 사용하는 형용사들을 소개하고 있습니다.

Tip.2) **"mad"**나 **"crazy"** 모두 **"미친"**이란 뜻을 가지고 있지만 최근 미국영어에서는 **"mad"**를 **"미친"**이라는 뜻으로 쓰는 경우는 상당히 드뭅니다. 보통, **"mad"**는 무척 열 받았다거나, 무언가에 푹 빠졌다거나, 무언가를 몹시 하고 싶어서 미치겠다는 뜻으로 사용되며, 미쳤다고 말할 때는 대부분 **"crazy"**나 **"insane"**이라는 표현을 사용하죠. 반면, 영국에서는 미쳤다고 말할 때 **"mad"**와 **"crazy"** 모두 자주 사용하며, **"mad"**를 몹시 열 받았다는 의미로 사용하진 않습니다.

Tip.3) 화난 상태를 묘사하는 대표적인 표현으로는 **"angry"**와 **"upset"**이 있습니다. 비슷한 듯하지만, 사실 각 표현이 주는 느낌은 약간 다르답니다. 먼저, **"angry"**는 화가 난 감정 상태를 구체적으로 묘사해주는 표현으로, "불만"과 "짜증", 게다가 "적개심"까지 느껴지기 때문에 화가 난 정도로만 보자면 **"upset"**에 비해 훨씬 강한 느낌을 줍니다. 반면, **"upset"**은 "뒤엎음을 당한" 또는 "뒤집힌" 마음의 상태를 묘사해주는 표현이라서, **"화난"**이라는 의미로 쓰일 때도 있지만, 때론 **"속상한"**, **"기분이 언짢은"**이라는 의미로 쓰이기도 하죠. 이러한 의미 차이 때문에 **"angry"**는 주로 "타인의 안 좋은 행동"과 관련해서 사용하는 경우가 많고, **"upset"**은 주로 "안 좋은 상황"과 관련해서 사용하는 경우가 많습니다.

Tip.4) 감정의 대상에 따라 전치사가 달라지는 형용사들의 경우, 이번 레슨에서 소개하는 전치사들이 "일반적"이긴 하지만, "절대적"이진 않음에 유의하세요. 특정 문장에서는 또 다른 전치사가 어울릴 수도 있습니다.

Tip.5) **"embarrassed"**나 **"ashamed"** 둘 다 **"창피한"**, **"부끄러운"**이라는 의미를 갖고 있습니다. 하지만 각 표현이 쓰이는 상황은 다르답니다. **"embarrassed"**는 주로 실수를 해서 창피하거나 쑥스러운 걸 의미하지만, **"ashamed"**는 나쁜 짓, 또는 하지 말아야 할 행동을 해서 부끄럽거나 수치스러운 걸 의미하죠.

Tip.6) **"afraid"**는 다치거나 상처받거나 고통받을까 봐 걱정스럽다는 뜻인 반면, **"scared"**는 뭔가 안 좋은 일이 생길 것 같아서 걱정스럽다거나 지금 무언가 공포스러움이 느껴진다는 뜻입니다. 하지만 실제 대화에서는 이 둘을 구분하지 않고 사용하는 경우가 상당히 많죠. 참고로, **"scared"**는 비격식적인 표현이라서 글을 쓸 때는 **"afraid"**를 주로 사용합니다. 또한, 평상시 무서워하는 것에 대해 말할 때도 **"scared"**보다 **"afraid"**를 더 많이 사용합니다.

I'm **afraid** of heights. 난 고소공포증이 있어. / 난 높은 곳이 무서워.
I'm **scared** to death. 나 무서워 죽겠어.

무서워하는 정도가 더 클 때, 혹은 더 강조하고자 할 경우 **"scared"**나 **"afraid"** 대신 **"terrified"** 또는 **"frightened"**라는 표현을 사용할 수도 있습니다. 이들은 **"afraid"**보다도 더 격식적인 표현들이죠.

I was **terrified** when I heard the news. 그 소식을 들었을 때 난 정말 두려웠어.
I was **frightened** by the scream. 난 그 비명 소리에 쫄았어. / 난 그 비명 소리를 들으니 섬뜩했어.

Lesson 092 How do you feel about him?

Understanding

1 Using the phrase "How do you like ...?"

※ If you want to know how one thinks or feels about something, you can use the phrase "**How do you like ...?**" as below. Tip.1

How do you like		
	this?	이거 어때?
	this dress?	이 드레스 어때?
	him?	그 남자 어때?
	Wednesday?	수요일 어때? (괜찮아?)
	it here? Tip.2	여긴 어때?
	it here ① ________?	지금까진 여기 어때, 맘에 들어?
	my new shirt?	새로 산 내 셔츠 어때?
	your new job?	새 일은 마음에 들어?
	your new place?	새 집은 어때?
	the ② ________?	경치 어때?
	the food here?	여기 음식 어떤 거 같아?
	the color of this shirt?	이 셔츠 색깔 어떤 거 같아?
	③ ________ in Seoul?	서울 생활 어때?

2 Various responses to "How do you like ...?"

※ Here are various responses you can give when someone asks how you like something.

- It couldn't be better. 더할 나위 없이 좋아. / 더 좋을 수 없을 정도야.
- It could be better. 별로야. / 더 나아지겠지.
- It could be worse. 그냥 그래. / 이만하니 다행이지.
- It ④ ________________ worse. 정말 최악이야. / 더 안 좋을 수 없을 정도야.
- It's ⑤ ____________. 끝내줘. / 환상적이야.
- It's wonderful. 완벽해. / 아주 멋져.
- It's great. 아주 좋아.
- It's fine. (= It's all right. = It's okay.) 괜찮아.
- It's not very good. 그리 좋진 않아.
- It's not too bad. 그리 나쁘진 않아.
- It's not so bad. 그리 나쁘진 않아.

- It's not too terrible. 그렇게 최악은 아니야.
- It's ❻ ________. 그저 그래.
- Could be better, could be worse. 그냥 그래. / 그냥 뭐 그럭저럭.
- It's terrible. 끔찍해. / 정말 안 좋아.
- It's awful. 끔찍해. / 정말 안 좋아.
- It's horrible. 끔찍해. / 정말 안 좋아.
- It's miserable. 형편없어. / 정말 안 좋아.
- I absolutely love it. 난 (그게) 굉장히 마음에 들어.
- I totally love it. 난 (그게) 완전 마음에 들어.
- I love it ❼ _____ death. 난 (그게) 끝내주게 마음에 들어.
- I love it here. 난 여기가 정말 마음에 들어.
- I like it. 난 (그게) 좋아.
- I like it fine. 난 (그게) 괜찮아. / 나쁘지 않아.
  (= I like it all right. = I like it okay.)
- I like it just fine. 난 (그게) 썩 괜찮아. / 난 (그게) 괜찮아.
- I don't like it ❽ ________. Tip.3 난 (그게) 전혀 마음에 안 들어.
- I hate it. 난 (그거) 싫어. / 난 (그거) 마음에 안 들어.
- I don't love it, but I don't hate it, ❾ ________.
  난 (그게) 엄청 마음에 들진 않지만, 싫지도 않아.

3 Using the phrase "How do you feel about ...?"

※ You can also use the phrase "**How do you feel about ...?**" when you want to know how someone thinks or feels about something. Tip.1

ex) How do you feel about me?
나에 대해 어떻게 생각해? / 나 어떤 것 같아?

ex) How do you feel about ❿ ____________?
넌 너 자신에 대해 어떻게 생각해?

ex) How do you feel about your husband?
네 남편에 대해 어떻게 생각해? / 네 남편 어때?

ex) How do you feel about the pink one?
분홍색은 어떤 것 같아?

ex) How do you feel about ⓫ ____________ pizza? 먹다 남은 피자 어때?
ex) How do you feel about some ice cream? 아이스크림 (먹는 거) 어때?
ex) How do you feel about 10:30? 10시 30분 어때?
ex) How do you feel about your job these days? 요즘 하는 일은 어떤 거 같아?
ex) How do you feel about ⓬ ____________ tonight? 오늘 밤 외출하는 거 어때? / 오늘 밤에 나가서 노는 거 어때?

Answers
❶ so far ❷ view ❸ living ❹ couldn't be ❺ fantastic ❻ so-so
❼ to ❽ at all ❾ either ❿ yourself ⓫ leftover ⓬ going out

Practice

A. Use your own words and complete the following dialogues.
샘플 대화문은 참고용입니다. 자신의 말로 자유롭게 대화를 나눠보세요.

❶ A: How do you feel about ________________?
B: I'm tired of ________________.

❷ A: How do you feel about your job?
B: ____.

B. Complete the following dialogues using the given translations.
번역을 참고로 하여 다음 각 대화문을 완성해보세요.

❸ A: How do you like it?
B: It's ________________. It's much better than what I expected.

A: 그거 마음에 들어?
B: 최고야. 생각했던 것보다 훨씬 좋아.

❹ A: How do you like it so far?
B: __________________________.

A: 지금까진 어때, 맘에 들어?
B: 아주 마음에 들어.

❺ A: How do you like ________________?
B: I love it. This is my kind of place.

A: 여기 마음에 들어?
B: 엄청 좋아. 마음에 쏙 드는 곳이야.

❻ A: How do you like the weather here?
B: I don't like it at all. It's ______________ for me.

A: 여기 날씨 어떤 거 같아?
B: 전혀 마음에 안 들어. 난 너무 추워.

❼ A: How do you like ____________________?
B: It seems to be a bit small after placing the furniture.

A: 새집은 어때?
B: 가구를 들여놓으니 좀 좁은 감이 있어.

Sample Dialogue

❶ A: How do you feel about your boyfriend?
B: I'm tired of him.

A: 네 남친 어때?
B: 지겨워.

❷ A: How do you feel about your job?
B: I love it. It's very tough, but it's still fun and they pay me well.

A: 하는 일은 어때?
B: 정말 좋아. 아주 빡세긴 한데, 아직은 재밌고 보수도 좋아.

Answers

일부 답변은 응답자에 따라 달라질 수 있음

❸ so cool ❹ I love it ❺ it here ❻ too cold
❼ your new house

Tip.1) 앞서 "How do you ...?"를 무언가의 방법을 묻는 기본 표현으로 소개했죠? 이를 응용해 "How do you like ...?"라고 물으면 무언가 또는 누군가에 대한 상대방의 느낌이나 생각, 또는 감정을 묻는 또 다른 유용한 표현이 된답니다. 이때는 **"넌 ~을 어떻게 좋아해?"**라는 뜻이 아니라 **"~ 어때?", "~ 어떤 것 같아?", "~ 어떻게 생각해?", "~은 마음에 들어?"**라는 뜻이 되죠. 추후 배우겠지만, "How do you like...?"은 "How do you like your steak? **(스테이크 굽기는 어떻게 해줄까?)**"처럼 음식이나 음료를 어떻게 내어줄지 묻는 표현으로 사용될 수도 있습니다. 이런 쓰임만 제외하면 "How do you like...?"은 "How do you feel about...?" 또는 "What do you think about...?"과 거의 같은 뜻이라고 볼 수 있죠. 참고로, 구체적으로 언급하지 않아도 아는 어떤 대상 또는 상황을 가리켜 **"(그거) 어때?"**라는 식으로 물으려면 간단히 "How do you like it?"이라고 표현하면 됩니다.

Tip.2) 우리 말에서는 무언가에 대한 느낌이나 생각을 물을 때 **"지금까지"** 어떤지 묻는 경우가 드물지만, 영어에선 자주 들을 수 있답니다. 이 경우 "How do you like it so far? **(지금까진 어때, 맘에 들어?)**"처럼 끝에 "so far"를 붙여줍니다.

Tip.3) 부정문 끝에 "at all"을 붙이면 **"전혀"**라는 강조의 의미가 더해집니다.

I don't know her at all. 난 걔 전혀 몰라.
I'm not interested at all. 난 전혀 관심 없어.
I didn't enjoy it at all. 난 (그게) 전혀 즐겁지 않았어. / 난 (그게) 전혀 안 좋았어.
He doesn't smoke at all. 걘 전혀 담배 안 피워.

추가 1) **"피곤한"**이라는 뜻으로 배운 "tired"는 "be tired of"처럼 표현하면 **"지겹다"**라는 뜻이 됩니다. 뒤에는 어떤 대상이 등장할 수도 있고, "~ing" 형태의 행위가 등장하기도 하죠.

I'm tired of you. 난 네가 지겨워. / 나는 너한테 지쳤어.
I'm tired of my job. 난 내 일이 지겨워.
I'm tired of hearing your excuses. 난 네 변명 듣는 거 지겨워.
I'm tired of being lied to. 난 거짓말 듣는 거 지겨워.
I'm tired of working here. 난 여기서 일하는 게 지겨워.

"지겹다", "지긋지긋하다"고 말할 때는 "be sick of"라는 표현을 사용할 수 있습니다. 둘을 합쳐 "be sick and tired of"라고 표현하면 몸서리날 정도로 싫음을 의미하게 되죠.

I'm sick of you. 난 네가 지긋지긋해.

추가 2) **"보수가 좋다"**라고 말할 때는 **"지불하다"**라는 뜻의 동사 "pay"를 써서 "pay (me) well"이라고 표현합니다. "나에게(me) 만족스러운(well) 보수를 준다(pay)"라는 뜻이죠. 반대로, **"보수를 쥐꼬리만큼 준다"**라고 말할 때는 "pay (me) so little"이라고 합니다.

My job pays well. 내 직장은 보수가 좋아.
It pays good money. (그건) 보수가 좋아. / (그건) 수입이 짭짤해.
They pay me so little for way too much work.
거긴 월급은 쥐꼬리만큼 주면서 일은 엄청 부려 먹어.

Chapter 20 look, seem, sound

In this chapter

보통, 누군가에 대한 인상은 감각 기관을 통해 판단하게 되는데,
누군가를 맛보거나, 냄새 맡아보거나, 더듬어볼 순 없으니,
대부분의 판단은 눈과 귀를 통하게 되겠죠?
시각을 통한 인상은 look, 청각을 통한 인상은 sound를 이용해 표현하며,
추가로, 모든 것을 종합한 전체적인 인상은 seem을 이용하게 됩니다.
이번 챕터에서는 이 세 동사를 활용해 어떻게 인상을 표현하는지를 학습합니다.

학습 중 funny라는 단어가 등장하는데,
이와 fun이 어떻게 다른지 잘 모르는 학습자들이 많은 것 같더군요.
이번 챕터 끝에 소개했으니, 이 두 단어의 차이점과,
관련 표현들에 대해서도 함께 배워봅시다.

Lesson 093 You look marvelous today.

Understanding

1 Another way to ask how to do something.

※ You can use the phrase "**How do I ...?**" instead of "**How do you ...?**" when asking someone how to do something. Both phrases mean the same thing, so you can use them interchangeably. Tip.1

- How do I turn this on? (= How do you turn this on?) 이거 어떻게 켜?
- How do I turn this off? (= How do you turn this off?) 이거 어떻게 꺼?

※ Here are various sentences using the phrase "**How do I ...?**"

- How do I know? 내가 어떻게 알아?
- How do I use this? 이거 어떻게 사용해?
- How do I ❶ ______ this? 이걸 어떻게 말해야 할까? / 이걸 뭐라고 해야 할지.
- How do I fix this? 이거 어떻게 고쳐?
- How do I eat this? 이거 어떻게 먹어?
- How do I get there? 거기 어떻게 가?
- How do I ❷ ___________ this? 이거 어떻게 발음해?
- How do I ❸ ______ the difference? 어떻게 구별해?
- How do I explain this to her? 이걸 걔한테 어떻게 설명해야 해?
- How do I get him ❹ _____ listen? 걔가 말을 듣게 하려면 어떻게 해야 해?

2 Telling someone how they look.

※ When someone asks "**How do I look?**", you can respond by using the phrase "**You look ...**" and the adjectives that describe their current emotions or feelings as below. Tip.2

- You look really tired. 너 정말 피곤해 보여.
- You look angry. 너 화난 것 같아.
- You look kind of surprised. 너 좀 놀란 거 같아.
- You look shocked. 너 충격받은 것 같아.
- You look sick. 너 아파 보여.
- You look nervous. 너 긴장한 것 같아.
- You look ❺ ________. 너 억울해 하는 거 같네.
- You look ❻ __________. 너 부럽나 보네.
- You look super busy now. 너 지금 엄청 바빠 보여.

Tip.3 • You look out of it today. 너 오늘 정신이 없어 보여. / 너 오늘 정신줄 놓은 것 같아.
• You look sad today for ❼ ______________. 너 오늘 왠지 슬퍼 보여.
• You seem edgy. 너 초조해 보여.
Tip.4 • You seem pumped ❽ ______. 너 정말 신나 보여. / 너 흥분돼 보여.

※ You can make negative sentences using the phrase "**You don't look ...**" or "**You don't seem to be ...**"

- You don't look well. 너 괜찮아 보이지 않아. / 너 안색이 안 좋아.
- You don't look so good. 너 썩 괜찮아 보이지 않아. / 너 안색이 안 좋아.
- You don't look too happy. 너 그다지 행복해 보이지 않아.

※ You can also use "**How do I look?**" to ask about your appearance. Here are some possible responses you may hear. Tip.5

- You look okay. 너 괜찮은 거 같아. / 너 괜찮아 보여.
- You look nice. 너 멋져 보여.
- You look great. 너 정말 멋져 보여.
- You look gorgeous. 너 정말 멋져 보여.
- You look marvelous today. 너 오늘 정말 멋져 보여.
- You look fantastic. 너 정말 멋져 보여.
- You look awesome. 너 아주 근사해 보여.
- You look amazing. 너 굉장히 멋져 보여.
- You look stunning. 너 굉장히 멋져 보여.
- You look ❾ __________. 너 말쑥해 보여.
- You look cold. 너 추워 보여.
- You look very handsome. 너 정말 멋져 보여.
- You look so cute today. 너 오늘 진짜 귀여운 것 같아.
- You look different today. 너 오늘 (뭔가 좀) 달라 보여.
- You look ❿ __________. 너 낯이 익어.
- You look so young. 너 정말 젊어 보여. / 너 정말 어려 보여.
- You look thirty. 넌 서른으로 보여.
- You look ⓫ __________ my age. 너 내 나이 정도로 보여.
- You look old ⓬ ______ your age. 너 나이보다 더 들어 보여.
- You look fat ⓭ ______ this picture. 너 이 사진에서 뚱뚱하게 나왔네.
- You look great in it. 너 그거(그 옷을 입으니) 잘 어울리네.
- You look awful. 너 몰골이 엉망이네. / 너 얼굴이 말이 아니네.
- You look ⓮ ______________. 너 몰골이 엉망이네. / 너 얼굴이 말이 아니네.

Answers | ❶ put ❷ pronounce ❸ tell ❹ to ❺ bitter ❻ envious ❼ some reason ❽ up ❾ dapper ❿ familiar ⓫ about ⓬ for ⓭ in ⓮ miserable

⏱ Practice

A. Complete the following dialogues using the given translations.
번역을 참고로 하여 다음 각 대화문을 완성해보세요.

1. A: Why is it so cold in spring?
   B: How do I ________?

   A: 봄인데 날씨가 왜 이리 춥지?
   B: 내가 어떻게 알아?

2. A: How do I ________ this?
   B: Eat it as it is. You don't need to peel it.

   A: 이거 어떻게 먹지?
   B: 그대로 먹어. 껍질 안 까도 돼.

3. A: How do I ________ this door?
   B: You can't. It's broken.

   A: 이 문 어떻게 잠그지?
   B: 못 잠가. 고장 났어.

4. A: How do I ______________?
   B: Just press that red button.

   A: 이거 어떻게 끄지?
   B: 그 빨간 버튼만 누르면 돼.

5. A: You look a little _____________.
   B: What did you expect? I just farted in front of my boyfriend.

   A: 너 좀 당황한 것 같아.
   B: 당연하지. 방금 남자 친구 앞에서 방귀 뀌었는데.

6. A: You look about ___________.
   B: Oh man. You look super old!
   A: Hey, take that back!

   A: 너 내 나이 정도로 보여.
   B: 헐. 너 엄청 늙어 보이거든!
   A: 야, 그 말 취소해!

7. A: You look __________. Do we know each other?
   B: You must have me confused with someone else.

   A: 얼굴이 낯이 익은데. 우리 어디서 만난 적 있나요?
   B: 다른 사람이랑 착각하셨나 보네요.

8. A: Oh, you look _________!
   B: Thanks. I think the gym paid off.

   A: 이야, 너 아주 좋아 보인다.
   B: 고마워. 헬스클럽 다닌 것이 효과가 있었네.

9. A: How are you doing?
   B: Terrible. In fact, I couldn't sleep a wink last night.
   A: That's why you have bags under your eyes. You look 10 years ________.
   B: You're one to talk.

   A: 컨디션 어때?
   B: 최악이야. 사실, 어젯밤에 한숨도 못 잤어.
   A: 그래서 눈 밑에 다크써클이 있구나. 10년은 더 늙어 보이네.
   B: 너도 만만찮거든.

일부 답변은 응답자에 따라 달라질 수 있음

1 know 2 eat 3 lock 4 turn this off
5 embarrassed 6 my age 7 familiar 8 great 9 older

Tip.1) 앞서, 방법을 묻는 표현으로 "**How do you ...?**"를 소개한 것 기억하시나요? 이는 주어를 살짝 바꿔 "**How do I ...?**"라고 표현할 수도 있습니다. 엄밀히 따지면, "**How do you ...?**"는 "**넌 어떻게 ~해?**"라는 뜻이고, "**How do you ...?**"는 "**내가 어떻게 ~하지?**"라는 뜻이지만, 방법을 물어볼 때는 두 표현 중 어느 것을 써도 비슷한 의미가 전달된답니다.

Tip.2) "**How do I ...?**"를 활용해 "**How do I look?**"이라고 물으면 "**나 어때 보여?**"라는 뜻이 됩니다. 이러한 질문에는 지금까지 배웠던 기분이나 몸 컨디션을 묘사하는 형용사들과 동사 "**look**" 또는 "**seem**"을 활용해 응답할 수 있습니다.

Tip.3) "**out of it**"은 피곤하거나, 약 기운이 있거나, 어딘가 몸이 안 좋거나 해서 생각이나 행동이 평상시 같지 않은 상태를 말합니다. 그래서 "**look out of it**"이라고 하면 "**정신줄을 놓은 것 같다**", "**정신이 없어 보인다**"라는 뜻이 되죠. 이와 비슷한 표현으로 "**look lost**"라는 게 있는데, 이는 자신이 어디 있는지, 혹은 무얼 하고 있는지 몰라서 멍 때리고 있는 것처럼 보이는 사람을 묘사하는 표현입니다.

Tip.4) "**pump**"는 "**펌프**", "**퍼 올리다**", "**솟구치다**"라는 뜻의 표현입니다. 이를 활용하여, 너무 신나서 하늘로 솟아오를 듯한 기분 상태를 "**pumped up(정말 신난, 몹시 흥분된)**"이라고 표현하죠.

I'm so **pumped up** right now. 나 지금 정말 신나. / 나 지금 기분이 너무 좋아.
I didn't sleep a wink because I was so **pumped up** last night.
나 어젯밤에 너무 신나서 잠을 한숨도 못 잤어.

Tip.5) "**How do I look?**"은 자신의 기분이나 컨디션이 어때 보이는지 물어볼 때뿐만 아니라 자신의 몰골이나 옷맵시 등 외모를 물어볼 때도 사용되는 표현입니다. 따라서 이에 대답할 때는 외모를 묘사하는 다양한 형용사들을 사용할 수 있겠죠?

추가 1) "**broken**"은 "**break**"의 과거분사로 "**고장 난**", "**끝장난**"이라는 뜻입니다. 특이하게도 "**break**"는 과거형인 "**broke**"도 과거분사처럼 형용사로 쓰이는데, 이때는 "**빈털터리의**"라는 뜻이죠.

I'm **broke** right now. 나 지금 빈털터리야.
My cell phone is **broken**. I need to go get it fixed.
나 휴대폰 고장 나서 수리받으러 가야 해.

추가 2) 사람들은 가끔 별 생각 없이 말을 내뱉어서 상대방의 기분을 상하게하기도 합니다. 물론, 의도적으로 기분 상하게끔 말하는 사람도 있죠. 의도야 어찌되었건 상대방의 말로 살짝 기분 나빠질 때 "**야, 그 말 취소해!**"라는 표현이 바로 "**Hey, take that back!**"입니다. 살짝 손가락으로 삿대질 하며 이렇게 경고하면 좀 더 무서워 보이겠죠?

추가 3) "**pay off**"는 어떠한 노력이나 시도가 "**성공하다**", "**결실을 보다**", "**효과가 있다**"라고 말할 때 사용되는 표현입니다. 주로 과거형으로 쓰여 "**... paid off.**"처럼 쓰이죠.

추가 4) "**You're (the) one to talk.**"은 반어적으로 "네가 그런 말 할 처지구나."라는 뜻입니다. 실제로는 "**네가 그런 말 할 처지니?**", "**사돈 남 말 하시네.**", "**누가 할 소리!**"라는 뜻이죠. "**Look who's talking!**"이라고 표현하기도 합니다.

Lesson 094 You look nervous. Are you okay?

Understanding

1 Expressions used when you are worried about someone.

※ When you are worried about someone, you can use the phrase "**You look ...**" as below. Tip.1

ex) Are you all right? **You look** upset. 너 괜찮아? 화난 것 같은데.
ex) **You look** nervous. Are you okay? 너 긴장한 것 같은데. 괜찮아?
ex) **You look** angry. What's ❶ ________ on? 너 화난 것 같은데. 무슨 일이야?
ex) **You look** stressed. What's happening? 너 스트레스받은 것 같은데. 무슨 일이야?

※ As you can see in above situations, we usually use expressions like "**Are you all right?**" or "**Are you okay?**" either before or after the phrase "**You look ...**" You can also instead use any of the expressions below.

- What's going on? 무슨 일이야? / 어떻게 된 거야? / 왜 그래? / 무슨 일 있어? / 뭐가 문제야?
- What's ❷ ________? 무슨 일이야? / 어떻게 된 거야? / 왜 그래? / 무슨 일 있어? / 뭐가 문제야? / 뭐가 잘못됐어?
- What happened?
- What's happening?
- What's the matter?
- What's the problem?

무슨 일이야? / 어떻게 된 거야? / 왜 그래? / 무슨 일 있어? / 뭐가 문제야?

2 Phrases used to emphasize interrogative sentences.

※ Phrases such as ***in the world, on earth, (in) the*** ❸ ________, and ***(in) the hell*** can be used to emphasize what you are about to ask. Note that they are used to indicate irritation or surprise. Also note that ***(in) the*** ❸ ________ sounds milder than ***(in) the hell***, thus it is less likely to cause offense. Here are some examples of how you can use the above mentioned phrases in a "**What's going on?**" type of questions. Tip.2

ex) What **in the world** is the matter?
세상에, 무슨 일이야? / 도대체 어떻게 된 거야? / 대체 뭐가 문제야?

ex) What **on earth** is the problem?
대관절 무슨 일이야? / 도대체 어떻게 된 거야? / 대체 뭐가 문제야?

ex) What (in) the heck is wrong?
젠장 대체 무슨 일이야? / 젠장 도대체 어떻게 된 거야? / 젠장 대체 뭐가 문제야?

ex) What (in) the hell is going on?
제기랄, 무슨 일이야? / 제길 도대체 어떻게 된 거야? / 제길 대체 뭐가 문제야?

※ The above mentioned phrases can also be used in various questions as below.

ex) What (in) the heck is this? 제길 도대체 이게 뭐야?
ex) What (in) the heck did you ❹ ______ say? 너 대체 방금 나한테 뭐라고 했어?
ex) What (in) the heck ❺ ______ you thinking? 너 대체 어디다 정신 판 거야?
ex) What on earth are you ❻ ______ about? 도대체 너 지금 무슨 말 하는 거야?
ex) Why on earth did you ❼ ______ your job? 대관절 너 직장은 왜 그만둔 거야?
ex) What in the world are you doing here? 세상에 너 지금 여기서 뭐 하는 거야?
ex) ❽ ______ in the world did you know? 도대체 너 어떻게 안 거야?

3 Various useful expressions using the verb *look*. Tip.3

※ The verb ***look*** means ***to seem or appear***. It can also mean ***to turn your eyes toward something or someone so that you can see them***. If you use it as a noun, it means ***an act of looking at something or someone***. Here are some examples.

- Look! 이것 좀 봐!
- Look out. 조심해. / 주의하시오.
- Look ❾ ______. 여기 좀 봐봐. / 이것 좀 봐봐.
- Look at this. 이거 좀 봐봐.
- Take a look (at this). = Have a look (at this). (이거) 한번 봐봐.
- Look who's ❿ ______. 사돈 남 말 하시네.
- Look who's here! 아니, 이게 누구야! / 여기 누가 왔나 봐!
- Look who's finally decided to ⓫ ______. 누가 왔는지 좀 봐봐. 이제서야 기어 나왔네.
- Look it up in the dictionary. (그거) 사전 찾아봐.
- I'll look ⓬ ______ this time. 이번엔 못 본 척해줄게.
- Tip.4 I'm just looking ⓭ ______. [가게에서] 그냥 구경 중이에요.
- I'm looking to buy a new car. (나) 새로 차 한 대 구입하려고 하고 있어.
- I've been looking all over for you. 널 찾아 온통 헤매고 다녔어.
- What're you looking at? (너) 뭐 보고 있어? / 뭐 봐?
- What're you looking ⓮ ______? (너) 뭘 찾고 있어? / 뭐 찾는 거야?
- Don't look ⓯ ______. 뒤에 쳐다보지 마. / 뒤돌아보지 마.
- Don't look at me like that. 날 그런 식으로 보지 마.

Answers
❶ going ❷ wrong ❸ heck ❹ just ❺ were
❻ talking ❼ quit ❽ How ❾ here ❿ talking
⓫ show up ⓬ the other way ⓭ around ⓮ for ⓯ back

Practice

A. Use your own words and complete the following dialogue.
샘플 대화문은 참고용입니다. 자신의 말로 자유롭게 대화를 나눠보세요.

❶ A: You look sick. ______________________________?
B: I think ______________________________.

B. Complete the following dialogues using the given translations.
번역을 참고로 하여 다음 각 대화문을 완성해보세요.

❷ A: the / thinking / heck / you / what / were ?
B: I'm sorry. I made a mistake. Don't be mad.

A: 너 대체 어따 정신 판 거야?
B: 미안해. 실수야. 화내지 마.

❸ A: you / earth / did / how / on / know ?
B: A little bird told me.

A: 도대체 너 어떻게 안 거야?
B: 다 아는 수가 있지.

❹ A: You just farted, didn't you?
B: So? What about it?
A: Can't you smell that?
on / you / what / did / eat / earth ?

A: 너 방금 방귀 뀌었지, 맞지?
B: 그래서? 그게 뭐?
A: 너 코 막혔어? 도대체 뭘 먹은 거야?

❺ A: Wow, look ____________! What're you doing here?
B: I came to see you.

A: 아니, 이게 누구야! 네가 여기 웬일이야?
B: 너 보려고 왔지.

❻ A: What does "ouch" mean?
B: ____________ in the dictionary.

A: "아우치"가 무슨 뜻이야?
B: 사전 찾아봐.

❼ A: What on earth are you ____________?
B: Nothing. I was just spacing out.

A: 너 대체 뭐 보는 거야?
B: 아무것도 아니야. 그냥 멍 때리고 있었어.

❽ A: May I help you with anything?
B: No, thank you. I'm just ____________, but I'll let you know if I need anything.

A: 뭐 좀 도와드릴까요?
B: 괜찮아요. 그냥 둘러보는 건데, 필요한 게 있으면 말씀드릴게요.

Sample Dialogue

❶ A: You look sick. Are you all right?
B: I think there was something wrong with my breakfast.

A: 너 아파 보이는데. 괜찮아?
B: 아침에 뭔가 상한 걸 먹었나 봐.

Answers

❷ What the heck were you thinking ❸ How on earth did you know
❹ What on earth did you eat ❺ who's here
❻ Look it up ❼ looking at ❽ looking around 또는 browsing

Tip.1) 상대방이 걱정돼서 먼저 말을 거는 경우에는 동사 "**look**"을 이용해 "**You look sick.**", "**You look upset.**", "**You look stressed.**"처럼 말문을 여는 경우가 많습니다. 이때 "**Are you all right?**"이나 "**Are you okay?**"처럼 상대방이 괜찮은지를 묻는 질문이나 "**What happened?**" 류의 표현들처럼 원인이 무엇인지를 묻는 질문이 동반되는 경우가 많죠.

Tip.2) 질문을 좀 더 강조하고자 할 때는 "**the heck**"이라는 표현을 사용하기도 합니다. 이는 "**젠장, 대체**"라는 뜻으로, 다소 짜증이나 거부감, 싫증이 묻어나는 표현이며, 감탄사처럼 사용되기도 하죠. 사실, "**the heck**"은 "**the hell(제기랄, 도대체)**"의 순화된 표현입니다. 즉, 반대로 말해 "**the hell**"은 정도가 아주 심한 표현이므로 가급적 사용을 피하는 게 좋죠. 전치사 "**in**"을 더해 "**in the heck**", "**in the hell**"이라고 표현하기도 하지만, 전치사 "**in**" 없이 표현하는 것이 훨씬 더 일반적입니다. 참고로, 이와 비슷한 표현으로는 "**in the world(세상에, 대관절, 도대체)**"과 "**on earth(세상에, 대관절, 도대체)**"도 있습니다.

Tip.3) "**look**"은 주로 "**보다**", "**~하게 보이다**"라는 뜻의 동사로 쓰이지만, 가끔 "**봄**"이라는 뜻의 명사로 쓰이기도 합니다.

Tip.4) "**I'm just looking around.**"는 어떤 물건을 사야 할지 결정 못 해서, 혹은 그냥 처음부터 구경만 할 의도로 가게에서 이리저리 돌아다니며 물건을 구경한다는 뜻으로, "**그냥 둘러보는 중이에요.**"라는 말입니다. 간단히 "**I'm just browsing.**"이라고 표현하기도 하죠.

추가 1) "**A little bird told me.** (지나가던 어떤 작은 새가 내게 말해줬어.)"라는 표현은 어떤 소식을 누군가에게 들었으나 출처를 말하고 싶지 않을 때 사용하는 표현으로, "**누가 그러던데.**" "**소식통이 있어.**" "**다 아는 수가 있어.**"라는 뜻입니다.

추가 2) "**space**"는 "**공간**"이라는 뜻이며, 비어 있는 엄청 큰 공간인 "**우주**"를 뜻하기도 합니다. 동사로는 "**간격을 두다**"라는 뜻이 있는데, 이를 이용해 "**space out**"이라고 표현하면 "의식과 의식 사이에 간격을 둔다"는 뜻이 되어 "**멍 때리다**"라는 뜻이 된답니다. 간단히 "내 의식이 잠시 우주(space)로 나갔다(out)"라고 생각하세요.

추가 3) "**the hell**", "**the heck**", "**on earth**", "**in the world**" 수준을 넘어서 거의 욕 수준으로 표현할 때는 "**(in) the fuck**"이라는 표현을 사용하기도 합니다. 당연히 사용은 삼가야겠죠?

What **the fuck** is going on here? 씨x, 대체 여기 일이 어떻게 돌아가는 거야?
What **in the fuck** just happened? 씨x, 방금 뭐였지?
What **in the fuck** did you do that for? 씨x, 너 뭐 때문에 그런 거야?

A: What **the fuck** is going on here?
B: Hey, watch your language.
A: Don't you tell me to watch my language.

A: 씨x, 여기 도대체 일이 어떻게 돌아가고 있는 거야?
B: 야, 말조심해.
A: 나한테 말조심하라고 하지 마.

Lesson 095 You look so tired today.

Understanding

1 Use of the verb *look*. Tip.1

※ We use the verb ***look*** to describe a certain impression gathered from sight.

ex) You look worried. 너 걱정이 있는 것 같아.
ex) You look bummed (❶ ______). 너 풀이 죽은 것 같아.
ex) You look too ❷ ______. 너 많이 초조해 보여. / 너 너무 경직된 거 같아.
ex) He looks ❸ ______. 걔 짜증이 난 것 같아.
ex) She looks impressed. 그녀는 감동 받은 것 같아.
ex) It looks expensive. (그거) 비싸 보여. / (그거) 비쌀 거 같아.
ex) It looks okay. (그거) 괜찮아 보여. / (그거) 괜찮을 거 같아.
ex) It looks comfortable. (그거) 편해 보여. / (그거) 편할 거 같아
ex) It looks good ❹ ______ you. [옷이나 모자 따위가] (그거) 너한테 잘 어울리네.
= It looks nice ❹ ______ you.

ex) It looks spicy. (그거) 매워 보여. / (그거) 맵겠네.
Tip.2 ex) It looks yummy. (그거) 맛있어 보이네. / (그거) 맛있겠네.
= It looks delicious. = It looks tasty.

ex) It doesn't look that hard. (그건) 그리 어려워 보이진 않아.
= It doesn't look ❺ ______ hard.

2 Use of the verb *sound*. Tip.3

※ We use the verb ***sound*** to describe a certain impression gathered from hearing.

ex) You sound drunk. 너 취한 것 같아.
ex) You sound sleepy. 너 졸린 것 같아.
ex) You sound ❻ ______. Tip.4 너 목소리에서 여유가 느껴지네.
ex) You sound upbeat. 너 아주 들뜬 목소리인데.
ex) He sounds ❼ ______. (말하는 거 들어보면) 걘 못된 거 같아.
ex) He sounds irritating. (말하는 거 들어보면) 걔 말하는 거 신경 거슬려.
ex) She sounds annoyed. 걔 짜증 난 목소리야. / 걔 짜증이 났나 봐.
ex) She sounds very ❽ ______. 걘 정말 철두철미한 것 같아.
ex) She sounded ❾ ______. 걘 기운이 없는 것 같았어.
Tip.5 / 걘 풀이 죽은 것 같았어. / 걘 우울한 것 같았어.

ex) This song sounds ⑩ ________.　이 노래는 좀 오래된 노래 같아.
ex) They sounded relieved.　걔넨 안심하는 것 같았어.
ex) It sounds great.　(그거) 정말 좋은 생각이야. / (그거) 정말 좋겠는데.
ex) It sounds fun.　(그거) 재밌겠네.

3 Use of the verb *seem*.

※ The verb ***seem*** describes a certain impression that comes from your opinion or how things appear to your mind. Note that the phrase "***seem to be* + adjective**" can be used, but "***seem* + adjective**" is more common. Tip.6

ex) You seem disappointed.　너 실망했나 보네.
ex) He seems friendly.　걘 친절한 것 같아. / 걘 다정한 것 같아.
ex) She seems ⑪ ________.　그녀는 엄격한 것 같아. / 그녀는 엄해 보여.
ex) She seemed terrified.　그녀는 겁에 질린 것 같았어.
ex) It seems nice.　(그거) 좋은 것 같아.
ex) It seems ⑫ ____.　(그거) 그런 것 같아.
ex) It seems not.　(그거) 안 그런 것 같아.
ex) It seems ⑬ ________.　(그거) 불공평한 것 같아.
ex) It seems ⑭ ________.　(그거) 불확실한 것 같아. / (그거) 미정인 것 같아.
ex) It seems true.　사실인 것 같네.
ex) It seems strange.　(그건) 이상한 것 같아.
ex) It doesn't seem right.　옳지 않은 것 같아. / 안 맞는 것 같아.
ex) It seems to be ⑮ ________.　(그거) 긴급한 것 같군.
ex) He doesn't seem to be drunk.　걘 취하지 않은 것 같아.

※ If you want to use anything other than adjectives after ***seem***, you should always use the phrase ***seem to be***. Tip.7

ex) He seems to be a good guy.　그는 좋은 사람인 듯해.
ex) He seems to be in ⑯ ______ with you.　그가 너한테 반했나 봐.

※ You can either use a verb or a continuous form after ***seem to***. Tip.8

ex) She seemed to like me.
걔가 날 좋아하는 눈치였어.

ex) They seem to be ⑰ ________ something.
걔네 뭔가 숨기는 게 있는 것 같아.

ex) It seems to be ⑱ ________.
(그거) 효과가 있는 것 같아. / (그거) 작동하는 거 같아.

Answers
① out ② uptight ③ annoyed ④ on ⑤ too 또는 so 또는 very
⑥ relaxed ⑦ mean ⑧ organized ⑨ depressed ⑩ dated ⑪ strict
⑫ so ⑬ unfair ⑭ unclear ⑮ urgent ⑯ love ⑰ hiding ⑱ working

Practice

A. Complete the following dialogues using the given translations.
번역을 참고로 하여 다음 각 대화문을 완성해보세요.

❶ A: You look ___________. Loosen up a bit.
B: I'm trying, but it's not easy. I have a big exam tomorrow.

A: 많이 초조해 보이는데. 긴장 좀 풀어.
B: 노력 중인데, 쉽지 않네. 내일 중요한 시험 있거든.

❷ A: Who was that?
B: I don't know, but he looked ___________.

A: 저 사람 누구였지?
B: 모르겠는데, 낯이 익었어.

❸ A: Which one is better between these two?
B: The one on your right. It looks ________ _________.

A: 이 둘 중에서 뭐가 더 나아?
B: 네 오른쪽에 있는 거. 그게 너한테 더 잘 어울려.

❹ A: You sound ________. Have you been drinking?
B: Just a little bit. I didn't want to drink, but I had no choice. I have a terrible hangover now.

A: 너 취한 것 같아. 술 마셨어?
B: 조금. 마시고 싶진 않았지만 어쩔 수 없었어. 지금 숙취 때문에 미치겠어.

❺ A: You sound really _____________.
B: Kind of. I thought I was gonna get an A.

A: 너 정말 실망했나 보네.
B: 약간. A 받을 줄 알았거든.

❻ A: She sounds ___________.
B: She should. She's been working for 12 hours straight.

A: 걔 진이 다 빠진 목소리야.
B: 그러겠지. 12시간 동안 쉬지도 않고 일하고 있으니.

❼ A: Tory said I look like a man.
B: Wow! He sounds ________.
A: He's a world class jerk.

A: 토리가 나더러 남자같이 생겼대.
B: 와! 걔 말하는 거 못됐다.
A: 정말 나쁜 놈이야.

❽ A: What did your in-laws think of you?
B: ___ think / I'm / to / they / okay / seem ___.

A: 처가댁(/시댁)에선 널 어떻게 봤어?
B: 괜찮게 생각하시는 것 같아.

❾ A: ___ hiding / be / seem / something / they / to ___.
B: I don't want to hear any more of your conspiracy theories.

A: 걔네 뭔가 숨기는 것 같아.
B: 네 음모론은 더 이상 듣고 싶지 않아.

Answers
❶ too uptight ❷ familiar ❸ better on you ❹ drunk
❺ disappointed ❻ exhausted ❼ mean
❽ They seem to think I'm okay ❾ They seem to be hiding something

Tip.1) "**look**"은 눈으로 봤을 때 느껴지는 인상을 말합니다.

Tip.2) 음식이 맛있다고 할 때에는 "**delicious**" 외에도 "**good**", "**great**", "**tasty**", "**yummy**" 등의 표현을 사용할 수 있습니다. "**yummy**"는 비격식적인 표현이라서 젊은 층에서 대화 시에 주로 사용되며, "**delicious**"보다는 좀 더 강한 의미입니다.

Tip.3) 귀로 들었을 때 느껴지는 인상은 "**sound**"를 이용합니다.

Tip.4) "**relaxed**"나 "**concerned**"처럼 기분을 설명할 때 사용된 "**-(e)d**"로 끝나는 표현들은 과거형이 아니라 "**과거분사형**"이라고 합니다. 이러한 형용사에는 다음과 같은 것들도 있습니다.

encouraged	용기를 얻은, 힘을 얻은	intrigued	아주 궁금해하는, 몹시 흥미로워하는
discouraged	낙담한, 낙심한	involved	관련된, 열심인
insulted	모욕당한, 무시당한	preoccupied	정신이 팔린
intimidated	겁을 내는	tempted	하고 싶어진, 당기는
threatened	위협받은	appreciated	인정받는
overwhelmed	압도된, 어찌할 줄 모르는	neglected	방치된
pressured	부담을 느끼는, 압박을 느끼는	puzzled	어리둥절해하는, 얼떨떨한, 헷갈리는
betrayed	배신당한		
offended	불쾌한, 기분이 상한		

Tip.5) "**depressed**"는 "**우울한**"이라는 뜻의 형용사입니다. 간단히 "**He's depressed.**"라고 하면 "**걘 우울해.**"라는 뜻이 되지만, 여기에 "**임상적으로**"라는 뜻의 부사 "**clinically**"를 더해 "**He's clinically depressed.**"라고 표현하면 "**걘 (병원에서) 우울증이라고 진단받았어.**"라는 의미가 되기도 한답니다.

She's **clinically** insane. 그녀는 정신이상자로 진단받았어. / 병원에선 그녀가 미쳤대.
He's **clinically** dead. 그는 사망 진단이 났어. / 병원에선 그가 사망했대.

Tip.6) 모든 것을 종합했을 때 전체적으로 느껴지는 인상은 "**seem**"을 이용합니다. 참고로, "**seem + 형용사**"는 "**seem to be + 형용사**"로 표현하기도 합니다.

Tip.7) "**seem**" 뒤에 형용사 외의 것을 사용해야 할 경우에는 항상 "**seem to be**"를 이용합니다.

Tip.8) "**seem to**" 뒤에는 다른 일반동사나 진행 시제를 사용할 수도 있습니다.

추가 1) 대화 시에는 빨리 말하거나 간단히 말하려다보니 "**It looks ...**", "**It sounds ...**", "**It seems ...**"와 같은 문장들은 주어 "**it**"을 빼고 말하거나, 혹은 의도하지 않더라도 "**it**"이 안 들리는 경우가 많습니다.

Looks pretty expensive. 꽤 비싸 보이네.
Sounds hard. 어렵겠네.
Seems nice. 좋아 보이네.

Lesson 096 You look like hell!

Understanding

1 Using the phrase "sound like ..."

※ We use the phrase "**sound like ...**" when a person says something that is similar to what someone else might say. Note that adding ① ______ as in "**sound** ① ______ **like ...**" changes the meaning from ***sound similar to*** to ***sound exactly like***. Also note that adding ***a little***, ***kind of*** or ***sort of*** as in "**sound a little like ...**" means ***slightly similar***. Tip.1

ex) You sound like an idiot. (너) 바보 같은 소리 한다.
ex) You sound ① ______ like your mother. 넌 꼭 네 어머니처럼 말하는구나.
ex) You sound like a ② ______ record. 너 고장 난 음반 같아. (왜 자꾸 똑같은 말을 몇 번씩 반복해?)

※ We also use "**sound like ...**" to mean ***to seem to be*** when it is based on words. Usually this refers to spoken words that have been heard but can refer to written words that have been read. In such situations, the most common phrase you will hear is "**It sounds like ...**" Tip.2

ex) It sounds like fun. 재미있을 거 같아.
ex) It sounds like a ③ ______ (to me). 괜찮은 생각 같아.
ex) It sounds like a good idea. 좋은 생각인 거 같아.
ex) It sounds like a good ④ ______ to me. 좋은 제안 같아.
ex) It sounds like another ⑤ ______.
또 야근하게 생겼네. (또 하나의 야근처럼 들려.)
ex) It sounds like a ⑥ ______ to me.
내가 듣기엔 (그거) 사기 같은데.
/ 내 귀엔 (그거) 사기처럼 들리는데.

2 Talking about the resemblance between two people or things.

※ If you want to say that someone or something is similar in appearance to someone or something else, you can use the phrase "**look like ...**" Tip.3

ex) I look like a mess. 내 몰골이 말이 아니야. / 나 완전 추리해.
ex) You look like ⑦ ______! 너 몰골이 장난이 아니야! / 너 꼴이 말이 아니야!
= You look like a wreck!
ex) It looks like a ⑧ ______ to me. (그거) 내가 보기엔 짝퉁 같아.
Tip.4

※ Adding ***just*** as in "**look** just **like ...**" changes the meaning from ***similar*** to ***very similar*** or ***identical***. Tip.3

ex) You look just like your father. 넌 네 아버지를 빼닮았어.

※ You can also use the following expressions when you say someone or something is very similar in appearance to someone or something else. Tip.5

- I think you took ⑨ ______ your mom. 넌 네 엄마를 닮은 거 같아.
- She resembles you a lot. 걘 널 쏙 빼다 박았어.
- You're his ⑩ ______ image. 너 그 사람이랑 판박이야. / 넌 그 사람을 빼닮았어.

※ When we give an opinion based on the impression we get, we usually use "**seem like ...**" Tip.6

ex) It seems like yesterday. (그건) 어제 일 같아.
ex) It seems like a ⑪ ______ of time. (그건) 시간 낭비 같아.

3 Using the phrases "look/seem/sound like" followed by a complete sentence.

※ Both "**look like ...**" and "**seem like ...**" can be followed by a complete sentence as below. Placing stress on ***look*** or ***seem*** in "**look like ...**" or "**seem like ...**" suggests that you are not certain if what you are saying is true. Tip.7

ex) You look like you ⑫ ______. (너) 평소에 운동 하나 보네.
ex) You look like you're waiting ⑬ ______ someone. (너) 누구 기다리는 모양이네.

※ You can also use the phrase "It **looks/seems like ...**" instead of "You **look/seem like ...**" While they often have a similar meaning, ***you*** is more specific and direct while ***it*** is more general and indirect. Tip.8

ex) It looks like you ⑭ ______ a good time. (너) 즐거운 시간을 보냈나 보네.
ex) It seems like they're in love. 걔넨 사랑에 빠졌나 봐.

※ We use the phrase "**sound like +** ***(a complete sentence)***" when you give an opinion on something based on the impression you get from something you have heard or read. We can also use ***it*** as a subject in place of a personal pronoun. Tip.9

ex) You sound like you're stuck. 너 곤경에 처한 거 같네. / 너 곤란한가 보네.
ex) It sounds like you need some sleep. 너 잠이 좀 필요한 거 같네.

Answers

① just	② broken	③ plan	④ deal	⑤ all-nighter
⑥ scam	⑦ hell	⑧ knock-off	⑨ after	⑩ spitting
⑪ waste	⑫ work out	⑬ for	⑭ had	

⏱ Practice

A. Use your own words and complete the following dialogues.
샘플 대화문은 참고용입니다. 자신의 말로 자유롭게 대화를 나눠보세요.

❶ A: You look ______________________.
B: I'll take that as a compliment.

❷ A: It seems like ______________________.
B: Yeah, I agree.

B. Complete the following dialogues using the given translations.
번역을 참고로 하여 다음 각 대화문을 완성해보세요.

❸ A: Let's go out for a drink.
B: Sounds like ____________.
What time should we get together?

A: 한잔하러 가자.
B: 좋은 생각이야. 몇 시에 만날까?

❹ A: You can make a 400 percent return on your investment in just six weeks.
B: Sounds like ____________.

A: 6주 만에 투자금의 400%를 돌려드리겠습니다.
B: 제가 듣기엔 사기 같은데요.

❺ A: It sounds like ____________.
B: Three days in a row!!! Damn it!

A: 또 야근하게 생겼네.
B: 3일 연속이라니! 제길!

C. Complete the following sentences using the given translations.
번역을 참고로 하여 다음 각 문장을 완성해보세요.

❻ You look like ______________________. 너 밤에 잠을 잘 못 잤나 보네.

❼ It looks like ______________________. 걔 너한테 화났나 봐.

❽ He sounds like ______________________. 걘 다 죽어가는 목소리야.

❾ ______________________. 너 급한가 보네.

Sample Dialogue

① A: You look just like your father.
B: I'll take that as a compliment.

A: 넌 꼭 네 아버지 같아.
B: 그거 칭찬이라고 생각할게요.

② A: It seems like a waste of time.
B: Yeah, I agree.

A: 시간 낭비인 거 같아.
B: 응, 나도 그렇게 생각해.

Answers

일부 답변은 응답자에 따라 달라질 수 있음

③ a plan (to me) ④ a scam to me ⑤ another all-nighter
⑥ you had a long night ⑦ she's mad at you ⑧ he's dying
⑨ You sound like you're in a hurry

Tip.1) 어떠한 대상의 소리와 비슷하다고 말할 때는 "**sound like ...**"라고 표현합니다. 뒤에는 명사류가 등장하죠. 비슷한 정도를 좀 더 강조해서 말하고 싶을 땐 "**sound** just **like ...**"처럼 가운데 "**just**"를 더해주며, 반대로, 비슷한 정도가 약하다고 말하려면 "**just**" 대신 "**a little**", "**kind of**", "**sort of**" 등의 표현을 넣어주면 됩니다.

Tip.2) "**sound like ...**"는 누군가의 생각이나 계획, 또는 특정 상황이 귀로 판단했을 때, 혹은 글로 읽었을 때 어떠어떠한 것 같다는 느낌을 말할 때도 사용되는데, 이 경우엔 주어로 "**it**", "**this**", "**that**", "**these**", "**those**", "**they**" 등이 등장하는 경우가 많으며, 그 중에서도 "**it**"이 가장 많이 사용됩니다.

Tip.3) 누군가 또는 무언가를 닮았다고 말할 때는 "**look like ...**"라고 표현합니다. 이 역시 뒤에는 명사류가 등장하며, 닮은 정도를 좀 더 강조하고 싶을 땐 "**just**"를 더해 "**look** just **like**"라고 표현하면 됩니다.

Tip.4) 권투에서 "**K.O.**"란 상대방을 쓰러뜨려서 일어날 수 없게 만든 것으로, "**knockout**"의 약자입니다. 이때 "**knock**"이란 무언가를 때리거나 타격을 가해서 "**어떠한 상태가 되게 만들다**"라는 뜻이죠. 잘 쓰이진 않지만, 간혹 "**knockout**"은 "**뿅 가게 할 정도로 멋진 것/멋진 사람/예쁜 사람**"이라는 뜻으로 사용되기도 합니다. "**knock**"이 포함된 단어 중 구어체에서 잘 쓰이는 단어로는 "**knock-off**(짝퉁)"가 있는데, 이는 "**fake**"라는 표현과 함께 친구 사이에서 어떤 물건에 대해 말할 때 주로 사용되는 반면, 판매자들 입장에서 짝퉁을 말할 때는 주로 "**imitation**" 또는 "**replica**"라는 표현을 사용합니다.

Tip.5) 누군가를 "**닮았다**"라고 말할 때는 "**take after**" 또는 "**resemble**"이라는 표현을 이용하기도 합니다. 주로 고인이 되신 분을 닮았다고 말할 때는 "**You** took **after him.**"처럼 과거시제로 표현하며, 아직 살아 있는 분을 닮았다고 말할 때는 "**He** takes **after you.**"처럼 현재시제로 표현하는 경우가 많지만, 딱히 시제 구분 없이 말하는 사람들도 간혹 있습니다. 예외적으로, "**고인(故人)이 된**"이라는 의미의 형용사 "**late**"을 이용해서 말할 때는 "**You** take **after your** late **grandfather. (넌 돌아가신 네 할아버지를 닮았어.)**"처럼 현재시제로 표현합니다. 참고로, 대화 시에는 "**take after**"이 "**resemble**"에 비해 훨씬 일반적으로 사용됩니다. 이 외에도 누군가랑 "**판박이다**", 누군가를 "**빼닮았다**"라고 말할 때는 "**... be one's spitting image.**"라고 표현하기도 합니다.

Tip.6) "**look**"은 주로 생김새를 말하고, "**seem**"은 전체적으로 느껴지는 분위기를 말하기 때문에, 어떤 대상을 닮았다고 말할 때는 "**seem like ...**"보다 "**look like ...**"라고 표현하는 경우가 훨씬 많습니다. 반면, 전체적인 상황, 분위기, 계획 등에 대한 의견을 말할 때는 주로 "**seem like ...**"를 이용하죠.

Tip.7) 날씨를 예상하는 표현에서도 소개했듯이 "**look like ...**"와 "**seem like ...**" 뒤에는 완벽한 문장이 등장할 수도 있습니다. 이때 두 표현은 서로 비슷한 의미라고 볼 수 있죠.

Tip.8) "**look like + 완벽한 문장**"과 "**seem like + 완벽한 문장**"은 맨 앞의 주어를 "**it**"으로 바꾸어도 의미가 그대로 유지됩니다. 단, 주어를 구체적으로 표현하는 것이 판단 대상을 더 정확히 밝혀주기 때문에 좀 더 직접적이라고 볼 수 있죠.

Tip.9) 귀로 판단되는 것이나 글로 판단되는 것은 앞에서와 마찬가지로 동사 "**sound**"를 이용합니다. 이 역시 주어를 "**it**"으로 바꿀 수 있습니다.

Lesson 097 Do I look like a pushover to you?

Understanding

1 Asking someone if you have a particular appearance.

※ You can use the phrase "**Do I look ...?**" to ask if you appear a certain way. Tip.1

ex) Do I look good? 나 괜찮아 보여?
ex) Do I look better? 나 좀 나아 보여?
ex) Do I look ❶ ________ to you? 네가 보기엔 나 우스꽝스러워 보여?
ex) Do I look upset to you? 네가 보기엔 나 화난 것 같아?

※ Another way to ask someone if you appear a certain way is to use ***look*** and ***like*** together as below. Tip.1

ex) Do I look like a liar? 내가 거짓말할 사람으로 보여?
(= Does it look like I'm a liar?)
ex) Do I look like a ❷ ________ to you? 네 눈엔 내가 그리 만만해 보여?
(= Does it look like I'm a ❷ ________ to you?)
ex) Do I look like I care? 내가 신경이나 쓰는 것 같아? / 내가 신경이나 쓸 거 같아?
(= Does it look like I care?)
ex) Do I look like I'm kidding? 내가 농담하는 것처럼 보여?
(= Does it look like I'm kidding?)

※ If you want to ask someone how you sound when you speak, you can use ***sound*** as below. Tip.2

ex) Do I sound ❸ ________? 내 말투가 이상해? / 내 생각이 이상한가?
ex) Do I sound angry? 내 말투가 화난 것 같아?

2 Differences between *fun* and *funny*.

※ Even though ***fun*** and ***funny*** do not have the same meaning, many students are confused about when to use them. Let's first look at when to use ***fun***. We use ***fun*** when talking about someone or something enjoyable. Tip.3

ex) You're really fun. 너 진짜 재미있어.
ex) Learning English is fun. 영어 공부는 재미있어.
ex) That was so ❹ ________ fun, wasn't it? 그거 엄청 재미있지 않았냐?

※ *Fun* can be used as a noun as below.

ex) I had so much fun today. 오늘 정말 즐거웠어.
ex) We had ❺ _____ fun yesterday. 우린 어제 재미없었어.

※ *Funny* is used for things that are humorous, or things that tend to make people laugh.

ex) His jokes were funny. 걔 농담은 재미있었어.
ex) James always ❻ ________ funny jokes. 제임스는 늘 웃긴 농담을 해.
ex) He's like a comedian. He's so funny. 걘 코미디언 같아. 너무 웃겨.
ex) It's funny but it's not ❼ ________ funny.
(그건) 재밌긴 하지만 (웃음이) 빵 터질 정도는 아니야.

3 Other uses of *funny.*

※ *Funny* can be used to mean ***odd*** or ***somewhat ill***. Tip.4

ex) This soup tastes a little funny.
이 수프는 맛이 좀 이상해.
ex) Something smells funny.
뭔가 야리꾸리한 냄새가 나. / 뭔가 이상한 냄새가 나.
ex) My ❽ __________ feels funny.
나 속이 안 좋아.

※ If you want say that someone or something is ***very funny***, you can say ***hilarious***.

ex) That movie was hilarious. 그 영화 정말 재미있었어. Tip.5
ex) You're hilarious. 너 정말 웃겨.

※ If you do not find someone or something funny, you can say ***lame*** instead of ***not funny***. Tip.6

ex) Stop ❾ __________! It's not funny. 그만 웃어! 재미없거든.
ex) That's a lame joke. 그거 참 썰렁한 농담이네.
ex) Tom thinks he's funny, but his jokes are ❿ ______ lame.
톰은 자기가 웃기다고 생각하는데 걔 농담은 하나같이 다 썰렁해.

※ If you want to say that someone or something is ***very lame***, you can say ***lame*** ⓫ ________. Tip.7

ex) My teacher was lame ⓫ ________ this morning.
우리 선생님은 오늘 아침에 엄청 썰렁했어.

Answers
❶ funny ❷ pushover ❸ weird ❹ much ❺ no ❻ makes
❼ haha ❽ stomach ❾ laughing ❿ all ⓫ as hell

Practice

A. Complete the following dialogues using the given translations.
번역을 참고로 하여 다음 각 대화문을 완성해보세요.

❶ A: Do I look ________ to you? B: Your glasses are a little funny, but the rest of you is fine.	A: 네가 보기엔 나 우스꽝스러워? B: 안경이 좀 이상하긴 한데, 다른 건 괜찮아.
❷ A: Do I look like ____________ to you? B: No, not at all. What makes you ask?	A: 내가 그리 만만해 보여? B: 아니, 전혀. 왜 묻는 건데?
❸ A: You'd better watch your back. B: ____________________________?	A: 밤길 조심하는 게 좋을 거야. B: 내가 신경이나 쓰는 것 같아?
❹ A: You're back. How was your trip? B: It was really ________.	A: 너 왔네. 여행은 어땠어? B: 정말 재미있었어.
❺ A: Bill is so ________. B: I know. He's a riot.	A: 빌은 정말 웃긴 놈이야. B: 그러게. 진짜 재밌는 놈이네.
❻ A: This soup ________________. B: It went sour. I totally forgot to throw it away.	A: 이 수프는 맛이 좀 이상해. B: 그거 상했어. 버린다는 걸 깜박했네.
❼ A: John makes a lot of jokes, but they're not funny. B: I hear you. His jokes are all ________.	A: 존은 농담을 많이 하는데 재미있지가 않아. B: 맞아. 그의 농담은 모두 다 더럽게 썰렁해.
❽ A: Is it just me, or does this ________ ________ to you? B: I think this milk has gone bad.	A: 나만 그런가? 아니면 이거 네가 맡아봐도 냄새가 이상해? B: 이 우유는 상한 것 같아.
❾ A: My stomach ______________. B: Don't even think about puking in my car.	A: 나 속이 안 좋아. B: 내 차에 토할 생각은 하지도 마.

Answers

❶ funny	❷ a pushover	❸ Do I look like I care
❹ fun	❺ funny	❻ tastes a little funny
❼ lame as hell	❽ smell funny	❾ feels funny

Tip.1) **"나 괜찮아 보여?"**처럼 상대방에게 자신이 어떤 특정한 상태로 보이는지를 물을 때는 **"Do I look ...?"**이라는 표현을 이용합니다. 앞에서 배운 **"How do I look?"**은 상대방의 생각을 묻는 표현이라서 다양한 응답이 나올 수 있지만, 이런 질문들은 단지 상대방에게 **"yes"**나 **"no"**류의 대답을 기대하는 질문이죠. 이러한 질문들도 **"Do I look like + 명사류?"** 또는 **"Do I look like + 완벽한 문장?"**처럼 표현할 수 있습니다.

Tip.2) 목소리나 말투, 말하는 내용 등으로 미뤄 자신이 어떤 특정한 상태인 것 같은지 물을 때는 **"Do I sound ...?"**처럼 표현합니다.

Tip.3) **"Do I look funny to you?"**에서 등장한 **"funny(우스운, 웃기는)"**는 **"fun(재미있는, 즐거운)"**과 자주 혼동되는 형용사입니다. 물론, **"fun"**은 **"재미"**라는 명사로도 사용될 수 있다는 뚜렷한 차이가 있긴 하지만, 형용사로 사용될 때는 많이 헷갈려 하죠. **"fun"**은 어떤 상황이나 대상, 활동 등이 **"즐길만한"**, **"즐거운"**이라는 뜻으로 쓰입니다. 반면, **"funny"**는 어떤 사람의 말이나 행동이 재미있거나 혹은 어이가 없는 경우에 사용하는 표현입니다.

Tip.4) **"funny"**는 무언가의 맛이나 냄새가 이상하거나 몸이 안 좋을 때도 쓰입니다.

Tip.5) **"funny"**를 강조하고 싶을 때는 **"hilarious"**라고 표현합니다.

Tip.6) **"안 웃겨."**, **"재미없어."**라고 말할 땐 간단히 **"not funny"**라고 표현할 수도 있지만, **"lame(썰렁한)"**이라고 말하기도 합니다.

Tip.7) 너무 썰렁해서 얼어버릴 것 같은 경우에는 **"lame as hell"**이라고 표현하기도 합니다. **"엄청 썰렁한"**, **"정말 바보 같은"**이라는 뜻이죠. 여기서 **"as hell"**은 **"대단히"**, **"지독히"**, **"열라"** 정도의 느낌으로 **"lame"**을 강조하게 됩니다.

추가 1) **"lame"**은 **"썰랑한"**이라는 뜻 외에도 **"말도 안 되는"**, **"어이 없는"**, **"별로인"**이라는 뜻으로도 쓰입니다.

You always give me **lame** excuses.	넌 맨날 말도 안 되는 변명만 늘어놔.
This game is kind of **lame**. It's not fun at all.	이 게임 좀 별로야. 하나도 재미없어.

추가 2) **"as hell"**은 무언가의 상태나 성질을 강조하는 표현으로, 순화해서 표현하면 **"대단히"**, **"지독히"**, **"매우"**라는 뜻이지만, 있는 그대로 표현하면 **"더럽게"**, **"존나"** 정도에 해당하는 강한 슬랭입니다. 상당히 비격식적인 표현이라서 친한 사이에서만 사용하죠.

It's expensive **as hell**.	(그거) 더럽게 비싸.

추가 3) 보통, 명령문을 강조하는 방법에는 크게 세 가지가 있습니다. 첫 번째는 **"ever"**를 넣는 것, 두 번째는 **"you"**를 넣는 것, 세 번째는 **"you"**와 **"ever"**를 함께 넣는 것으로, 첫 번째에서 세 번째 방법으로 갈수록 강도가 점점 강해져서 마지막 세 번째 방법에 이르면 어감이 경고조로 바뀌게 되죠.

Don't be late again.	다신 늦지 마.
Don't **ever** be late again.	다신 늦는 일 없도록 해.
Don't **you** be late again.	너 다신 늦는 일 없도록 해.
Don't **you ever** be late again.	너 다시 늦었다간 알아서 해.

Chapter 21 성격

In this chapter

누군가를 오래 알고 지내면 그 사람의 성격, 성향, 취향 등을 알게 되죠?
간혹 극적인 계기로 변하기도 하지만, 이러한 것들 자체가 하루 이틀 만에 형성되는 것이 아니라
오랜 기간 성장하면서 그 사람만의 고유한 "특성"이나 "성질"처럼 자리 잡는 것이라서 쉽게 변하진 않죠.
이러한 "특성"이나 "성질"을 묘사하는 것도 형용사랍니다.
이번 챕터에서는 사람의 성격과 관련된 형용사들과 더불어,
누군가의 성격이 어떠한지 묻고 답하는 여러 방법들에 대해서 학습하게 됩니다.

이번 챕터에서 등장하는 질문에는 모두 의문사 what이 포함되는데,
대화 중에는 For what? Like what? You know what?처럼
what이 포함된 간단한 질문들도 자주 사용되므로
이들도 함께 잘 알아둡시다.

Lesson 098 What're you like?

Understanding

1 Asking about what someone is like.

※ You can use the phrase "**What's ... personality like?**" as in "**What's his personality like?**" to ask about the features or qualities of a person's character. Tip.1

- What's your personality like? 네 성격은 어때?
- What's her personality like? 걔 성격은 어때?

In sentences containing "**What's ... personality like?**," *like* can be omitted.

※ You can also say "**What's ... like?**" to ask about someone's personality as in "**What's her mother like?**" It is important to note that this is a more general question, and could refer to things other than personality such as appearance, and so on. Tip.2

- What are you like? ← What's your personality (like)?
- What ❶ ________ like? ← What's his personality (like)?
- What ❷ ________________ like? ← What's your brother's personality (like)?

2 Various adjectives used to describe people's personalities.

※ Here are some adjectives that people often use to describe themselves and others.

outgoing	활달한, 외향적인
easy-going	느긋한, 태평한, 털털한
❸ ________	우유부단한
❹ ______	사교적인, 다른 사람들과 어울리기 좋아하는
nice	좋은, 다정한, 친절한
friendly	다정한, 친절한, 우호적인
❺ ______	깔끔한, 말끔한, 단정한
quiet	조용한, 차분한, 침착한
bold	용감한, 대담한
brave	용감한
open-minded	편견이 없는
❻ ________	과묵한, 내성적인
shy	부끄러움이 많은, 수줍음을 많이 타는
low-key (Tip.3)	튀지 않고 조용히 있는 것을 좋아하는
honest	정직한
serious	진지한, 심각한
down-to-earth	허세나 과장이 없는, 겸손한, 현실적인

humble	겸손한
⑦ ________	순진한, 세상 물정 모르는
funny	재미있는, 우스운
lovable	사랑스러운
bubbly	발랄한, 쾌활한
⑧ ________ (= talkative)	말이 많은, 수다스러운
⑨ ________	유치한, 애 같은
hard-working (= diligent)	근면한, 부지런한
lazy	게으른
⑩ ________	공손한, 정중한, 예의 바른
rude	무례한, 예의 없는
⑪ ________	이기적인
⑫ ________	고집 센, 고집스러운, 완고한
persistent	끈질긴, 집요한
impatient	인내심이 부족한, 참을성이 없는, 성급한
⑬ ________	귀가 얇은
hot-headed	성급한, 성미가 급한, 욱하는 성미가 있는
⑭ ________	기분 변화가 심한
cranky	까칠한, 까탈스러운
grumpy	성격이 나쁜, 팩팩거리는
mean	짓궂은, 심술궂은, 못된
competitive	경쟁심이 강한
imaginative	상상력이 풍부한

3 Using the phrase "What're you ...?"

※ Here are some common sentences using the phrase "**What're you ...?**"

- What're you up to these days? — 너 요즘 어떻게 지내? / 요즘 별일 없지? / 너 요즘 뭐 하고 지내?
- What're you up to now? — 너 지금 뭐 해?
- Tip.4 What're you ⑮ ________ these days? — 넌 요새 뭐에 관심 있어?
- What're you interested in? — 넌 뭐에 관심 있어?
- Tip.5 What're you afraid of? — 넌 뭘 두려워해?
- What're you so ⑯ ________ about? — 너 뭐 때문에 그렇게 화가 난 건데?
- What're you, a kid? — 네가 애냐?
- What're you looking at? — 너 지금 뭐 보는 거야?
- What're you waiting for? — [무언가를 지금 당장 하라는 뜻으로] 너 뭘 기다리는 거야?
- What're you thinking now? — 너 지금 무슨 생각 중이야?
- What're you saying? — 너 무슨 말을 하는 거야? / 너 그게 무슨 말이야?
- What're you ⑰ ________ to say? — 너 무슨 말을 하려는 거야?
- What're you talking about? — 너 지금 무슨 소리 하는 거야?
- What're you doing this ⑱ ______? — 너 뭐 때문에 이러는 거야?

Answers ① is he ② is your brother ③ indecisive ④ social ⑤ tidy ⑥ reserved ⑦ naive ⑧ chatty ⑨ childish ⑩ polite ⑪ selfish ⑫ stubborn ⑬ gullible ⑭ moody ⑮ into ⑯ angry 또는 mad ⑰ trying ⑱ for

Practice

A. Use your own words and complete the following dialogues.
샘플 대화문은 참고용입니다. 자신의 말로 자유롭게 대화를 나눠보세요.

❶ A: What're you like?
B: I'm ____________________.
____________________?
A: I'm ____________________.

❷ A: What're you afraid of?
B: ____________________.
A: Anything else?
B: ____________________.

B. Complete the following sentences using the given translations.
번역을 참고로 하여 다음 각 문장을 완성해보세요.

❸ I'm very ____________. 난 승부욕이 정말 강해. / 난 지는 거 싫어해.
❹ You're so ____________. 넌 정말 못됐어.
❺ He's ____________. 걘 활달해.
❻ He's ____________. 걘 털털한 성격이야.
❼ He's so ____________. 걘 아주 배려심이 깊어.
❽ She's very ____________. 걘 아주 쾌활해.
❾ They're very ____________. 걔넨 아주 과묵해.
❿ James is kind of ____________. 제임스는 약간 조용한 성격이야.
⓫ My son is somewhat ____________. 내 아들은 세상 물정을 좀 몰라.
⓬ My mom is super ____________. 우리 엄마는 엄청 말이 많으셔.
⓭ Your daughter is really ____________. 네 딸은 정말 사랑스러워.
⓮ My boss is really ____________. 내 상사는 성격이 정말 더러워. / 우리 사장은 성격이 정말 더러워.

Sample Dialogue

❶ A: What're you like?
B: I'm very reserved. What're you like?
A: I'm a little bold and aggressive.

A: 넌 성격이 어때?
B: 아주 과묵한 편이야. 넌 어때?
A: 난 약간 대담하고 공격적인 성향이야.

❷ A: What're you afraid of?
B: I'm afraid of heights.
A: Anything else?
B: I'm also afraid of germs.

A: 넌 무서운 게 뭐야?
B: 난 고소공포증이 있어.
A: 다른 건?
B: 결벽증도 있어.

Answers

❸ competitive ❹ mean ❺ outgoing ❻ easy-going
❼ considerate ❽ bubbly ❾ reserved ❿ quiet
⓫ naive ⓬ chatty ⓭ lovable ⓮ grumpy

Tip.1) 날씨를 묻는 표현 중 "**What's the weather like?**"라는 게 있었죠? 이렇게 "**What's ... like?**"라고 물으면 "**~은 어때?**"라는 표현이 된답니다. 이를 활용해 누군가의 성격이 어떠한지를 물으려면 "**What's someone's personality (like)?**"라고 표현하면 됩니다.

Tip.2) "**걘 성격이 어때?**"라는 말을 간단히 "**걔 어때?**"라고 물을 수 있듯이, 회화 시에는 "**What's your personality like?**"라고 묻기보다 "**What're you like?**"라고 묻는 경우가 더 많습니다. 단, "**What're you like?**"는 성격 외에도 외모 등 다른 것을 묻는 의미일 수도 있다는 점을 기억하고 있어야겠죠?

Tip.3) "**low key**"는 "**낮은 음조**"라는 뜻이지만 이를 "**low-key**"처럼 한 단어의 형용사로 사용하면 "**삼가는**", "**억제된**"이라는 뜻이 됩니다. 원래는 "**low-keyed**"처럼 과거분사형으로 사용돼야 하지만, 요즘엔 대부분 "**-ed**"를 빼고 그냥 "**low-key**"라고 말하죠. 이를 사람의 성격 묘사 시 이용하게 되면 "**튀는 것을 별로 안 좋아하고 조용히 있는 것을 좋아하는**" 정도의 의미가 되고, 행사 묘사 시 이용하게 되면 "**절제된**", "**시끌벅적하지 않은**" 정도의 의미가 된답니다.

Tip.4) "**be into**"라는 표현은 무언가에 쏙 빠지는 느낌의 전치사 "**into**" 때문에 "**~에 관심이 많다**", "**~을 좋아하다**"라는 뜻을 갖게 되었습니다.

I'm so into K-pop these days.	난 요즘 케이팝에 푹 빠져 있어.
She's into you, man.	야, 걔 너 좋아해. / 야, 걔 너한테 빠져 있어.
I'm not into this.	난 이거 안 좋아해. / 난 이거 관심 없어.

Tip.5) "**phobia**"는 "**공포증**"이라는 증상을 말합니다. 주로 단어의 끝에 붙어서 다양한 의미를 만들어 내죠. 무언가를 무서워하는 사람은 "**phobe**"라고 합니다. 공포증에는 다음과 같은 것들이 있습니다.

acrophobia (= fear of heights)	고소공포증
social phobia (= sociophobia = anthropophobia)	대인공포증(대인기피증)
xenophobia	외국인혐오증 / 외국인공포증
homophobia	동성애혐오증 / 동성애공포증
aerophobia (= flying phobia = fear of flying)	비행공포증
mysophobia	결벽증(불결공포증)
aquaphobia	물공포증
claustrophobia	폐쇄공포증(폐소공포증, 밀실공포증)
zoophobia	동물공포증
arachnophobia (= spider phobia = fear of spiders)	거미공포증
technophobia	과학기술공포증
agoraphobia	광장공포증
stage fright	무대공포증

사실, 공포증은 병적으로 심각한 것들도 있지만, 이름 붙이기 나름인 것도 있어서 위에 소개한 것들 외에도 아주 많답니다. 기타 다양한 공포증에 대해서 더 자세히 알고 싶다면 **phobialist.com**을 방문하세요.

Lesson 099 I'm an indecisive person.

Understanding

1 Describing someone's personality. #1

※ When we describe someone's personality, we can use the phrase "**to be a/an ... person.**" as below, although the most common phrase we use is "**to be + *(an adjective)*.**" Tip.1

ex) I'm an indecisive person. 난 성격이 우유부단해.
ex) I'm a ❶ ________ person. 난 느긋한 성격이야.
ex) I'm a ❷ ________ man. Tip.2 난 매사에 진지한 성격이야.
ex) He's a nice guy. 걘 좋은 놈이야. / 걘 좋은 녀석이야.
ex) He's a selfish person. 그는 이기적인 사람이야.
ex) He's a gullible person. 그는 속이기 쉬운 사람이야.
ex) She's a ❸ ________ person. 걘 사람들과 어울리기 좋아하는 성격이야.
ex) She's a down-to-earth person. 그녀는 허세나 과장이 없는 사람이야.
ex) She's an honest girl. 그녀는 정직한 애야.
ex) She's a polite person. 그녀는 예의 바른 사람이야.
ex) Maya is an ❹ ________ person. 마야는 참을성이 없는 성격이야.

2 Describing someone's personality. #2

※ When we talk about someone's personality, we sometimes use the phrase "**to be the kind of person (that/who/whom) ...**" Note that you can use ***type*** or ***sort*** instead of ***kind***, and ***guy***, ***man***, ***girl***, ***people***, etc. instead of ***person***. Tip.3

ex) I'm not the kind of person who will lie down for this. Tip.4
난 이런 일은 절대 못 참아. / 난 이런 일을 참을 사람이 아니야.

ex) He's the type of person that lies to get what he wants.
그는 원하는 게 있으면 거짓말도 할 수 있는 사람이야.

ex) She's the kind of girl I've been ❺ ________ about.
그녀는 내가 꿈꿔온 그런 사람이야.

ex) She's the type of girl you should try to ❻ ________.
그 여자애는 네가 피해야 할 부류야. / 걘 상종하면 안 되는 인간이야.

ex) They're the kind of people nightmares are made ❼ ____.
개넨 완전 골칫덩어리들이야. / 개넨 아주 머리 아픈 애들이야.

※ We also use the phrase "**to have a/an ... personality**" as shown below. Note that when you have a singular third person pronoun, you need to use ***has***, not ***have***. Tip.5

ex) He has an ⑧ __________ personality. 걘 외향적인 성격을 지니고 있어.
ex) She has a positive, social personality. 걘 긍정적이고 사교성 있는 성격이야.
ex) She has a laid-back personality. 걘 성격이 느긋해.

3 Describing someone's personality. #3

※ We use ***seem*** when we refer to someone or something appearing to have a particular quality. That is why we can use it to talk about someone's personality. Tip.6

ex) He seems ⑨ __________. 걘 다정한 것 같아.
ex) He seems nice. 그는 좋은 사람 같아. / 그는 사람이 좋은 것 같아.
ex) He seems sociable. 걘 붙임성이 좋은 거 같아.
ex) He seems really excitable. 걘 정말 흥분을 잘하는 것 같아.
ex) Alex seems a bit ⑩ ______. 알렉스는 다소 수줍음이 많은 것 같아.
ex) Your boyfriend seems tidy. 네 남친은 깔끔한 성격 같아.
ex) She seems polite. 걘 예의가 바른 것 같아.
ex) She seems ⑪ __________. 걘 성미가 급한 것 같아.
ex) Rebecca seems kind of rude. 레베카는 좀 무례한 것 같아.
ex) Maya seems impatient. 마야는 참을성이 없는 거 같아.
ex) Your father seems stubborn. 네 아버지는 고집이 세신 것 같아.
ex) Your sister seems a little cranky. 네 여동생/언니/누나는 좀 까탈스러워 보여.
ex) Kimberly seems a bit moody. 킴벌리는 다소 기분 변화가 심한 것 같아.
ex) They seem very ⑫ ______. 걔네 엄청 대담한 것 같아.
ex) They seem a bit shifty. 걔넨 좀 구린 데가 있는 것 같아.

※ ***Seem*** sometimes can be used with ***like*** as below.

ex) You seem like a nice guy. 넌 좋은 놈 같아. / 넌 좋은 녀석 같아.
ex) He seems like a jerk. 걘 애가 못된 것 같아. / 걘 애가 찌질한 것 같아.
ex) She seems like a ⑬ __________ person. 그녀는 자신감 있는 사람 같아.
ex) They seem like kind people. 그들은 친절한 사람 같아.

Answers

① laid-back	② serious	③ social	④ impatient	⑤ dreaming
⑥ avoid	⑦ of	⑧ outgoing	⑨ friendly 또는 kind	
⑩ shy	⑪ hot-headed		⑫ bold	⑬ confident

⏱ Practice

A. Use your own words and complete the following dialogues.
샘플 대화문은 참고용입니다. 자신의 말로 자유롭게 대화를 나눠보세요.

❶ A: What do you think about ______________?
B: ____.

❷ A: She ______________________________.
B: That's good to know. She's my new team leader.

B. Complete the following dialogues using the given translations.
번역을 참고로 하여 다음 각 대화문을 완성해보세요.

❸ A: What kind of person is he?
B: He's a very ________ person. He only cares about himself.

A: 그는 어떤 사람이야?
B: 그는 정말 이기적인 사람이야. 자기밖에 몰라.

❹ A: She's a _________ person.
B: She sure is. She will literally believe everything you say to her.

A: 걘 정말 속이기 쉬운 스타일이야.
B: 정말 그래. 걘 정말 네가 뭐라 말하든 다 믿을 거야.

❺ A: He _______ really excitable.
B: Yeah. I think he's one can short of a six-pack.

A: 걘 정말 흥분을 잘하는 것 같아.
B: 그러게. 나사가 하나 빠진 것 같아.

❻ A: How was your date?
B: She __________ a nice person. She was also down-to-earth.
A: You sound like you liked her.
B: Yeah, I did. I think I'm gonna give her a call and ask her out on a second date.

A: 데이트 어땠어?
B: 사람 좋은 것 같더라. 겸손하기까지 하던데.
A: 그녀가 마음에 들었나 보네.
B: 응, 맞아. 그녀에게 전화해서 두 번째 데이트를 신청할까 봐.

Sample Dialogue

❶ A: What do you think about him?
B: He seems like a nice person.

A: 너 그 사람 어떻게 생각해?
B: 좋은 사람 같아.

❷ A: She has a laid-back personality.
B: That's good to know. She's my new team leader.

A: 그녀는 성격이 느긋해.
B: 그렇다니 다행이네. 그녀가 우리 새 팀장으로 왔거든.

Answers ❸ selfish ❹ gullible ❺ seems 또는 is ❻ seemed like 또는 was

Tip.1) 누군가의 성격을 말할 때는 **"He's gullible."**처럼 be동사와 형용사로 표현하는 것이 가장 일반적이지만, 간혹 **"be a/an ~ person."**처럼 표현하기도 합니다. **"person"** 대신 **"man"**, **"guy"**, **"girl"**, **"boy"** 등의 명사를 사용할 수도 있겠죠?

Tip.2) **"심각한"**이라는 뜻의 **"serious"**도 사람의 성격을 묘사할 때 사용됩니다. 누군가의 성격을 묘사할 때 **"심각하다"**는 말은 **"매사에 진지하여 허투루 하는 말 없이 자신의 말에 책임을 질 줄 안다"**는 의미로 볼 수 있겠죠? 이외에도 **"serious"**는 가볍지 않고 진지한 관계나 말 등을 묘사할 때도 사용됩니다. 참고로, **"serious"**의 부사 꼴은 **"seriously"**인데, 누군가의 말에 대해 **"진담이야?"**, **"진심이야?"**, **"(농담 아니고) 진짜로?"**라고 묻고 싶을 때는 간단히 **"Seriously?"**라고 표현하면 된답니다.

She's a **serious** person.	걘 진지한 성격이야.
She's always **serious** about everything.	걘 늘 매사에 진지해.
What's going on? You look so **serious**.	무슨 일이야? 너 엄청 심각해 보여.
Don't take my words too **seriously**.	내 말 너무 심각하게 받아들이지 마.
I'm taking my job **seriously**.	난 내 일에 성실히 임하고 있어.
Do you take our relationship **seriously**?	넌 우리 관계를 진지하게 여기고 있어?
Are you **seriously** gonna eat that?	너 정말 그거 먹을 거야?
I'm **seriously** not gonna do that again.	(나) 정말로 다신 안 그럴게.

Tip.3) 조금 어려운 문장이긴 하지만 누군가의 성격을 말할 땐 **"~ be the kind of person (that/who/whom) ..."**처럼 표현할 수도 있습니다. **"~는 ...한 그런 사람(스타일)이야."**라는 뜻이죠. **"kind"** 대신 **"type"**이나 **"sort"**를, **"person"** 대신 **"guy"**, **"man"**, **"girl"**, **"people"** 등을 사용할 수 있죠. **"that"**은 생략할 수 있는데, 이 뒤에는 목적어가 없는 문장이 등장하게 됩니다.

Tip.4) **"lie down for this"**는 직역하면 "이것을 위해 눕다"라는 뜻이지만, 실제로 내포하고 있는 의미는 **"이것(모욕적인 말이나 행동)을 참고 가만히 있다"**라는 뜻입니다. **"lie down and take this"** 또는 **"take this lying down"**이라고 표현하기도 하죠.

Tip.5) 성격을 말할 땐 **"~ have a/an ... personality."**라고 표현하기도 합니다. 주어가 3인칭 단수일 땐 **"have"** 대신 **"has"**를 써야겠죠?

Tip.6) 성격은 그 사람이 전체적으로 풍기는 인상이기도 하기 때문에 성격 묘사 시 **"seem"**을 활용할 수도 있습니다.

추가 1) 보통, **"six-pack"**이라고 하면 6개들이 한 세트로 판매되는 맥주 같은 것을 말합니다. **"be one can short of a six-pack"**이라고 하면 거기서 캔 하나가 부족하다는 의미로, **"머리 회전이 느리다"**, **"나사가 하나 빠졌다"**, **"멍청하다"**, **"정신지체이다"**라는 뜻이 되죠.

추가 2) **"~에게 데이트를 신청하다"**라고 말할 때는 **"ask someone out"**, 즉 "누군가(someone)에게 밖에 나가자고(out) 신청(ask)하다"라고 표현합니다.

Lesson 100 What kind of person is she?

Understanding

1 Additional ways to ask what someone's personality is like.

※ We sometimes use the phrase "**What kind of person ...?**" when asking about someone's personality. You can use previously introduced responses when responding. Tip.1

What kind of person are you?	넌 어떤 사람이야?
What kind of person is she?	그녀는 어떤 사람이야?

Tip.2

He's ❶ ____________.	걘 자기중심적이야.
He's really dense.	걘 정말 애가 꽉 막혔어. / 걘 정말 멍청해.
He's really ❷ ________ of others.	걘 딴 사람들 비판을 잘해.
She has a calm personality.	걘 조용한 성격을 가졌어.
You're a ❸ ________ person.	넌 호감 가는 사람이야.
He's a ❹ ________ person.	그는 결단력이 있는 사람이야.
He seems ❺ ____________.	걘 무책임한 것 같아.

2 Other ways to ask about someone's personality.

※ We sometimes say "**What do you think of him/her?**" to ask someone's personality. Note that you can use ❻ ________ instead of *of*. Tip.3

What do you think of him?
너 걔(그 사람) 어떻게 생각해?

What do you think ❻ ________ her?
너 걔(그녀) 어떻게 생각해?

I think he's nice.
걘 좋은 사람 같아.

She seems polite.
걘 예의 바른 것 같아.

※ Here are various other phrases you can use when you say something with some degree of uncertainty or when you give your opinions on something. Tip.4

- I think he's ❼ ________. 걘 쌀쌀맞은 거 같아.
- I think they're a bunch of idiots. 걔넨 바보천치들 같아.

- I think they're using you. 걔네가 널 이용하는 거 같아.
- I think they're all liars. 걔넨 하나같이 거짓말쟁이 같아.
- I would think that he could ❽ __________ of himself. 걘 자기 앞가림 정도는 할 수 있을 거야.
- I reckon he's nice and kind. 그는 사람이 좋고 친절한 거 같아.
- I can say he's friendly. 걘 다정다감한 거 같아.
- I'd say he's very shy. 걘 수줍음을 아주 많이 타는 성격 같아.
- I guess she's ❾ __________. 걘 마음이 따뜻한 거 같아.
- I guess he's ❿ __________. 걘 호기심이 많은 거 같아.
- I would guess they will be here around six.
  걔넨 6시 정도에 여기 올 것 같아.
- In my ⓫ __________, he's quick-tempered.
  내 생각에 걘 성미가 급한 거 같아.
- He seems like a nice person.
  걘 좋은 사람 같아.
- It seems like she's selfish.
  걘 이기적인 거 같아.
- It seems that I'm not the only one that thinks his idea is half-baked.
  나만 걔 생각이 어설프다고 생각하진 않는 거 같아. Tip.5

3 Ways to ask specifically what someone thinks of something.

※ You can also use "**What do you think of/about ...?**" in other situations as below since it can be used to ask specifically what someone thinks of something. Tip.6

ex) What do you think of this book? 넌 이 책에 대해 어떻게 생각해?
ex) What do you think of his plan? 넌 그의 계획이 어떤 것 같아?
ex) What do you think of their decision? 넌 그들의 결정에 대해 어떻게 생각해?
ex) What do you think of ⓬ __________? 넌 캐나다 사람들에 대해 어떻게 생각해?
ex) What do you think about the price? 넌 그 가격 어떤 것 같아?
ex) What do you think about my brother? 넌 우리 오빠(/형/남동생) 어떻게 생각해?
ex) What do you think about ⓭ __________ tonight? 오늘 저녁에 외식하는 거 어때?
ex) What do you think about traveling around the world? 넌 세계 일주하는 것에 대해 어떻게 생각해?

Answers
❶ self-centered ❷ critical ❸ likeable ❹ decisive ❺ irresponsible
❻ about ❼ aloof ❽ take care ❾ warm-hearted ❿ curious
⓫ opinion ⓬ Canadian people 또는 Canadians ⓭ eating out

Practice

A. Use your own words and complete the following dialogues.
샘플 대화문은 참고용입니다. 자신의 말로 자유롭게 대화를 나눠보세요.

❶ A: What kind of person ________________?
B: ______________________________________.

❷ A: What do you think ________________?
B: ______________________________________.

B. Complete the following dialogues using the given translations.
번역을 참고로 하여 다음 각 대화문을 완성해보세요.

❸ A: __________________________?
B: Unlike a certain someone, he seems like a very nice person.

A: 넌 우리 오빠 어떻게 생각해?
B: 어떤 사람과는 다르게 사람 참 좋아 보이더라.

❹ A: __________________________?
B: There's nothing much I can do. I'll just have to do what I'm told.

A: 넌 그들의 결정에 대해 어떻게 생각해?
B: 별 수 있냐? 하라는 대로 해야지.

❺ A: __________________________?
B: It's the best I've read recently.

A: 넌 이 책에 대해 어떻게 생각해?
B: 근래 본 책 중에 제일 재미있어.

❻ A: __________________________?
B: Would it have killed you to ask me sooner? I mean before I started cooking? Jeez!

A: 오늘 저녁에 외식하는 거 어때?
B: 좀 더 일찍 물어봐 주면 어디가 덧나? 저녁 준비하기 전에라도 말이야. 젠장.

Sample Dialogue

❶ A: What kind of person is Mr. Lee?
B: He's too sensitive and emotional.

A: 이 선생님은 어떤 분이셔?
B: 너무 예민하고 감정적이셔.

❷ A: What do you think of Kevin?
B: He seems like a nice person. I've only met him twice, but he's very friendly and warm-hearted.

A: 케빈 어떻게 생각해?
B: 좋은 사람 같아. 두 번밖에 못 만나봤는데, 참 다정다감하고 마음이 따뜻하더라고.

Answers

❸ What do you think of my older brother
❹ What do you think of their decision
❺ What do you think of this book
❻ What do you think about eating out tonight

Tip.1) 사람의 성격을 물어볼 때는 "**What kind of person are you? (넌 어떤 사람이야?)**"처럼 묻기도 합니다.

Tip.2) "**kind**"는 원래 "**fish**"나 "**sheep**", "**deer**"처럼 단수와 복수의 형태가 동일한 명사였습니다. 즉, "**a kind of**", "**two kind of**", "**three kind of**" 모두 맞는 표현이라는 것이죠. 이러한 것을 가리켜 "**무변화 복수**"라고도 합니다. 하지만 현대 영어에서는 일반적으로 "**kind**"의 복수를 "**kinds**"로 표현하게 되면서 "**two kinds of**"나 "**three kinds of**"가 문법적으로 옳은 표현이 되었으며, "**two kind of**", "**three kind of**" 같은 것들은 그냥 구어체에서 용인되는 정도로 볼 수 있게 되었습니다. 보통은 습관적으로 "**What kind of + 단수 또는 불가산(셀 수 없는) 명사 ~?**" 처럼 뒤에 단수 명사나 불가산 명사가 등장할 때에는 "**kind**"를 사용하고 "**What kinds of + 복수 명사 ~?**"처럼 뒤에 복수 명사가 등장할 때에는 "**kinds**"를 사용하는 경우가 많습니다. 하지만 여러 대상(복수 명사)이 한 종류일 수도 있고, 한 대상(단수 명사나 불가산 명사)이 여러 기준에서 다양한 종류에 속할 수도 있기 때문에 이마저도 정답이라고 할 순 없죠. 즉, 결론적으로는 말하는 사람의 의도나 언어 습관에 따라 표현이 달라진다고 볼 수 있습니다. 그나마 다행인 점은 질문 시에는 여러 종류를 묻기보다 특정한 한 종류를 묻는 경우가 많아서 구어체 질문에서는 뒤에 등장하는 명사의 단수/복수에 관계없이 그냥 "**What kind of ~?**"로 표현되는 경우가 더 많다는 것이죠.

What kind of question is that? 무슨 질문이 그래?
What kind of people do you usually hang out with? 넌 보통 어떤 종류의 사람들과 어울려?
What kinds of movies do girls like? 여자애들은 어떤 종류의 영화를 좋아해?
What kinds of food do you like? 넌 어떤 종류의 음식을 좋아해?

Tip.3) 좀 포괄적인 질문이긴 하지만, 성격을 물어볼 때는 "**What do you think of him? (그에 대해 어떻게 생각해?)**"라는 식으로 물을 수도 있습니다. "**of**" 대신 "**about**"을 이용하기도 하며, 주로 상대방보다는 제3자에 관해 물을 때 사용하죠.

Tip.4) 자신의 생각이나 의견을 말할 때는 "**I think ...**"라고만 표현할 수 있는 게 아닙니다. 그 외에도 "**I guess ...**", "**I'd say ...**" 등 다양한 표현들을 이용할 수 있답니다.

Tip.5) 빵이 다 구워진 것도 아니고 하나도 안 구워진 것도 아닌, "**이도 저도 아닌**", "**어설픈**" 상태를 가리켜 "**half-baked**"라고 말합니다. 실제로 음식과 관련해서 이 표현을 사용하는 일은 거의 없고, 누군가의 생각이나 계획이 어설프다고 말할 때 주로 쓰이죠. 이보다 아주 심하게 표현할 때는 "**half-assed(현실성 없는, 엉터리의, 불충분한)**" 또는 그냥 "**half-ass**"라고 말하기도 합니다.

Tip.6) "**What do you think of/about ...?**"는 "**~에 대해 어떻게 생각해?**"라는 뜻으로, 상대방의 구체적인 생각이나 의견을 묻는 표현입니다. 이는 사람의 성격 외에도 다양한 것을 물을 때 사용할 수 있죠. 전치사 "**of**"나 "**about**" 뒤에는 명사나 동명사가 등장합니다.

Lesson 101 What a good idea!

Understanding

1 Some useful expressions using *what*.

※ *What* is one of the most frequently used words in English. Here are various useful expressions using ***what***. Tip.1

- What? 뭐? / 뭐라고?
- ❶ ______ what? 왜? / 뭐 때문에? / 뭐하려고?
- ❷ ______ what? 이번엔 또 뭐야? / 이젠 뭐 하지?
- ❸ ______ what? 이를테면?
- Guess what? 맞혀봐.
- ❹ __________ to what? 뭐랑 비교해서?
- You know what? [이야기 첫머리에서] 있잖아. / 그거 아니?
- You did what? (네가) 뭘 어쨌다고?
- I'll tell you what, ... [무언가를 말하려 하며] 실은, ... / 있잖아, ...
- What's ❺ ________, ... 게다가... / 더욱이...
- What's ❻ ________, ... [부정적인 내용에 대해] 게다가... / 설상가상으로...
- Tip.2 What the?! [어이없는 상황에서] 헐! / 젠장!
- What the heck! [하지 말아야 할 것을 하려 하며] 에라 모르겠다!
- What a ❼ ________! 오늘 진짜 뭔 날인가 봐! / 살다 보니 이런 날도 다 있군!
- What an idea! 기막힌 생각이네!
- What a good idea! 정말 좋은 생각이네!
- What about it? [상대방이 무언가에 대해 말했을 때] 그게 뭐?
- What about him? [상대방이 어떤 남자에 대해 말했을 때] 걔가 뭐?
- What ❽ ______? 무슨 일이야? / 왜 그래? / 무슨 소식 없어?
- What is it? 무슨 일이야? / 뭐야?
- What is what? [상대방의 말을 놓쳤을 때] 뭐가 어떻다고? / 뭐라고?
- What was that? 뭐라고? / 그게 뭐였지?
- Tip.3 What did you just say? (너) 방금 뭐라고 그랬어?
- What's this about? (이게 지금) 어떤 내용 관련해서 말하는 거지? / (지금) 무슨 일 때문에 이러는 거야?
- What's ❾ ______ this about? 이게 다 뭐야?
- What's with you? 너 왜 그래?
- What's going on? 무슨 일이야? / 무슨 일 있어?
- What's up? 무슨 일이야? / 무슨 일 있어?
- What's up with you? 너 왜 그래? / 너 무슨 일 있어?

- What's wrong with her? 걔 왜 그래? / 쟤 왜 저래?
- What's the matter with you? 너 무슨 일 있어? / 너 무슨 문제 있어? / 너 왜 그러는 거야?
- What're you waiting for? 뭘 기다리는 거야?
- What're you trying to say? 무슨 말을 하려는 거야?

- What're you still doing ⑩ ______? 너 아직 안 자고 뭐 하는 거야?
- What the heck are you doing here? 대관절 너 여기서 뭐 하는 거야?
- What am I to ⑪ ______ of this? 이걸 어떻게 받아들여야 하는 거야?
- What do you ⑫ ______ me for, an idiot? 날 뭐로 보는 거야? 내가 바보인 줄 알아?
- What did you order? 너 뭐 주문했어? / 너 뭐 시켰어?
- What happened here? 여기 뭔 일 났어? / 여기 무슨 일 생겼어?
- What ⑬ ______ down? 뭐가 떨어진 거야?
- That's what ⑭ ______. 그게 중요한 거지.

2 Additional useful expressions using *what*.

※ We use the phrase "**What if ...?**" to ask what we should do or what the result will be if something happens, especially something unpleasant. Tip.4

ex) What if I'm late? (만약) 나 늦으면 어쩌지?
ex) What if he's mad? (만약) 걔가 화나 있으면 어쩌지?
ex) What if he ⑮ ______ mad. (만약) 걔가 화내면 어쩌지?
ex) What if she's not coming? (만약) 걔가 안 오면 어쩌지?
ex) What if it ⑯ ______ tomorrow? (만약) 내일 비가 오면 어쩌지?

※ We use the phrase "**What's that ...?**" to ask what it is that you are looking at, hearing, etc. Tip.5

ex) What's that? 저게 뭐지? / 그게 뭐야?
ex) What's that over us? 우리 위에 있는 거 저거 뭐지?
ex) What's that over there? 저기 저거 뭐지?
ex) What's that ⑰ ______? 무슨 냄새지?
ex) What's that thing ⑱ ______? 저건 뭐라고 해? / 저건 뭐라고 불러?
ex) What's that song called? 저 노래는 제목이 뭐야?
ex) What's that supposed to ⑲ ______? 그건 도대체 정체가 뭐야?
ex) What's that supposed to ⑳ ______? ["영문을 모르겠다"는 어감으로] 도대체 그게 무슨 소리야?

Answers ① For ② Now ③ Like ④ Compared ⑤ more ⑥ worse ⑦ day ⑧ gives ⑨ all ⑩ up ⑪ make ⑫ take ⑬ fell ⑭ matters ⑮ gets ⑯ rains ⑰ smell ⑱ called ⑲ be ⑳ mean

Practice

A. Complete the following dialogues using the given translations.
번역을 참고로 하여 다음 각 대화문을 완성해보세요.

❶ A: ____________? B: What? Tell me already.	A: 맞혀봐. B: 뭔데? 뜸 들이지 말고 빨리 말해.
❷ A: Oh no! B: ____________?	A: 아, 이런! B: 이번엔 또 뭐야?
❸ A: I want to eat something light. B: ____________? Like a salad or fruit?	A: 나 뭔가 좀 가볍게 먹고 싶어. B: 이를테면? 샐러드나 과일 같은 거?
❹ A: It could be nothing, but I'm quite happy. B: That's ____________.	A: 아무것도 아닐 수 있지만 난 너무 기뻐. B: 그게 중요한 거지.
❺ A: Christine's got a boyfriend. B: So? ____________? A: Aren't you even a little curious? B: Why should I be?	A: 크리스틴한테 남자친구 있대. B: 그래서? 그게 뭐? A: 넌 조금도 안 궁금해? B: 내가 왜?
❻ A: ____________ make of this? B: Make of it what you want. I don't care.	A: 이걸 어떻게 받아들여야 하지? B: 네 맘대로 받아들여. 난 신경 안 써.
❼ A: What do you ____________, an idiot? B: Of course not. I'm telling you the truth. If you don't believe me, ask Jen.	A: 날 뭐로 보는 거야? 내가 바보인 줄 알아? B: 물론 아니지. 내 말은 사실이야. 못 믿겠으면 젠한테 물어봐.
❽ A: What if ____________? B: Then she's not coming. We'll go with or without her.	A: 걔가 안 오면 어쩌지? B: 안 오면 안 오는 거지, 뭐. 걔가 오든 안 오든 우린 갈 거야.
❾ A: What's ____________? B: I think my mom's making dinner.	A: 무슨 냄새지? B: 엄마가 저녁 만드시나 봐.

❶ Guess what ❷ Now what ❸ Like what
❹ what matters ❺ What about it ❻ What am I to
❼ take me for ❽ she's not coming ❾ that smell

Tip.1) "**what**"은 영어권 사람들이 가장 많이 사용하는 상위 100개 단어에 포함되며, 의문사 중에서는 당당히 1위를 차지하고 있는 단어입니다. 이번 레슨에서는 이를 활용한 유용한 표현들을 살펴봅시다.

Tip.2) "**What the?!**"는 원래 "**What the fuck?!**"이라고 하는 저속한 표현에서 온 말이지만 이보다는 다소 순화된 표현으로 친구 사이에서도 자주 사용되는 표현입니다.

Tip.3) "**What did you just say?**"는 상대방이 뭐라고 안 좋게 말했을 때 따지듯이 "**너 방금 뭐랬어?**"라고 따지듯이 말할 때 사용하는 표현입니다. 그냥 상대방이 한 말을 잘 못 들었을 때 "**뭐라고?**"라고 말하려면 "**just**"를 빼고 "**What did you say?**"라고 표현하면 되죠.

Tip.4) "**만약 ~하면 어쩌지?**"처럼 어떤 상황을 가정하여 염려하는 표현을 만들려면 "**What if ...**"라고 표현합니다.

Tip.5) 대화 중 주변에 있는 대상, 소리, 냄새 등이 무엇인지 물을 때는 "**What's that ...?**"이라고 표현합니다.

추가 1) 다음은 옥스퍼드(Oxford)에서 발표한 "전 세계 사람들이 글쓰기에서 가장 많이 사용하는 상위 100개 단어(the hundred commonest English words found in writing globally)" 목록입니다. 데이터를 취합한 기관에 따라 조금씩 달라질 순 있겠지만 대체적으로 사용빈도가 상당히 높은 단어들이죠. 참고로, 이에는 기본 의문사들이 많이 포함되어 있습니다.

the	it	this	or	so	**when**	person	than	back	even
be	for	but	an	up	make	into	then	after	new
to	not	his	will	out	can	year	now	use	want
of	on	by	my	if	like	your	look	two	because
and	with	from	one	about	time	good	only	**how**	any
a	he	they	all	**who**	no	some	come	our	these
in	as	we	would	get	just	could	its	work	give
that	you	say	there	**which**	him	them	over	first	day
have	do	her	their	go	know	see	think	well	most
I	at	she	**what**	me	take	other	also	way	us

(출처: Concise Oxford English Dictionary - 11th edition)

Chapter 22 외모

In this chapter

이번 챕터에서는 누군가의 외모에 관해 묻고 답하는 방법에 대해 학습하게 됩니다. "외모"는 다른 사람과 구분되는 그 사람만의 "겉으로 보이는 특징"이라 할 수 있죠. 이러한 외적 특징은 "잘생겼다", "호리호리하다", "귀엽다" 등으로 표현하기도 하지만, "수염이 있다", "주름살이 있다" 등 뭔가가 있는지 없는지로 표현하기도 하는데, 전자의 경우엔 형용사를, 후자의 경우엔 동사 have나 전치사 with를 이용합니다.

누군가의 외모를 묘사하려면 얼굴 각 부위에 대한 명칭과 더불어 색 표현을 먼저 배워야겠죠? "노르스름한", "누리끼리한", "노릇노릇한"처럼 색에 대한 표현이 무수히 많은 우리말과는 달리 영어는 특정 색에 대한 표현이 한 가지라고 알고 있는 학습자들이 많은데, 우리말 정도까진 아니더라도 영어에서도 -ish와 같은 접미사를 더하거나 앞에 다양한 형용사나 명사를 더해 색을 다양하게 표현할 수 있답니다. 이에 관해서도 자세히 살펴봅시다.

Lesson 102 What color is it?

Understanding

1 Talking about colors.

※ You can use sentences as below when asking and answering questions about colors. Tip.1

Q: What color is it? A: It's pink.	Q: (그건) 무슨 색이야? A: 핑크색이야.
Q: What color's your hat? A: It's blue. (= My hat is blue.)	Q: 네 모자는 무슨 색이야? A: 파란색이야. (= 내 모자는 파란색이야.)
Q: What's the color of his car? A: It's black. (= The color of his car is black.)	Q: 걔 차 색깔은 뭐야? A: 검은색이야. (= 걔 차 색깔은 검은색이야.)

2 Various colors.

※ Here are color names in English.

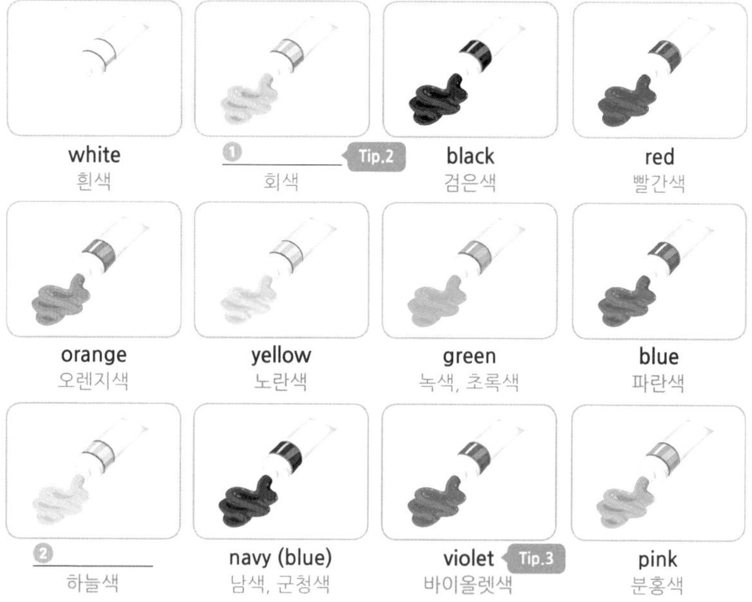

white 흰색	① ________ Tip.2 회색	black 검은색	red 빨간색
orange 오렌지색	yellow 노란색	green 녹색, 초록색	blue 파란색
② ________ 하늘색	navy (blue) 남색, 군청색	violet Tip.3 바이올렛색	pink 분홍색

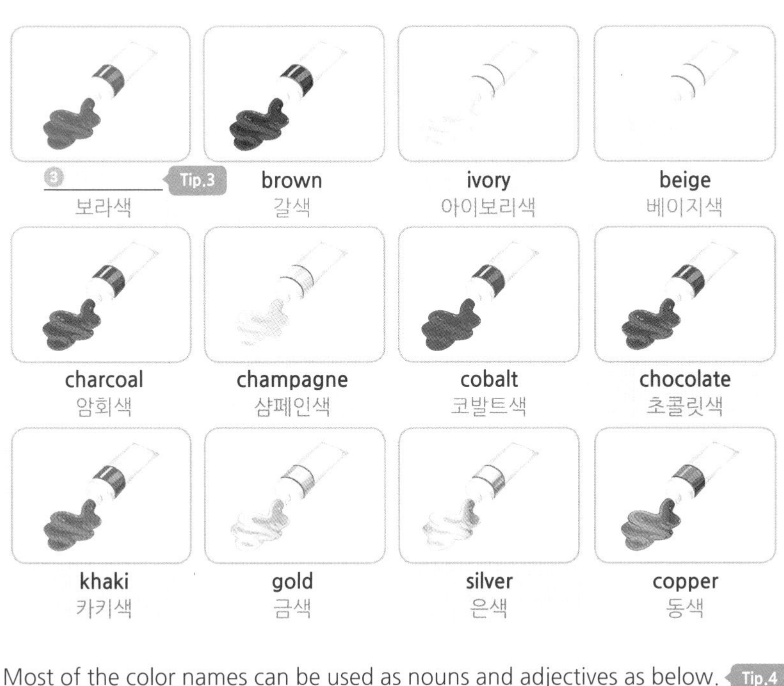

※ Most of the color names can be used as nouns and adjectives as below. Tip.4

ex) She often ④ ________ red. 갠 빨간색 옷을 자주 입어.
ex) I ⑤ ______ a red light. 나 빨간불 무시하고 달렸어. / 나 신호 위반했어.
ex) Jane bought a silver chain. 제인은 은 목걸이를 하나 샀어.
ex) He was dressed ⑥ _____ blue. 갠 파란 옷을 입고 있었어.

※ We often use the words below when we describe colors. Tip.5

- ⑦ ______ : pale, whitish, or not deep or dark in color
  → ex) ⑦ ______ blue 밝은 파란색, 연한 청색(담청색)
  → ex) ⑦ ______ gray 밝은 회색, 연한 회색(회백색)
- ⑧ ______ : lacking or having very little light
  → ex) ⑧ ______ red 어두운 빨강(암적색)
  → ex) ⑧ ______ brown 어두운 갈색(암갈색)
- ⑨ ______ : dark and vivid
  → ex) ⑨ ______ purple 짙은 보라색(진보라색)
  → ex) ⑨ ______ red 짙은 빨간색(진홍색)

Answers
① gray ② sky blue ③ purple ④ wears 또는 puts on
⑤ ran ⑥ in ⑦ light ⑧ dark ⑨ deep

Practice

A. Use your own words and complete the following dialogues.
샘플 대화문은 참고용입니다. 자신의 말로 자유롭게 대화를 나눠보세요.

❶ A: What color's ______________________?
B: It's ___________.

❷ A: What's your favorite color?
B: ___________. I like ___________ as well.

B. Write the correct color names using the given translations.
번역을 참고로 하여 다음 각 색을 영어로 표현해보세요.

❸ ________________ ← 어두운 회색(암회색)
❹ ________________ ← 밝은 녹색, 연한 녹색(담녹색)
❺ ________________ ← 짙은 갈색(농갈색)

C. Find the similar expression.
보기 중 밑줄 친 표현과 유사한 표현을 고르세요.

❻ A: When he goes by, everyone says "Here comes trouble."
B: Yes, he is the black sheep of the family.

ⓐ a credit to his family
ⓑ the breadwinner of the family
ⓒ the headache of the family

A: 걔가 지나가면, 모두 다 "골칫거리 오네."라고 말해.
B: 응, 맞아. 걘 집안의 골칫거리야.

❼ A: Black is my least favorite color.
B: Really? I thought you liked black.
A: Nah. I don't like it because it makes me feel depressed.

ⓐ feel left out
ⓑ feel blue
ⓒ feel green

A: 난 검은색이 제일 별로야.
B: 정말? 난 네가 검은색을 좋아하는 줄 알았는데.
A: 아니야. 검은색은 기분을 우울하게 만들기 때문에 싫어.

Sample Dialogue

❶ A: What color's your car?
B: It's pink.

A: 네 차는 무슨 색이야?
B: 핑크색이야.

❷ A: What's your favorite color?
B: It's sky blue. I like hot pink as well.

A: 넌 무슨 색을 가장 좋아해?
B: 하늘색. 핫핑크색도 좋아해.

Answers ❸ dark gray ❹ light green ❺ deep brown ❻ ⓒ ❼ ⓑ

Tip.1) 색은 옷, 자동차 등 사물 묘사는 물론, 눈동자 색, 머리카락 색 등 외모 묘사에 이르기까지 대화 중 다양한 영역에서 사용되죠. 간단히 무언가의 색을 묻고 답할 때는 "What color's ...?"라고 표현하며, 간혹 "What's the color of ...?"처럼 표현하기도 합니다.

Tip.2) "**회색**"이라는 뜻의 단어는 "**gray**"라고 표현하기도 하고, "**grey**"라고 표현하기도 합니다. 보통, 미국에서는 대부분 "**gray**"라고 표현하며, 그 외 영어권 국가에서는 "**grey**"가 훨씬 더 일반적이죠.

Tip.3) 우리말로 옮길 때 "**purple**"과 "**violet**" 둘 다 "**보라색**"으로 보통 번역되기 때문에 이 둘을 헷갈려 하는 사람들이 많은데, 우리가 그냥 "**보라색**"이라고 할 때는 "**붉은빛을 띤 보라색**", 즉 "**purple**"을 의미하는 경우가 많으며, "**violet**"은 "**남빛을 띤 보라색**"을 말합니다.

Tip.4) 색을 의미하는 어휘들은 대부분 명사와 형용사 둘 다로 이용될 수 있습니다. 예를 들어, "**white**"는 "**흰색**"이라는 명사의 뜻도 있고, "**하얀**", "**흰색의**"라는 형용사 뜻도 있답니다.

Tip.5) 색에 관해 이야기할 때 우리는 종종 그 색이 옅은지, 짙은지, 어두운지 등 다소 주관적인 표현을 추가하기도 하는데, 이때 주로 사용되는 표현에는 "**light(밝기가 밝거나 짙기가 옅은)**", "**dark(밝기가 어두운)**", "**deep(짙기가 짙은, 진한)**" 등이 있습니다.

추가 1) 개인의 선호를 물어볼 때 주로 사용되는 "**favorite**"은 "**특히 좋아하는**"이라는 뜻입니다. "특히"라는 말은 "다른 것들과 비교해서 훨씬 더, 혹은 다른 것들과 구별되게"라는 의미이기 때문에 "**favorite**"은 가끔 "**가장 좋아하는**", "**제일 좋아하는**"이라는 뜻으로 사용되는 경우도 많죠. "**favorite**"은 그 자체로 명사로도 사용될 수 있는데, 이때는 "**특히 좋아하는 것**", "**특히 좋아하는 사람**"이라는 뜻이 됩니다.

추가 2) 가장 좋아하는 것을 말할 때는 "**I like ... the best.**", "**I like ... the most.**", 또는 "**My first favorite is ...**"라고 표현할 수도 있습니다. 두 번째로 좋아하는 것은 "**My second favorite is ...**"라고 표현하면 되겠죠? 반대로, 싫어한다고 표현할 때는 "**don't like**"나 "**least favorite**"과 같은 표현을 이용합니다.

추가 3) 양의 털 색은 원래 하얀색이죠. 그 가운데 털이 새까만 양이 있다면? "검은색"이 주는 부정적인 느낌과 맞물려 왠지 "내놓은 자식" 같은 의미가 될 것 같죠? 실제로 "**black sheep**"은 어떤 무리나 집안에서 "**골칫거리인 사람**", "**눈엣가시**"를 가리키는 표현이랍니다. 이런 사람은 "**두통**" 그 자체라고 하여 "**headache**"이라고 표현하기도 하죠.

추가 4) 영어에서 "**파란색(blue)**"은 슬프고 우울한 감정을 표현할 때 사용되는 경우가 많습니다. 그 대표적인 예가 "**기분이 울적하다(feel down)**"라는 뜻의 "**feel blue**"죠. "**우울증**"을 뜻하는 정식 표현은 "**depression**"이지만, 보통 "**the blues**"라고 표현하는 경우도 많습니다. 출산 후 겪는 "**산후 우울증**"도 "**baby blues**"라고 하죠. 이처럼 차가운 느낌의 파란색이 우울증을 유발한다고 오해하기 쉬우나, 실제로는 색이 화사해서 빨간색이나 자주색과 더불어 우울증을 완화하는 데 도움이 되며, 자신감을 주고, 특히 남성을 행복하게 만들어주는 색이기도 하답니다.

Lesson 103 I love this yellowish sweater.

Understanding

1 Different ways to describe colors.

※ We sometimes say the same word twice when we want to add emphasis as below. Tip.1

blue, blue	새파란	hungry, hungry	엄청 배고픈
white, white	새하얀	❷ ________	엄청 낡은, 엄청 오래된
red, red	새빨간	expensive, expensive	엄청 비싼
black, black	새까만	weird, weird Tip.2	엄청 이상한
angry, angry	엄청 화난		
tired, tired	엄청 피곤한	friend, friend	진짜 친구
❶ ________	아주 가까운	❸ ________	진짜 사랑

※ You can also describe colors as below.

bright white	밝은 흰색		
pure white	순백	pitch black	(칠흑같이) 새까만
stark white	완전 하얀색	totally black	완전 새까만
snow white	새하얀 / 눈처럼 하얀	completely black	완전 새까만
white as ❹ ________	눈처럼 하얀	black as ❺ ________	잉크처럼 까만
true blue	남빛		
intense blue	강렬한 푸른색	❻ ________ red	선홍색 / 핏빛

2 Other ways to describe colors.

※ *-ish* is a suffix used to form adjectives from nouns, with the sense of ***having the characteristics of*** or ***like***. It can be added to color names as in ***redish*** or ***yellowish***. Tip.3

• grayish	회색빛이 도는, 희끄무레한	• ❽ ________	초록빛이 도는
• ❼ ________	거무스름한, 거무죽죽한	• brownish	갈색빛이 도는
• redish	불그스름한, 적갈색의	• ivoryish	아이보리빛이 도는
• yellowish	누르스름한, 노르스름한, 누런	• silverish	은빛이 도는
Tip.4 • childish	아이 같은, (아이처럼) 유치한	• ❾ ________	소녀 같은, 계집애 같은

※ We often use the suffix ***-ish*** when we refer to numbers, times or ages as in ***10-ish*** or ***30-ish***. Here, ***-ish*** means ***around*** or ***approximately***. Tip.5

ex) He came here at about 10-ish.
걘 10시 정도에 여기 왔어.

3 Telling someone how nice they look in certain colors.

※ You can say as below when you tell someone how nice they look in certain colors. Tip.6

- You look good ⑩ _____ white. 넌 흰색이 잘 어울려.
- This color looks good ⑪ _____ you. 이 색이 너랑 잘 어울려.
- Does this color look good ⑪ _____ me? 이 색깔 나한테 어울려?
- That blueish T-shirt looks better ⑪ _____ you.
  저 푸른색 계열 티셔츠가 너한테 더 잘 어울려.

※ The phrases above can also be used to specifically describe how nice someone looks when they wear clothes, glasses, accessories, etc.

ex) I don't look nice in a ⑫ __________. 난 정장이 잘 안 어울려.
ex) You look great in these shoes. 넌 이 신발이 참 잘 어울려.
ex) You look great in these ⑬ __________. 넌 이 안경이 참 잘 어울려.
ex) He looks good in ⑭ __________ clothes. 걘 평상복이 잘 어울려.
ex) He looks great in jeans. 걘 청바지가 아주 잘 어울려.
ex) She looks ⑮ __________ in her glasses. 걘 안경을 쓰는 게 더 나아 보여.
ex) This jacket looks great on you. 이 재킷이 너랑 정말 잘 어울려.
ex) You make that dress look good.
(= That dress looks good on you.)
너 때문에 그 드레스가 사네.
(= 그 드레스가 너한테 잘 어울려.)

※ You can use ***with*** or ***without*** when you describe how someone's clothes go with certain colors. Tip.7

ex) The color of your top looks good with your shoes.
상의 색상이 신발이랑 잘 어울리네.

Answers
① close, close ② old, old ③ love, love ④ snow
⑤ ink ⑥ blood ⑦ blackish ⑧ greenish
⑨ girlish ⑩ in ⑪ on ⑫ suit 또는 formal suit 또는 formal dress
⑬ glasses ⑭ casual ⑮ better

Practice

A. Complete the following dialogues using the given translations.
번역을 참고로 하여 다음 각 대화문을 완성해보세요.

❶ A: This is really white, __________. A: 이거 완전 새하얗다.
B: Of course. It's new. B: 새 거니까 당연하지.

❷ A: It's pitch _________ outside. A: 밖이 칠흑같이 어두워.
B: The moon must not be up yet. B: 아직 달이 안 떴나 보네.

❸ A: Are you hungry? A: 너 배고파?
B: Yeah, but I'm not "____________." If you are, we can eat now. B: 응, 하지만 엄청 배고픈 정도는 아니야. 네가 배고프면 지금 먹자.

❹ A: You guys are close friends, right? A: 너희들 친한 거 맞지?
B: We're friends all right, but we're not "____________." B: 우린 괜찮은 친구 사이긴 하지만 그리 가깝진 않아.

B. Complete the following sentences using the given translations.
번역을 참고로 하여 다음 각 문장을 완성해보세요.

❺ I woke up around ________ this morning. 나 오늘 아침에 6시 정도에 일어났어.
❻ She is around ________. 그녀는 나이가 50 정도 됐어.
❼ Stop being so _________. 애처럼 그렇게 유치하게 굴지 좀 마.
❽ She's got _______________ eyes. 걘 눈이 갈색빛을 띤 녹색이야.
❾ He looks ________. 걘 30살 정도로 보여.
❿ Nicky's got _______________ hair. 니키는 머리가 불그스름한 금발이야.
⓫ I look okay ____ these jeans. 난 이 청바지가 잘 어울려.
⓬ That necklace looks nice ____ you. 저 목걸이가 너한테 잘 어울려.
⓭ You do look good ____ pink. 넌 분홍색이 정말 잘 어울려.
⓮ You look better _________ glasses. 넌 안경 안 쓰는 게 나아.
⓯ She looks good in a ________ dress. 걘 정장이 잘 어울려.
⓰ This sweater looks ________ on you. 이 스웨터가 너랑 딱이야.
⓱ He looks ____________ in a suit. 걘 정장을 입으면 전문인처럼 보여.

Answers
❶ white ❷ black ❸ hungry, hungry ❹ close, close
❺ six-ish ❻ 50-ish ❼ childish ❽ brownish-green
❾ 30-ish ❿ reddish-blond ⓫ in ⓬ on ⓭ in
⓮ without ⓯ formal ⓰ perfect ⓱ professional

Tip.1) "**yellow, yellow**"처럼 색이름을 두 번 반복하면 "**샛노란**"처럼 그 색을 강조하게 됩니다. 색이름 외의 단어들도 강조하고 싶을 땐 이렇게 두 번씩 반복해서 말하면 된답니다. 참고로, 색을 표현하는 단어들은 명사와 형용사 둘 다로 쓰일 수 있기 때문에 문장에서는 "**This is blue**(형용사), **blue**(형용사)."라고 표현할 수도 있고, "**This is a blue**(형용사) **blue**(명사)."라고 표현할 수도 있습니다. 후자의 경우에는 반복되는 단어들 사이에 콤마를 사용하지 않음에 유의하세요.

Tip.2) "**기이한**", "**기묘한**", "**기괴한**"이라는 뜻을 가진 "**weird**"는 그냥 두리뭉실하게 "**이상한**"이라는 뜻으로 쓰일 때가 많으며, 이와 비슷한 표현으로는 "**odd(이상한, 특이한)**"와 "**strange(이상한, 낯선)**"도 있습니다.

She's kind of **weird**.	걔 좀 이상해.
That's **odd**. I wonder why.	거참 이상하네. 왜 그런 거지?
This place looks a little **strange**.	이곳은 좀 이상한 거 같아. / 이곳은 좀 낯선 거 같아.

Tip.3) "**-ish**"는 명사들과 결합하여 "**~다운**", "**~같은**", "**~와 비슷한**"이라는 의미를 만드는 접미사로, 이를 색 관련 명사에 활용하면 "**불그스름한**", "**누리끼리한**" 등 어떤 색에 흡사한 색을 표현할 수 있습니다.

Tip.4) "**childish**"는 "**아이처럼 유치한**"이라는 다소 부정적인 어감으로 사용되는 경우가 많습니다. 반면, "**아이처럼 순수한**", "**순진한**"처럼 좋은 의미로 사용할 때는 "**childlike**"라고 표현하죠.

She has big, **childlike** eyes.	그녀는 아이처럼 순수해 보이는 큰 눈을 가졌어.

Tip.5) "**-ish**"는 "**10-ish**", "**30-ish**"처럼 시간이나 나이와 같은 숫자에도 붙는 경우가 있는데, 이때는 "**around(약)**", "**approximately(거의, 대략)**"와 같은 뜻이 됩니다. 참고로, 숫자 끝에 "**-ish**"가 붙은 표현들은 그 자체로 "**약**", "**대략**"이라는 뜻을 포함하고 있지만, 또다시 앞에 "**around**"나 "**about**"과 같은 표현을 동반하는 경우가 많습니다.

Tip.6) 누군가가 어떤 색 옷을 입었을 때 좋아 보인다고 말해주려면 "**사람 + look good in + 옷**" 또는 "**옷 + look good on + 사람**"처럼 표현할 수 있습니다. 위치적으로 봤을 때 사람은 옷 "**속에(in)**" 있고, 의복은 사람 "**겉에(on)**" 있기 때문에 이렇게 전치사가 달라지는 것이랍니다. 즉, 뒷부분에 사람이 등장할 때는 전치사 "**on**"을 써야 하고, 의복, 장신구, 색 등이 등장할 때는 전치사 "**in**"을 사용해야 하죠. 이 표현은 색뿐만 아니라 구체적으로 어떤 의복이나 안경, 액세서리 등에도 사용할 수 있습니다.

Tip.7) 어떤 색 또는 어떤 의복이 다른 무언가와 잘 어울린다거나, 안경 등을 착용하는 게 더 낫다고 말할 때는 전치사 "**with**"를 이용할 수 있습니다. 반대로, 착용하지 않는 게 낫다고 말할 때는 "**without**"을 이용해야겠죠?

추가 1) "**reddish-blond**"는 머리가 금발인 사람이 "**선홍색(cherry red)**"으로 염색한 머리를 말합니다. 머리카락 색이 원래 불그스름한 금발인 경우에는 "**strawberry blond**"라고 표현하죠.

Lesson 104 What does he look like?

Understanding

1 Talking about someone's appearance.

※ When we ask about a person's appearance, we use the verb *look*. Tip.1

What does he look ❶ ______? 걘(그는) 어떻게 생겼어?	He's tall and thin. 걘 키가 크고 말랐어.
What does she look ❶ ______? 걘(그녀는) 어떻게 생겼어?	She's short and cute. 걘 키가 작고 귀여워.

※ When we ask someone to tell us how a person looks, we sometimes use the verb ***describe*** as below. Tip.2

ex) Can you describe him?
그가 어떻게 생겼는지 알려줄래? / 그에 관해 설명해줄래?

ex) Can you describe your sister?
네 여동생(/누나/언니)이 어떻게 생겼는지 알려줄래?

※ Not only can we use the phrase "**What does he/she ...?**" to ask about someone's appearance, we can also use it to ask various things about them. Tip.3

- What does he do for a ❷ ______? 걘 직업이 뭐야?
- What does he do ❸ ______ fun? 걘 뭐 하고 놀아?
- What does he see ❹ ______ her? 걘 그녀의 어디가 마음에 든대?
- What does he want ❺ ______ you? 걔가 너한테 원하는 게 뭐야?
- What does he make a year? 걘 일년에 얼마나 벌어?
- What does he like to do? 걘 뭘 즐겨 해?
- What does he do to stay fit? 걘 몸매 관리 어떻게 해? / 걘 몸매 유지 어떻게 해?
  (= ❻ ______ does he stay fit?)
- What does she like? 걘 뭘 좋아해?
- What does she like in a guy? 걘 어떤 남자를 좋아해?
- What does she say about me? 걘 나에 대해서 뭐래?
- Tip.4 What does she mean ❼ ______ that? 걘 무슨 뜻으로 그러는(그런 말을 하는) 거지?
- What does she think of me? 걘 나에 대해 어떻게 생각한대?
- What does she want ❽ ______ her birthday? 걘 생일 선물로 뭐 받고 싶대?
- What does she usually do when she's free? 걘 시간 있으면 주로 뭐 해?
- What does she know about me? 걔가 나에 관해 뭘 알아?

2 Adjectives used to describe someone's appearance.

※ Here are some adjectives that you can use to describe someone's appearance.

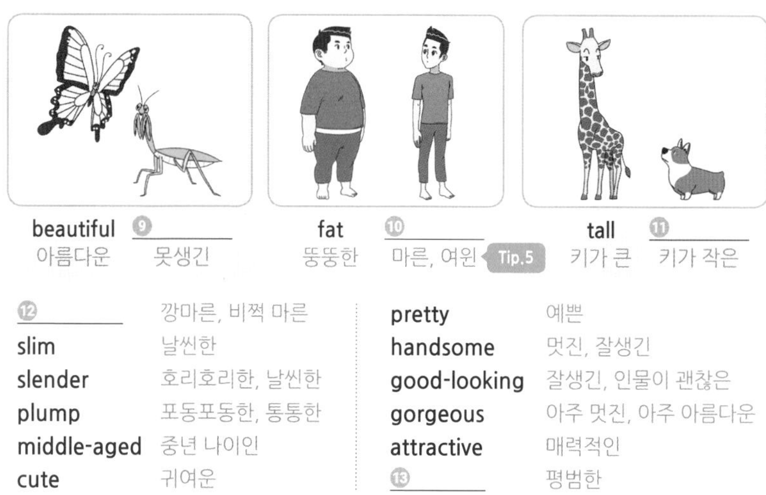

beautiful	⑨ ________	fat	⑩ ________	tall	⑪ ________
아름다운	못생긴	뚱뚱한	마른, 여윈 Tip.5	키가 큰	키가 작은

⑫ ________	깡마른, 비쩍 마른	**pretty**	예쁜
slim	날씬한	**handsome**	멋진, 잘생긴
slender	호리호리한, 날씬한	**good-looking**	잘생긴, 인물이 괜찮은
plump	포동포동한, 통통한	**gorgeous**	아주 멋진, 아주 아름다운
middle-aged	중년 나이인	**attractive**	매력적인
cute	귀여운	⑬ ________	평범한

3 More ways to describe someone's build and height.

※ As previously explained, we use ***average*** or ***average height*** to refer to a person of a medium height. Tip.6

- He's (an) **average** height. = He's ⑭ _____ (an) **average** height. 갠 보통 키야.
- His ⑮ ________ is **average**. 걔 키는 보통이야.
- Tip.8 He's **average**. 갠 보통이야.

※ Here are various ways to refer to someone's build. Tip.7

- He's average-⑯ ________.
- He's (of) an average ⑰ ________.
  = He's of average ⑰ ________.
- He's medium-⑯ ________.
- He's (of) a medium ⑰ ________.
  = He's of medium ⑰ ________.

갠 보통 체격이야.

- Tip.8 He's **average**. 갠 보통이야.
- He's kind of **small**. 갠 좀 왜소해.
- He's ⑱ ____________. 갠 체격이 좋아.

Answers

① like	② living	③ for	④ in	⑤ from	⑥ How
⑦ by	⑧ for	⑨ ugly	⑩ thin	⑪ short	⑫ skinny
⑬ plain	⑭ of	⑮ height	⑯ built	⑰ build	⑱ well-built

Practice

A. Use your own words and complete the following dialogue.
샘플 대화문은 참고용입니다. 자신의 말로 자유롭게 대화를 나눠보세요.

❶ A: What does ____________ look like?
B: ________________________________.

B. Complete the following dialogue using the given translation.
번역을 참고로 하여 다음 대화문을 완성해보세요.

❷ A: Paula has a high-paying job.
B: Really? does / year / she / a / what / make ?

A: 폴라는 연봉이 높아.
B: 정말? 1년에 얼마나 버는데?

C. Find the best expression.
보기 중 빈칸에 가장 적절한 표현을 고르세요.

❸ A: Ben is in great shape.
B: Really? ______________________

ⓐ What shape is he?
ⓑ What does he do to stay fit?
ⓒ He must be in great health.

A: 벤은 몸이 정말 좋아.
B: 정말? ____________

❹ A: What does she look like?
B: She looks great! ___________________

ⓐ She's a knockout and a little portly, too.
ⓑ She's slim and a real cutie.
ⓒ She's really hot and a babe magnet.

A: 갠 어떻게 생겼어?
B: 아주 멋져! __________

D. Find the similar expression.
보기 중 밑줄 친 표현과 유사한 표현을 고르세요.

❺ A: She's still in <u>pretty good shape</u>.
B: If you say so.

ⓐ trying to shed some weight
ⓑ quite attractive
ⓒ fairly fit

A: 갠 아직 <u>몸매가 꽤 좋아</u>.
B: 네가 그렇다면 그런 거겠지, 뭐.

Sample Dialogue

❶ A: What does <u>she</u> look like?
B: <u>She's slender and very attractive</u>.

A: 갠 어떻게 생겼어?
B: 호리호리하고 아주 매력적이야.

Answers

❷ What does she make a year ❸ ⓑ ❹ ⓑ ❺ ⓒ

Tip.1) 사람의 외모에 관해 물을 때는 눈으로 보이는 것을 묻는 것이기 때문에 동사 "**look**"을 이용해 "**What does ... look like?**"라고 표현합니다. "**How does ... look?**"이라고 묻지 않음에 유의하세요. 이는 평상시 외모가 아니라 지금 눈으로 봤을 때 판단되는 모습이나 상태를 묻는 표현입니다.

Tip.2) 생김새를 물을 때는 "**묘사하다**", "**(~이 어떠한지를) 서술하다**"라는 뜻의 동사 "**describe**"를 써서 "**Can you describe ...?**"처럼 묻기도 합니다.

Tip.3) "**What does he/she ...?**" 패턴을 이용하면 외모 외에도 "그 남자"와 "그 여자"의 정보를 캐내는 다양한 표현을 만들 수 있습니다.

Tip.4) 상대방의 말이나 행동에 담긴 속뜻이 궁금하거나 이해가 안 될 때 영어로는 "**What do you mean by that?** (그게 무슨 뜻이야? / 그게 무슨 말이야?)"이라고 표현합니다. 납득이 안 간다는 느낌을 좀 더 강조해 주려면 "**What's that supposed to mean?** (그게 지금 무슨 말이야? / 그게 대체 무슨 뜻이야?)"이라고 표현할 수도 있죠.

Tip.5) 날씬한 사람을 가리키는 대표적인 표현으로는 "**slim**", "**slender**", "**thin**", "**skinny**"가 있습니다. 미묘한 차이가 있긴 해도, 네 표현 모두 일반적으로는 같은 의미로 사용되죠. 특히, "**skinny**"의 경우엔 "**very thin**"이라는 뜻이라서 나머지 표현들과 날씬한 정도가 다를 것 같지만, 이마저도 같은 의미로 사용되는 경우가 많답니다. 단, 단어 자체로만 봤을 때 부정적이지도 긍정적이지도 않은 "**thin**", "**skinny**"와는 달리, "**slim**"과 "**slender**"는 "몸매가 좋다"는 긍정적인 느낌을 주기 때문에 부정적인 느낌의 부사 "**too**"와 함께 사용하진 않는다는 차이점은 있습니다.

Tip.6) 앞에서 배웠듯이 "**걘 보통 키야.**"라고 표현할 때는 "**He's (of) (an) average height.**"이라고 표현합니다.

Tip.7) "**걘 보통 체격이야.**"라고 말할 때는 "**He's average-built.**", "**He's of (an) average build.**", "**He's an average build.**"라고 표현하며, "**average**" 대신 "**medium**"이라는 단어로 표현할 수도 있습니다.

Tip.8) "**He's average.**"라는 표현은 키, 몸무게, 체격, 생김새 등과 관련해 "**걘 보통이야.**"라는 뜻입니다.

추가 1) "**What does she look like?**"는 예쁘다거나, 머리가 갈색이라거나, 키가 작다는 등 외모와 관련된 특징을 묻는 표현입니다. "**What's she like?**"도 누군가의 외모를 물을 때 사용될 수 있지만, 그보다는 앞서 배운 바와 같이 다정하다거나, 말이 많다거나, 부끄러움이 많다는 등 주로 성격을 물을 때 사용되는 경우가 많죠.

추가 2) "**섹시한**"이라는 표현에는 "**hot**", "**sexy**", "**foxy**", "**cute**" 등이 있습니다. 젊은 남성들 사이에서는 "**phat**"이라는 신조어도 가끔 사용되죠. 이는 "**pretty hot and tempting**"의 첫 글자들만 모아서 만들어진 단어랍니다. 단, "**phat**"은 "**fat**"과 발음이 같아서 괜히 잘못 사용했다가는 오해를 사서 따귀를 맞을 수도 있으니 주의하세요.

Lesson105 She has strawberry blond hair.

Understanding

1 Additional expressions used to describe someone's appearance.

※ When we describe someone's appearance, we use words like ***beards***, ***pimples*** or ***dimples***. Here are some additional words that you can use. Tip.1 Tip.2

※ The above words are all nouns. When you describe someone's appearance using them, you need to use the verb ***have***.

ex) He has a beard. 걘 (턱)수염이 있어.
ex) I ❺ ____________ on my cheeks. 난 양쪽에 보조개가 있어.
ex) She has some pimples on her face. 걘 얼굴에 여드름이 약간 있어.
ex) He ❻ ____________ on his nose. 걘 코에 주근깨가 많아.

※ When we describe someone's appearance, we sometimes talk about their hair color or style as in ***brown hair, black hair, red hair, blond hair, straight hair, short hair, curly hair***, etc. And when we do that, we use the phrase "***have* + (hair color or style) + *hair.***" Tip.5

ex) She has strawberry blond hair. 걘 붉은빛이 도는 금발 머리야.

※ When you refer to someone with no hair, you can say as below. Tip.6

ex) He's ⑦ ________. 그 남자는 대머리야.

※ When you use an adjective and a noun together to describe someone's appearance, you can use the preposition ***with***. It means "***and has/have***."

ex) She is cute ⑧ ________________ across her nose.
걘 귀엽게 생겼고, 코 주위에 주근깨가 좀 있어.

2 Two rules to remember when describing someone's appearance. Tip.7

Rule #1 - When you talk about someone's hair, you can place adjectives related to lengths, types, colors, etc. next to each other as below. Note that when more than one adjective modifies the same noun, there are commas between each of those adjectives.

ex) She has long, brown hair. 걔 머리는 긴 갈색이야.

Rule #2 - If you use two adjectives to describe someone's appearance, you need ***and*** between them. If you use three or more adjectives, use **a comma** after each adjective and add ***and*** right before the last adjective. The same rule applies when you use nouns.

ex) He's ⑨ ________________.
걘 키가 작고 체격이 좋아.

ex) She's gorgeous, slender and short.
걘 아주 아름답고, 날씬한 몸매에, 키가 작아.

ex) Patrick has a mustache and freckles.
패트릭은 콧수염이 있고 주근깨도 있어.

ex) He has ⑩ ________________________.
걘 주근깨와 주름이 있고 (턱)수염도 있어.

Note that **Rule #1** and **#2** still apply when you use ***with***.

ex) She's slim with ⑪ ________________________.
걘 날씬한데, 얼굴엔 보조개도 있고, 머린 긴 금발이야.

Answers

① pimple ② wrinkle ③ beard ④ goatee ⑤ have dimples
⑥ has many freckles ⑦ bald ⑧ with some freckles
⑨ short and well-built ⑩ freckles, wrinkles and a beard
⑪ dimples and long, blond hair

Practice

A. Complete the following sentences using the given translations.
번역을 참고로 하여 다음 각 문장을 완성해보세요.

❶ He ______________. 걘 아래턱 수염이 있어.
❷ She ______________ on one cheek. 걘 한쪽 볼에 보조개가 있어.
❸ She ________________ on her forehead. 걘 이마에 주름이 많아.
❹ I have _______________, brown hair. 난 긴 갈색 생머리야.
❺ He has ______________ hair. 걘 짧은 곱슬머리야.
❻ She's beautiful _______ long, blond hair. 걘 아름답고, 머리가 긴 금발이야.
❼ He is short ______________. 걘 키가 작고, 아래턱 수염이 있어.
❽ I'm of average height ______________. 난 키가 보통이고, 콧수염을 길러.
❾ I ________________ all over my face when I was little.
난 어릴 적엔 얼굴에 여드름투성이였어.
❿ My father _________________ when he was young.
우리 아버지는 젊었을 때 콧수염을 기르셨어.
⓫ He's handsome ______________ on one cheek.
걘 잘생겼고, 한쪽 볼에 보조개가 있어.
⓬ He's old, short and medium-built with ______________________________.
그는 나이가 많고 키가 작으며, 보통 체격인데, 흰머리에 턱수염이 있어.
⓭ She has ____.
그녀는 주근깨와 주름이 있고, 머리는 긴 갈색이야.

B. Use your own words and complete the following dialogue.
샘플 대화문은 참고용입니다. 자신의 말로 자유롭게 대화를 나눠보세요.

⓮ A: What does ______________ look like?
B: ____________________ with ______________________________________.

Answers

❶ has a goatee ❷ has a dimple ❸ has many wrinkles
❹ long, straight ❺ short, curly 또는 short, wavy
❻ with ❼ with a goatee ❽ with a mustache
❾ had pimples ❿ had a mustache ⓫ with a dimple
⓬ gray hair and a beard ⓭ freckles, wrinkles and long, brown hair

Sample Dialogue

⓮ A: What does she look like?
B: She's plain with curly hair and freckles.

A: 걘 어떻게 생겼어?
B: 걘 곱슬머리에 주근깨가 있고 평범하게 생겼어.

Tip.1) 사람의 외모를 묘사할 때는 "**수염**", "**여드름**", "**보조개**"처럼 무언가가 있는지 없는지로 묘사하기도 하죠. 이러한 표현들은 모두 명사인데, 이를 활용하여 사람의 외모를 묘사할 때는 동사 "**have**"를 사용합니다.

Tip.2) 한쪽에만 생길 수 있는 보조개를 제외하고, 여드름, 뾰루지, 기미, 주근깨, 주름 등은 대부분 복수로 표현됩니다.

Tip.3) "**beard**"는 "**수염**"을 뜻하는 일반적인 표현으로, 특정 그림으로 정의하기 어려운 부분이 있습니다. 덥수룩한 수염을 "**full beard**"라고 따로 구분해서 표현하기도 하지만, 그것 역시 그냥 "**beard**"라고 볼 수 있죠.

Tip.4) "**goatee**"는 아래턱 부분에만 밀집된 수염을 말하는데, "**염소(goat)**"의 수염과 비슷하다고 해서 "**염소수염**"이라고도 합니다.

Tip.5) 우리는 종종 사람의 외모를 설명할 때 "**갈색 머리(brown hair)**", "**검은 머리(black hair)**", "**빨간 머리(red hair)**", "**금발 머리(blond hair)**", "**생머리(straight hair)**", "**짧은 머리(short hair)**", "**곱슬머리(curly hair)**" 등 머리의 색이나 모양으로 설명하기도 합니다. 금발이란 밝은 노란색 혹은 금색 머리를 의미하죠. 이처럼 머리 색이나 모양으로 설명할 때는 "**have + (머리 색 또는 모양) + hair**"처럼 표현합니다.

Tip.6) 묘사하고자 하는 대상에게 머리카락이 없는 경우엔 "**대머리의**"라는 뜻의 형용사 "**bald**"를 이용합니다. 단, "**bald**"는 형용사이므로 "**have**"가 아닌 be동사와 함께 표현해야 함에 유의하세요.

Tip.7) 외모를 설명할 때는 다음과 같은 규칙을 따라야 합니다.

- **Rule #1** - 머리에 관해 설명할 때는 "**hair**" 앞에 길이, 색, 모양 등을 알려주는 형용사들을 연이어 사용할 수 있습니다.
- **Rule #2** - 외모를 설명할 때는 형용사 사이에 콤마나 "**and**"를 붙여야 합니다. 형용사가 단 두 개라면 "**and**"만 사용하고, 그 이상이라면 콤마를 사용하다가 마지막 형용사 앞에만 "**and**"를 붙여 주면 되죠. 이는 명사를 사용할 때도 마찬가지입니다.

"**with**"를 이용해 사람이 가진 특징을 설명할 때도 위와 같은 규칙을 따릅니다.

추가 1) 수염들은 한 가닥만 있는 것은 아니지만 "한 뭉치"로 봐서 "**a beard**", "**a goatee**", "**a mustache**"처럼 관사 "**a**"를 동반해서 표현하며, 얼굴 양쪽에 나는 구레나룻은 "**sideburns**", "**mutton chops**"처럼 복수로 표현합니다.

추가 2) "**흰머리**"는 자연색소인 멜라닌(melanin)의 양이 감소하여 생긴 머리를 말합니다. 자연색소가 완전히 빠지면 흰색이 되겠지만, 대부분은 색소가 약간 남아 있는 상태가 많으며, 일부 머리는 완전히 흰색일지라도 그 주변의 회색 머리와 섞여 전체적으로는 회색 또는 은회색 머리처럼 보이게 됩니다. 이러한 이유로 "**흰머리**", "**백발**"은 "**white hair**"가 아니라 "**gray hair**"이라고 표현하죠.

Lesson 106 Can you describe her face?

Understanding

1 Asking what someone's face looks like.

※ Here are two different ways to ask how someone's face looks. Tip.1

- What does her face look like? 걔 얼굴은 어떻게 생겼어?
- Can you describe his face? 걔 얼굴 어떻게 생겼는지 좀 말해줄래?

※ Below are words that describe parts of the face.
Fill in the blanks using the translations.

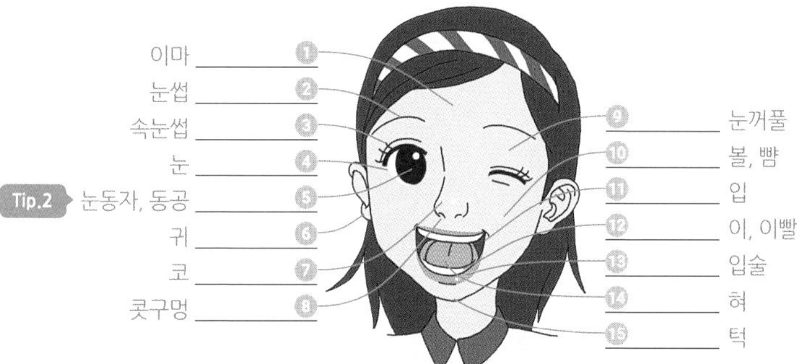

Cheat Box

ear
eye
lips
chin
nose
pupil
teeth
eyelid
cheek
nostril
mouth
tongue
eyelash
eyebrow
forehead

2 Describing features of the face.

※ When we describe someone's facial features, we use the verb ***to have*** as well as ***have got***. Tip.3

ex) Tom has a long nose and ⑯ ________. 톰은 코가 길고 눈이 동그래.
ex) He has white teeth and ⑰ ________. 걘 치아가 하얗고 눈이 검은색이야.

Tip.4

※ We have previously studied many words such as ***pimple***, ***dimple*** and ***wrinkle***. As you might have already guessed, you can use them when describing someone's facial features. If you want, you can use ***on***, ***across***, ***all over***, etc. to be more specific. Tip.5

ex) He has a dimple ⑱ ________ his left cheek.
걘 왼쪽 뺨에 보조개가 있어.

ex) She has some freckles ⑲ ________ her nose.
걘 코 주위에 주근깨가 좀 있어.

ex) He has pimples ⑳ ________ his face. (= Pimples are ⑳ ________ his face.)
걘 얼굴에 온통 여드름투성이야.

3 Words and phrases used to describe someone's facial features.

eyes (눈)				eyelashes (속눈썹)	
round	동그란	brown	갈색의, 검은색의	thick	두꺼운, 짙은
almond	아몬드 모양의	dark brown	암갈색의	㉑ ________	얇은, 옅은, 가느다란
hooded	쳐진	blue	파란색의, 푸른	long	긴
slant (= slanted)	치켜 올라간	green	녹색의	short	짧은
		hazel	담갈색의, 녹갈색의	light	옅은
bulging	툭 튀어 나온			dark	진한

eyebrows (눈썹)				nose (코)	
long	긴	㉒ ________	숱이 많은	small	작은
short	짧은	blond	금발의	little	작은
light	옅은	brown	갈색의	big	큰
dark	짙은	red	빨간색의	large	큰
thin	얇은, 연한	black	검은색의	long	긴
thick	두꺼운, 진한			snub	들창코의
				broad	넓은, 큰
				㉓ ________	매부리코의
				up-turned (= turned-up)	들려진, 들창코의

face (얼굴)				lips (입술)	
small	작은	㉔ ________	넓적한	thin	얇은
little	작은	Tip.6 angular	각진	thick	두툼한, 두꺼운
big	큰	square	정사각형의	㉕ ________	도톰한
large	큰	rectangular	직사각형의		
long	긴	diamond	마름모꼴의		
round	둥근	heart-shaped	하트형의		
oval	타원형의, 계란형의				

teeth (치아)	
straight teeth (= well-aligned teeth)	가지런한 이
white teeth	하얀 이
crooked teeth	들쑥날쑥한 이, 고르지 않은 이
㉖ ________	뻐드렁니(밖으로 뻗은 앞니)
protruding teeth (= snaggleteeth)	덧니
gapped teeth	벌어진 이

Answers
① forehead ② eyebrow ③ eyelash ④ eye ⑤ pupil
⑥ ear ⑦ nose ⑧ nostril ⑨ eyelid ⑩ cheek
⑪ mouth ⑫ teeth ⑬ lips ⑭ tongue ⑮ chin
⑯ round eyes ⑰ brown eyes ⑱ on ⑲ across ⑳ all over
㉑ thin ㉒ bushy ㉓ hooked ㉔ flat ㉕ full
㉖ buckteeth

Practice

A. Complete the following sentences using the given translations.
번역을 참고로 하여 다음 각 문장을 완성해보세요.

❶ He has ______________. 걘 코가 커.
❷ He has ______________. 걘 얼굴이 길어.
❸ She has ______________. 걘 얼굴이 계란형이야.
❹ He has a small face and ______________. 걘 얼굴이 작고, 치아가 커.
❺ She has a small nose and ______________. 걘 코가 작고, 눈이 커.

❻ She has mocha skin and ______________.
걘 모카 커피색 같은 피부에, 눈은 담갈색이야.

❼ I have ______________, thick eyebrows and a large nose.
난 속눈썹이 엷고, 눈썹이 두꺼우며, 코가 커.

❽ He has ______________, pale skin and light blue eyes.
걘 검은색 곱슬머리에, 피부색은 창백하고, 눈은 담청색이야.

❾ She has green eyes, red hair and lots of ______________.
걘 녹색 눈에, 머리카락 색은 빨갛고, 주근깨가 많아.

❿ My mom has many wrinkles ______________.
우리 엄마는 이마에 주름이 많으셔.

⓫ She has thin eyebrows, blue eyes and freckles ______________.
걘 눈썹이 연하고, 눈이 파란색이며, 코에 주근깨가 있어.

B. Use your own words and complete the following dialogue.
샘플 대화문은 참고용입니다. 자신의 말로 자유롭게 대화를 나눠보세요.

⓬ A: What does ______________ look like?
B: ________ has ______________________________.

Answers

❶ a big nose 또는 a large nose ❷ a long face
❸ an oval face ❹ big teeth ❺ big eyes
❻ hazel eyes ❼ light eyelashes ❽ black, curly hair
❾ freckles ❿ on her forehead ⓫ on her nose

Sample Dialogue

⓬ A: What does your little sister's face look like?
B: She has a long face.

A: 네 여동생은 얼굴 생김새가 어떻게 생겼어?
B: 걘 얼굴이 길어.

Tip.1) 얼굴 생김새를 물어볼 때는 외모를 물어볼 때 사용했던 표현들을 살짝씩 바꿔서 표현하면 됩니다. "**What does he look like?**"라는 질문도 얼굴 생김새를 묻기 위해 사용될 수 있으나, 이는 일반적으로 키, 몸매, 머리 등 전반적인 신체 특징을 물어볼 때 사용되는 경우가 더 많습니다.

Tip.2) "**pupil**"은 주로 나이 어린 학생들을 가리키지만, 신체와 관련해서는 "**눈동자**", "**동공**"이라는 뜻으로 사용됩니다. 추가로, "**귓구멍**"은 "**earhole**", 남성에게만 있는 "**목젖**"은 "**uvula**"라고 합니다.

Tip.3) 얼굴 생김새를 묘사할 때는 얼굴에 어떤 것이 있는지(얼굴이 어떤 것을 가지고 있는지) 설명하면 되기 때문에 "**가지고 있다**"라는 뜻의 동사 "**have**"를 이용합니다. 물론, 동일한 의미인 "**have got**"을 이용할 수도 있겠죠.

Tip.4) 우리는 보통 동양인들의 눈은 검고, 서양인들의 눈은 파랗거나 녹색이라고 생각합니다. 하지만 자세히 살펴보면 인종에 관계없이 모든 사람들의 눈동자는 검은색입니다. 눈알 안쪽에 있는 망막은 검은색인데 눈동자는 그것이 반사되어 나오는 것이기 때문에 이것도 역시 검은 것이죠. 실제로 눈의 색깔은 눈동자가 아니라 그것의 외각을 둘러싸고 있는 홍채의 색으로 판단됩니다. 보통, 눈의 색이 검은색이라고 알려져 있는 동양인들의 홍채는 갈색이며 서양인들 중에는 홍채가 파랗거나 녹색인 사람들도 있습니다. 따라서 우리가 보통 알고 있는 검은 눈은 영어로 "**black eyes**"가 아니라 "**brown eyes**"라고 하죠. 실제로 "**black eye**"는 "**누군가와 싸우다 얻어 맞아서 생긴 눈 주위의 멍**", 또는 그와 같이 "**멍든 눈**"을 말할 때 사용되며, 양쪽 눈 다 멍이 드는 경우는 드물므로 대부분 단수로 쓰입니다.

She has brown eyes.	걔 눈은 갈색(검은색)이야.
I got a black eye.	나 눈에 멍들었어.

Tip.5) 앞서 소개된 "**pimple**(여드름, 뾰루지)", "**dimple**(보조개)", "**freckle**(주근깨, 기미)", "**wrinkle**(주름)"도 주로, 또는 항상 얼굴에 생기기 때문에 얼굴 생김새를 묘사할 때에도 사용될 수 있습니다. 때론 어디에 주름이 있는지, 어디에 여드름이 생겼는지, 어디에 보조개가 있는지 등 좀 더 구체적으로 말하기도 하는데, 이때는 "**on**", "**across**", "**all over**" 등을 이용해서 표현하죠.

Tip.6) 얼굴 모양을 말할 때 "**angular**"는 "**square**", "**rectangular**" 등 각진 얼굴을 통칭하는 표현으로 쓰입니다.

Tip.7) "**full lips**"는 안젤리나 졸리의 입술처럼 보기 좋게 적당히 두꺼운 것으로 생각하면 되고, "**thick lips**"는 만화 "둘리"에 등장하는 "마이콜"처럼 과하게 두꺼운 입술로 볼 수 있습니다.

추가 1) 사전을 보면 "**brow**"도 "**forehead**"처럼 "**이마**"라는 뜻으로 사용할 수 있다고 소개됩니다만, 실제 대화에서는 "**brow**"를 "**이마**"라는 의미로 사용할 일이 거의 없습니다. 대신 "**eyebrow**"를 줄인 표현으로는 간혹 사용되죠.

추가 2) "**pale skin**"은 하얗다 못해 핏기가 없고 아파 보이는 피부, 즉 "**창백한 피부**"를 가리킵니다. 보기 좋게 하얀 피부는 "**fair skin**"이라고 하며, 이보다는 살짝 어두워도 하얀 편에 속한다고 볼 수 있는 피부는 "**light skin**"이라고 하죠.

Lesson 107 What happened to your eyes?

Understanding

1 Expressions used when you are worried.

※ You can use sentences like those below when you are concerned about someone or something. Tip.1

ex) What happened to your face? 너 얼굴이 왜 그래? / 너 얼굴이 어찌 된 거야?
ex) What happened to your ❶ ______? 너 입술이 왜 그래? / 너 입술이 어찌 된 거야?
ex) What happened to your eyes? 너 눈이 왜 그래? / 너 눈이 어떻게 된 거야?
ex) What happened to your car? 네 차 왜 그래? / 네 차 왜 그 모양이야?

※ "**What's up with ...?**" can be used instead of "**What happened to ...?**" when you are concerned about someone or something. Tip.2

ex) What's up with your ❷ ______? 너 손가락이 왜 그래? / 너 손가락이 어찌 된 거야?
ex) What's up with your hand? 너 손이 왜 그래? / 너 손이 어찌 된 거야?
ex) What's up with your hair? 너 머리가 왜 그래? / 너 머리가 왜 그 모양이야?
ex) What's up with this place? 여기가 왜 이래? / 여기가 왜 이 모양이야?

※ There are various expressions you can use instead of "**What's up with you?**" Remember that certain expressions only work in certain situations, though. Therefore, you need to know when to use them. Tip.3

- What's up with you? 너 무슨 일이야?
  → 현재의 상태나 상황을 묻는 느낌, 또는 상대방의 이해 못 할 언행에 화를 내는 느낌
- What happened to you? 너 무슨 일 생긴 거야?
  → 이미 일어난 일을 묻는 느낌
- What's going ❸ ______ with you? 너 무슨 일 있어?
  → 현재 진행되는 상황이나 상태를 묻는 느낌
- What's bothering you? 뭐가 문제야?
  → 상대방의 현 문제를 걱정해주는 느낌
- What's the matter ❹ ______ you? 무슨 일이야? / 뭐가 문제야?
  → 현재의 상태 혹은 상황을 묻거나 상대방에게 짜증이 난 느낌
- What gives? 무슨 일이야? / 왜 그래? (/ 별일 없지? / 안녕?)
  → 상대방의 말이 이해가 안 되거나 어이없어 짜증 난 느낌

- What's your deal? 너 무슨 일 있어? / 뭐가 문제야?
  → 상대방에게 불만이 있거나 짜증이 난 느낌
- Why are you acting this ⑤ ______? (너) 왜 이런 식으로 행동하는 건데?
  → 상대방의 행동이 어이없어 짜증이 난 느낌
- Why are you being ⑥ ______ this? (너) 왜 이렇게 구는 건데?
  → 상대방의 말 또는 행동(주로 말)이 어이없어 짜증 난 느낌
- What's ⑦ ______ you be like this? (너) 왜 이러는 건데?
  → 상대방의 말 또는 행동(주로 말)이 어이없어 짜증 난 느낌
- What's your problem? 너 문제가 뭐야? / 너 왜 그러는 거야?
  → 상대방에게 짜증이 난 느낌

2 Various simple sentences using *you*.

※ *You* can be used in various sentences as below.

- You suck! 너 재수 없어! / 너 밥맛이야!
- You're such a jerk. 넌 정말 멍청이야.
- You're such a ⑧ ______. 넌 징징대는 게 심해. / 넌 진짜 투덜거리는 게 심해.
- You're all ⑨ ______. 넌 입만 살았어. / 넌 늘 말뿐이잖아.
- Tip.4 You're kidding me, right? 너 농담하는 거지?
- You're full of ⑩ ______ excuses. 네 말은 말도 안 되는 변명으로 가득해.
- You'll see. 어디 두고 봐. / 두고 보면 알 거야.
- You win! 네가 이겼어!
- You ⑪ ______ me. 난 모르겠어.
- You made this happen, not me. 이건 내가 아니라 네가 해낸 일이야. / 네 덕에 이렇게 될 수 있었어.
- You know what? [뭔가 하고 싶은 말을 꺼내며] 그거 알아?
- Lucky you! 너 참 운도 좋다!
- Good ⑫ ______ you! 잘됐네. / (너) 좋겠다.
- (That's) ⑬ ______ for you to say! 말이야 쉽지!
- [When someone says "You do it."] No, YOU do it. [어떤 이가 "네가 해."라고 말할 때] 아니, 네가 해.

Answers ① lip(s) ② finger(s) ③ on ④ with ⑤ way ⑥ like ⑦ making ⑧ whiner ⑨ talk ⑩ lame ⑪ tell ⑫ for ⑬ Easy

Practice

A. Complete the following dialogues using the given translations.
번역을 참고로 하여 다음 각 대화문을 완성해보세요.

1. A: What happened to ____________? — A: 너 손 왜 그래?
   B: My cat scratched me. — B: 고양이가 할퀴었어.

2. A: What happened to ____________? — A: 너 입술이 왜 그래?
   B: I had a fight with my friend. — B: 친구랑 싸웠어.

3. A: What happened to ____________? — A: 네 얼굴 왜 그래?
   B: My girlfriend headbutted me. — B: 내 여친이 머리로 들이받았어.
   A: Ouch... — A: 아팠겠다.

4. A: Told you it would rain today! — A: 내가 오늘 비 올 거랬지?
   B: ____________ — B: 그래, 네가 이겼어!

5. A: What time should we leave? — A: 우리 몇 시쯤 출발해야 할까?
   B: ____________ — B: 난 모르겠어.

6. A: I won the third place lottery prize! — A: 나 로또 3등 당첨됐어.
   B: ____________ — B: 넌 참 운도 좋다!

7. A: I'm getting used to my new work. — A: 새로운 일에 점점 적응하고 있어.
   B: ________ for you! — B: 잘됐네.

8. A: Sorry I was late. There was a traffic accident and my uncle died, and ... — A: 늦어서 미안해. 차 사고가 나서 삼촌이 돌아가셨거든, 그리고...
   B: You're ________ lame excuses. You don't even have an uncle. — B: 넌 말도 안 되는 변명만 해. 넌 삼촌도 없잖아.

9. A: Are you really quitting your job? — A: 너 정말 회사 때려치울 거야?
   B: Yes, I can't put up with this any longer. — B: 응, 더는 못 해먹겠어.
   A: I don't believe you. You've told me that a million times, but you're __________ and no action. — A: 난 네 말 못 믿겠어. 그런 말 골백번도 더 했지만 늘 말뿐이고 행동이 없잖아.
   B: No, I'm serious this time. — B: 아니야. 이번엔 정말이야.
   A: Yeah, right. — A: 퍽이나 그렇겠다.

Answers

1. your hand(s) 2. your lip(s) 3. your face
4. You win! 5. You tell me. 6. Lucky you!
7. Good 8. full of 9. all talk

Tip.1) **"너 얼굴 왜 그래?"**처럼 걱정스레 묻고 싶을 땐 **"What happened (to ...)?"**라고 표현하면 됩니다.

Tip.2) **"What happened to ...?"** 대신 **"What's up with ...?"**라고 표현할 수도 있습니다.

Tip.3) **"너 왜 그래?"**라고 물을 때는 **"What's up with you?"** 외에도 다양한 표현들을 사용할 수 있지만, 각각 조금씩 다른 느낌을 주므로 잘 구분해서 사용해야 합니다. 이번 레슨에서 소개하는 표현들은 어떤 어감으로 말하느냐에 따라 짜증 섞인 표현이 될 수도 있고, 그냥 걱정스러워서 묻는 표현이 될 수도 있습니다. 하지만 처음 4개 표현을 제외한 나머지 표현들은 상대방에게 짜증이 나서 말하는 경우가 대부분이고, 특히 마지막 5개 표현들은 거의 항상 이치에 맞지 않는 상대방의 행동에 짜증이 났을 때 사용하는 표현이죠.

Tip.4) **"kidding"**은 어떤 사람의 행동, 말투, 성격 등을 가지고 놀리는 느낌이 좀 더 들고, **"joking"**은 사람이 됐건 사물이 됐건 사람들이 공감할만한 내용을 가지고 농담 따먹기 하는 느낌이 좀 더 듭니다. 하지만 굳이 이들을 구분하지 않고 사용하는 사람들이 대부분이라서 거의 같다고 봐도 무방합니다.

Are you **kidding** me? 너 지금 농담해? / 너 지금 장난하는 거지?
= Are you **joking** me?

You've got to be **kidding** me. 뻥 치지 마. / 장난치지 마. / 농담이겠지. / 설마.
= You've got to be **joking** me.

추가 1) **"What happened (to ...)?"**는 걱정스러울 때뿐만 아니라 뭔가가 궁금할 때도 사용합니다.

A: Just out of curiosity, **what happened to** your mom's car?
B: Someone rear-ended it.

A: 그냥 궁금해서 그러는데, 너희 엄마 차는 왜 저래?
B: 누가 뒤에서 들이받았어.

추가 2) 싸움과 관련된 표현에는 다음과 같은 것들이 있습니다.

fight (= have a fight) 싸우다
argue 말다툼하다
slap (= smack = swat) (손바닥으로) 찰싹 때리다
bitch slap 따귀를 때리다
get bitch slapped 따귀 맞다
punch 주먹으로 때리다
thump (주먹으로) 세게 치다
scratch 할퀴다
kick 발로 차다
grab someone by the collar (= grab someone by the neck) 멱살을 잡다
fistfight (= have a fistfight) 주먹다짐하다
have a group fight 패싸움하다

추가 3) **"Yeah, right."**은 말 그대로 **"그래, 맞아."**라는 뜻으로 사용되기도 하지만, 상대방이 말도 안 되는 소리를 할 때 못 믿겠다는 듯이 비꼬며 **"그래, 그러시겠지."**라는 뜻으로 사용되기도 합니다. 속뜻은 **"퍽이나 그렇겠다."**라는 의미죠. 이보다 좀 더 어이없음을 강조하고 싶을 때는 **"As if."**라고 표현할 수 있습니다.

Chapter 23 부상 및 질병

In this chapter

평생 안 아프면 좋겠지만, 누구나 살면서 한 번 이상은 병원 신세를 지게 되죠.
이번 챕터에서는 부상과 질병에 관한 여러 다양한 표현들을 학습하게 됩니다.

몸이 아픈 원인을 크게 두 가지로 나눠보면,
삐거나, 부러지거나, 베이거나, 찢기는 등 신체의 특정 부위에 부상을 당한 경우와,
감기, 독감, 배탈, 장염 등 질병에 의한 경우로 나눌 수 있는데,
전자의 경우엔 주로 hurt, injure, 더 구체적으로 sprain, bruise 등 부상과 관계된 동사를 사용하고,
후자의 경우엔 어떠한 질환이나 증세가 "있다"고 하여 동사로 have를 사용합니다.

어디를 다쳤는지 설명하려면 신체 각 부위에 대한 명칭부터 알아야겠죠?
이와 더불어, 신체 각 부위를 활용한 유용한 표현들도 함께 알아둡시다.

Lesson 108 Put your hands up!

Understanding

1 Body parts.

※ Let's take a look at how you can express body parts in English.

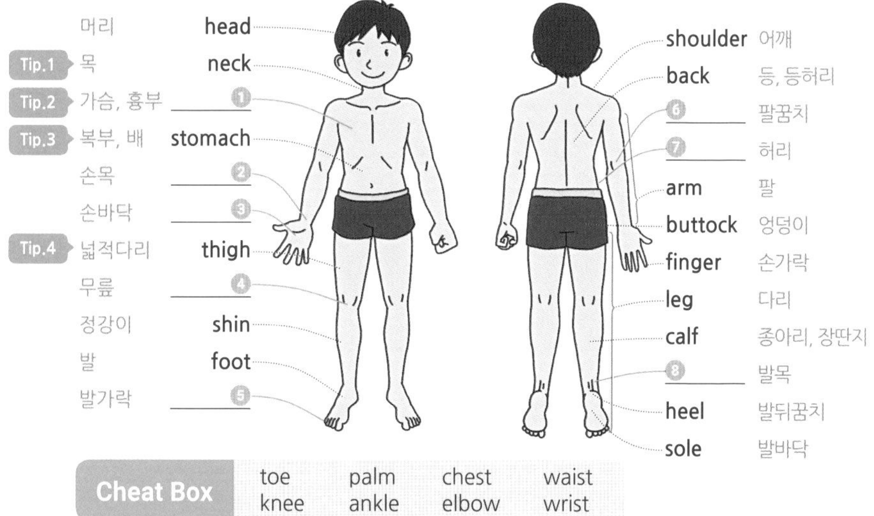

Cheat Box	toe	palm	chest	waist
	knee	ankle	elbow	wrist

2 Various imperative sentences using body parts.

※ Let's try and make imperative sentences using words like ***put, stretch, touch, move, wave*** and ***shake***.

ex) Put your hands up! (두) 손들어! / 양손 들어!
ex) Put your hands on the ⑨ ______! (두) 손을 땅에 (대)! / 양손을 땅에 (대)!
ex) Put your hands down. (두) 손 내려. / 양손 내려.
ex) Raise your hand. (한) 손들어.
ex) Bring your leg up. 다리 들어.
ex) Stretch your arms! 두 팔을 뻗어!
ex) Stretch your ⑩ ______. 팔다리 스트레칭해.
ex) Spread your legs. (두) 다리 벌려. / 양발 벌려.
ex) ⑪ ______ your knees! (두) 무릎 굽혀!
ex) ⑫ ______ your neck to your right. 목을 오른쪽으로 돌려.

ex) ⑬ ______ a fist. (= Close your fist.) 주먹 쥐어.
ex) ⑭ ______ your hands. 손뼉 쳐. / 박수 쳐.
ex) Open your mouth. 입 벌려.
ex) Open your palm. 손바닥 펴.
ex) Close your eyes. 눈 감아.
ex) Walk on your tiptoes. 발끝으로 살금살금 걸어.
(= Walk on your tippy toes. = Tiptoe. = Tippy toe.)
ex) Stand ⑮ _____ your toes. 뒤꿈치 들어. / 발가락 끝으로 서.
(= Stand ⑮ _____ your tiptoes. = Stand ⑮ _____ your tippy toes.)
ex) Stand ⑯ ______. 가만히 (서) 있어.
ex) Sit ⑰ ______. 바로 앉아.
ex) Don't walk (around) barefoot! 맨발로 돌아다니지 마.

Tip.5

3 Fingers and toes.

※ Here are various expressions you need to remember that are related to fingers and toes.

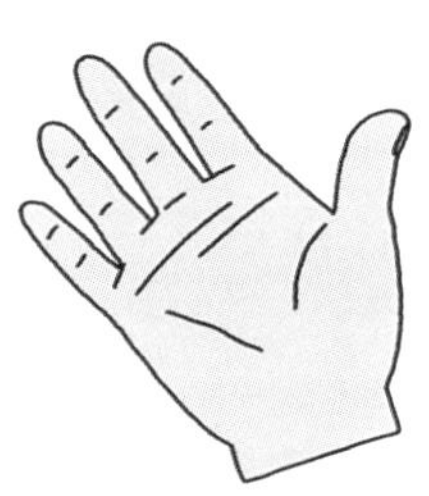

엄지손가락	⑱ ______
집게손가락	⑲ ______ finger = forefinger = pointer finger
중지손가락	middle finger
약지손가락	⑳ ______ finger
새끼손가락	㉑ ______ = pinkie = little finger (Tip.7)
손톱	(finger)nail
지문	fingerprint
지장	thumbprint

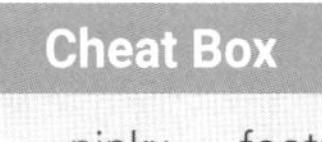

Cheat Box

big	pinky	footprint
ring	thumb	
index	little	

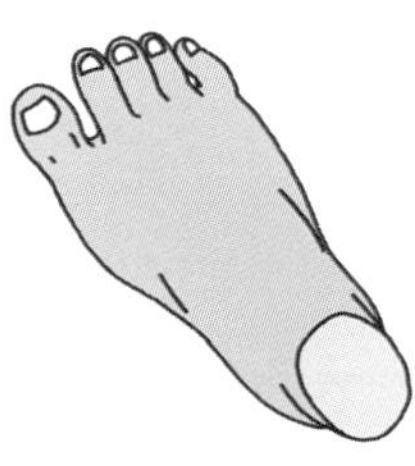

엄지발가락	㉒ ______ toe
둘째발가락	second toe
셋째발가락	third toe
넷째발가락	fourth toe
새끼발가락	㉓ ______ toe = pinky toe = pinkie toe
발톱	(toe)nail
발자국	㉔ ______

Answers

① chest	② wrist	③ palm	④ knee	⑤ toe	⑥ elbow
⑦ waist	⑧ ankle	⑨ ground	⑩ limbs	⑪ Bend	⑫ Turn
⑬ Make	⑭ Clap	⑮ on	⑯ still	⑰ straight	⑱ thumb
⑲ index	⑳ ring	㉑ pinky	㉒ big	㉓ little	㉔ footprint

Practice

A. Complete the following dialogues using the given translations.
번역을 참고로 하여 다음 각 대화문을 완성해보세요.

❶ A: _______ your arms up!
B: Like this?
A: No, higher! Good. Now hold them still.

A: 양팔 들어!
B: 이렇게요?
A: 아니, 더 높이! 좋아. 이제 움직이지 말고 그대로 들고 있어.

❷ A: My father is sleeping now. __________ your tiptoes.
B: Oh, okay. I'm good at doing that.

A: 지금 아버지 주무셔. 뒤꿈치 들고 살금살금 따라와.
B: 어, 알았어. 내가 그건 선수야.

❸ A: _______ your right leg up.
B: Like this?
A: Um-hmm.

A: 오른쪽 다리 들어.
B: 이렇게?
A: 응.

❹ A: _______ your palm. I have something for you.
B: Ahh! What is this?

A: 손바닥 펴봐. 뭐 줄 거 있어.
B: 으악! 이게 뭐야?

B. Find the best expression.
보기 중 빈칸에 가장 적절한 표현을 고르세요.

❺ A: It's too high. I can't reach it.
B: You can reach it. ____________________

ⓐ Let me help you with it.
ⓑ Try using the heel of your palm.
ⓒ Just stand on your tippy toes.

A: 너무 높아. 손이 안 닿아.
B: 닿을 수 있어. _______

❻ A: I'm not very happy about my beer belly.
B: I know what you mean. _______________

ⓐ Beer gives me a stomachache, too.
ⓑ My belly is also a little bigger than I'd like.
ⓒ I could really use some beer.

A: 나 똥배 때문에 살짝 스트레스받아.
B: 나도 그 마음 알지. _______________

Answers
❶ Put ❷ Walk on ❸ Bring ❹ Open
❺ ⓒ ❻ ⓑ

Tip.1) **"neck"**이 주로 목의 뒷부분, 즉 척추가 지나가는 외부를 말한다면, **"throat"**는 공기나 음식물이 들어가는 목의 안쪽을 말합니다. 따라서 감기 등으로 인해 목이 아플 때는 **"throat"**이 아프다고 말하고, 잠을 잘못 자서 목이 아플 때는 **"neck"**이 아프다고 말하죠.

I have a sore **throat**.	나 목이 아파. / 나 목이 따끔거려.
I have a frog in my **throat**.	나 목이 잠겼어.
I have a stiff **neck**. (= I have a crick in my **neck**.)	나 목이 뻐근해. / 나 목이 뻣뻣해. / 나 목이 땅겨.
My **neck** hurts.	나 목이 아파.

Tip.2) **"chest"**는 배 위에서 어깨 아래까지(장기를 포함하여 갈비뼈로 덮여 있는 부분) 전체를 다 일컫는 말이고, **"breast"**는 젖가슴이 있는 부분만 일컫는 말입니다. 남자의 경우도 **"breast"**라는 용어를 쓰지만, 그냥 일상생활에서 사람들이 가볍게 말할 때는 대부분 남자의 가슴은 **"chest"**로, 여자는 **"breast"**로 표현하는 경우가 많죠.

Tip.3) 일반적으로 **"배"**는 영어로 **"belly"**라고 합니다. **"복부"**처럼 다소 전문적으로 표현할 때는 **"abdomen"**이라고 하죠. **"똥배"**는 둥그런 항아리가 들어가 있는 것 같다고 하여 **"potbelly"**라고 표현하기도 하고, 술을 많이 마시면 튀어나온다고 하여 **"beer belly"**라고 표현하기도 합니다.

Tip.4) **"thigh"**는 허벅지 뒤쪽을 가리키며, 허벅지 앞쪽을 말할 땐 **"lap"**이라는 표현을 사용합니다. 주로 벤치 같은 곳에 앉아서 허벅지 앞부분에 노트북을 얹고 컴퓨터를 이용하는 경우가 많은데, 그래서 노트북을 **"laptop"**이라고 하죠.

Tip.5) 주어 없이 동사로 시작하는 문장들은 대부분 **"명령문"**이라고 생각하면 됩니다. **"~하라"**라는 뜻이죠. 반대로, **"~하지 마"**라고 표현하려면 앞에 **"Don't ..."** 또는 **"Do not ..."**를 붙여주면 됩니다. 이때 **"Don't ..."**라고 짧게 말해도 되는데 굳이 하나씩 끊어서 **"Do not ..."**이라고 표현하는 것은 좀 더 강조하기 위함이겠죠?

Tip.6) 신체 부위와 관련하여 가끔 사용하게 되는 **"barefoot"**은 **"맨발의"**, **"맨발로"**라는 뜻입니다.

Tip.7) 옛날 사람들은 **"pink"**를 종종 **"tiny(아주 작은)"**라는 뜻으로 사용하곤 했는데, 나중에는 이런 의미로 사용할 때 아예 **"pinkie"**라고 바꾸어서 표현하다가, 어느 시점부터는 새끼손가락을 가리키는 명사로 사용하기 시작했습니다. **"pinkie"**는 영국식 표현이고, 이것이 미국으로 건너와 **"pinky"**가 된 것이죠.

추가 1) 보통, 친한 사이에서 약속할 땐 새끼손가락을 걸고 약속하는 경우가 많죠. 물론, 이는 주로 동아시아권에서만 흔히 볼 수 있는 광경이지만, 요즘에는 미국으로 이민 간 동양인들도 상당히 많기 때문에 이런 표현을 알아두는 것도 좋습니다. 이를 영어로 표현할 땐 새끼손가락을 뜻하는 **"pinky"**라는 단어로 **"make a pinky promise"**라고 표현한답니다.

추가 2) **"배꼽"**은 배에 있는 단추와 같다고 하여 **"belly button"**이라고 하며, 전문적으로는 **"navel"**이라고 합니다. 참고로, 튀어나온 배꼽은 **"outie"**, 들어간 배꼽은 **"innie"**라고 표현하죠.

Lesson 109 Who's up for a movie?

Understanding

1 The difference between *lie* and *lay*.

※ *To lie* is *to place oneself or be in a flat position* and *to lay* is *to put or place something in a particular position*. Keep in mind that while ***lay*** requires a direct object, ***lie*** does not. Tip.1

Meaning	Present	Past	Past Participle	Present Participle / Gerund
(스스로) 눕다	lie	lay	lain	lying
(누군가 또는 무언가를) 눕히다	lay	❶ ______	laid	laying

※ Let's learn how to properly use ***lie*** and ***lay*** through these examples.

ex) Lie (down) on your back. (등을 바닥에 대고) 바로 누워.
ex) Lie (down) on your ❷ ______. (배를 바닥에 깔고) 엎드려 누워.

ex) I'm a little dizzy. I need to lie down.
나 (머리가) 좀 어지러워. 누워야겠어.

ex) Don't lie ❸ ______.
잔디 위에 눕지 마.

ex) Lay him down here.
그를 여기 눕혀.

ex) Lay your book on the desk.
네 책은 책상 위에 둬.

2 Use of the adverb *up*.

※ **An adverb** serves as **a modifier of a verb**. It expresses some relation of place, time, degree, quality, etc. Here are some examples of the adverb ***up*** being used with verbs. Tip.3

- Give up. 포기해. / 항복해.
- Hold up. 정지. / 잠깐만.
- Wait up. 잠깐만.
- Hurry up. 서둘러.

Tip.4

- Roll up your ❹ ______. 소매 걷어 올려.
- Sit up straight. 바로 앉아.
- Put up with it. (그거) 참아.
- It's up to you. (그건) 네게 달렸어.
- It's up in the ❺ ______. (그건) 미정이야.

- I was up until late last night. 나 어제 늦게까지 안 잤어.
- What're you still doing up so late? 너 아직도 안 자고 뭐 하는 거야?
- How many sit-ups can you do? 너 윗몸 일으키기 몇 개나 할 수 있니?
- Who's up ⑥ ______ a movie? 영화 볼 사람?
- Are you up ⑥ ______ a movie? 너 영화 볼래?
- This movie is right up ⑦ ________ with Avatar.
  이 영화는 아바타급이야. (이 영화는 아바타처럼 끝내주는 영화야.)

Tip.5
- I was okay up until last night.
  난 지난밤까지는 괜찮았어.
- Up until now, it seemed like a good idea.
  (그건) 지금까진 괜찮은 생각인 것 같았어.
- I'll have to read up ⑧ _____ page 175.
  나 175페이지까지 읽어야 해.
- I hate it when you ⑨ ________ up your shirt.
  나 네가 셔츠 단추 끝까지 채우는 거 정말 싫어.

Tip.6
- Are you going up?
  [엘리베이터에서] 올라가세요?

3 Use of the verb *put* with various adverbs.

※ In general, ***to put*** means to ***place in a specified location***. The exact meaning of the verb ***put*** depends on what adverb is used with it. Tip.7 Tip.8

- Put your hands up. (네) 손들어.
- Put up this picture for me. (나 대신) 이 그림 좀 걸어줘.
- Put your book down. (네) 책 내려놔.
- Put it down. (그거) 내려놔.
- Put on your jacket. (네) 재킷 입어.

Tip.9
- Put on your ⑩ ________ face. [무언가를 달성하기 위해] 결의에 찬 표정 지어. (진지한 태도로 최선을 다할 준비 해.)
- Put it on the table. (그거) 탁자 위에 놔.
- Put the books on the desk. 책들을 책상 위에 올려놔.
- Put in some more salt. 소금을 좀 더 넣어.
- Put in your own ideas if you want. 원한다면 네 생각을 말해봐.
- Put out your cigarette. 담배 꺼.
- Put out the cat. 고양이 (밖에) 내어 놔.

Answers ① laid ② stomach ③ on the grass ④ sleeves ⑤ air ⑥ for ⑦ there ⑧ to ⑨ button ⑩ game

Practice

A. Fill in the blanks with the appropriate form of either ***lie*** or ***lay***.
lie와 lay 중 알맞은 것을 골라 올바른 형태로 다음 각 문장을 완성해보세요.

❶ I need to _______ down for a little bit.	나 잠시 누워야겠어.
❷ Why don't you _______ the book down?	책 내려놓지그래?
❸ _______ on your side.	(옆구리 부분을 바닥에 대고) 옆으로 누워.
❹ _______ the baby down.	아기 내려놔.
❺ Let me help you _______ down.	내가 (너) 눕는 거 도와줄게.
❻ I _______ my car key on the table.	난 자동차 열쇠를 탁자 위에 뒀어.
❼ I've been _________ in bed all day.	난 하루 종일 침대에만 누워 있었어.

B. Complete the following dialogues using the given translations.
번역을 참고로 하여 다음 각 대화문을 완성해보세요.

❽ A: What's your plan for tomorrow?
B: It's up _________. Anything is possible.

A: 너희 내일 계획이 어떻게 돼?
B: 아직 미정이야. 되는대로 하지 뭐.

❾ A: What time should we meet?
B: It doesn't matter. It's _______ you.

A: 우리 몇 시에 만날까?
B: 상관없어. 네가 정해.

❿ A: _______ up.
B: Hurry up. We're late.

A: 잠깐만.
B: 서둘러. 우리 늦었어.

⓫ A: Where should I put this?
B: Put it _____ the table.

A: 이거 어디에 둘까?
B: 탁자 위에 놔.

⓬ A: It's too bland.
B: Put _____ some more salt.

A: 너무 싱거운데.
B: 그럼 소금을 좀 더 넣어.

⓭ A: Put _____ your cigarette. It's a smoke-free zone.
B: Oh, I didn't know that.

A: 담배 꺼. 여긴 금연 구역이야.
B: 앗, 몰랐어.

⓮ A: It's time to go out and face the music. Put _____ your game face.
B: I'm ready.

A: 직접 부딪혀야 할 때가 왔어. 진지한 표정 짓고.
B: 난 준비됐어.

Answers

❶ lie	❷ lay	❸ Lie	❹ Lay	❺ lie
❻ laid	❼ lying	❽ in the air	❾ up to	❿ Wait
⓫ on	⓬ in	⓭ out	⓮ on	

Tip.1) 대화를 나누거나 채팅을 하다 보면 영어 학습자들뿐만 아니라 원어민들조차도 "**lie down**"을 "**lay down**"이라고 잘못 표현하는 경우가 상당히 많은데, "**lie**"는 스스로 "**눕다**"라는 뜻인 반면, "**lay**"는 누군가 또는 무언가를 "**눕히다**"라는 뜻이기 때문에 "**lay**" 뒤에는 "**~을/~를**"에 해당하는 목적어가 반드시 등장해야 합니다. 참고로, "**lie**" 같은 동사들은 "**자동사**"라고 하고, "**lay**"처럼 목적어가 필요한 동사들은 "**타동사**"라고 합니다.

Tip.2) "**lie down**"은 단순히 "**눕다**"라는 뜻이며, 어떻게 누우라는 것을 구체적으로 밝히고 있지 않습니다. "**하늘을 보고 바로 누워.**"라고 말할 때는 "등을 바닥에 대고 그 위에(on your back) 누워(lie down)"라고 표현하고, "**땅바닥을 보고 엎드려 누워.**"라고 말할 때는 "배를 바닥에 대고 그 위에(on your stomach) 누워(lie down)"라고 표현하며, "**옆으로 누워.**"라고 말할 때는 "옆구리 부분을 바닥에 대고 그 위에(on your side) 누워(lie down)"라고 표현하죠. 추가로, "**바로 눕다**"라고 말할 땐 "**down**" 없이 그냥 "**lie straight**"이라고 표현하며, "**큰 대자로 눕다**"라고 말할 땐 "**lie spread-eagled**"라고 표현할 수도 있지만, 그보다 "**sprawl**"이라는 표현을 더 많이 사용하니 참고하세요.

Tip.3) "**put(놓다, 두다)**"과 같은 동사들은 실제로 어디에 놓으라는 것인지 구체적으로 설명해주기 위해 위치를 알려주는 부사를 필요로 합니다. 그 대표적인 예가 바로 "**up**"이죠. "**up**"을 이용한 유용한 표현을 살펴봅시다.

Tip.4) "**Sit straight!**"만으로도 "**바로 앉아!**"라는 의미가 되지만, 허리를 꼿꼿이 해서 똑바로 앉으라고 좀 더 구체적으로 명령할 때는 "**up**"을 써서 "**Sit up straight!**"라고 표현해줍니다.

Tip.5) "**I was okay up until last night.**"에서 "**up**"은 "**until**"을 강조해주는 표현으로, "**up until**"이라고 하면 "**(~에 이르기)까지**"라는 뜻이 됩니다. 실제 번역 시에는 의미 차이를 크게 못 느낄 수 있지만, "**until**"의 의미가 조금 더 강조되었다는 것은 알고 있어야겠죠?

Tip.6) 먼 훗날에는 어떻게 될지 몰라도, 사람은 일반적으로 못 날기 때문에 "**Are you going up? (올라가세요?)**"은 날아서 올라가냐는 뜻이 아니라, 엘리베이터와 같은 탈것을 이용해 위층 또는 위쪽으로 올라가냐는 뜻입니다. 사람이 아니라 엘리베이터를 가리켜 "**Is it going up? (올라가는 건가요?)**"이라고 묻기도 하며, 간단히 "**Going up?**"이라고 묻기도 하죠. 반대로, "**내려가세요?**", "**내려가는 건가요?**"라고 말할 때는 "**Are you going down?**", "**Is it going down?**", "**Going down?**"이라고 표현하면 되겠죠?

Tip.7) "**put**"은 기본적으로 "**~을 놓다**", "**~을 두다**"라는 뜻이지만, 뒤에 어떤 부사가 등장하느냐에 따라 의미가 미묘하게 달라집니다.

Tip.8) "**put**" 뒤에 등장하는 부사의 위치는 비교적 자유롭습니다. "**목적어(행동의 대상)**"의 앞에 등장할 수도 있고, 뒤에 등장할 수도 있죠. 결과적으로, 말하는 이의 언어적 선호도에 따라 달라진다고 볼 수 있답니다. 하지만 목적어로 대명사가 등장하는 경우에는 무조건 목적어 뒤에 부사가 놓여야 합니다.

Put your books **down**. → (O) (네) 책 내려놔.
Put down your books. → (O) (네) 책 내려놔.
Put them **down**. → (O) 그것들 내려놔.
Put down them. → (X)

Tip.9) 영어로 "**어떠한 표정을 짓다**"라고 말할 때도 "**put on**"을 사용합니다. 특정 표정을 얼굴에 착용한다는 의미이죠.

PUT YOUR GAME FACE ON.

Lesson 110 Let's just play it by ear.

Understanding

1 Expressions that use parts of the body. #1

※ Here are some useful expressions that use ***face***, ***eye***, ***nose***, ***mouth***, ***foot***, ***ear***, ***ass/butt***, ***head***, ***brain***, ***hair***, ***neck*** and ***throat***.

- It's written all ① ______ your face. 네 얼굴에 쓰여 있어.
- It's easy on the eye(s). (그거) 보기 좋네.
- I can see it in your eyes. 네 눈을 보면 (네 느낌/속셈/생각) 다 알겠어.
- We don't really see eye to eye. 우린 딱히 의견이 잘 안 맞아.
- You're so full of shit. Your eyes are ② ______. 웃기고 자빠졌네. 다 티 나거든?
- Keep an eye ③ ______ her. She's dangerous. 쟤 잘 감시해. 위험한 애야.
- Keep your nose ④ ______ my business. 내 일에 참견 마.
- He's a potty mouth. (= He uses foul language.) 걘 입이 거칠어.
- She has a motor mouth. 걘 쉴새 없이 말해.
- I put my foot ⑤ ______ my mouth. 내가 말실수를 했네.
- I'm all ears. 나 잘 듣고 있어.
- My ears are ⑥ ______. 귀 간지러워. 누가 내 욕하나 봐.
- It's easy ⑦ ______ the ear. (그거) 듣기 좋네. / (그거) 솔깃하네.
- Tip.1 Let's just play it ⑧ ______ ear. 그냥 (상황 봐 가며) 되는 대로 하자.
- Patrick is a ⑨ ______ ass. 패트릭은 정말 진상이야.
- You're such a pain in the ass. 넌 정말 골칫덩어리야.
- I'll stick it up your ass. (그건) 내가 알 게 뭐야. / 엿 먹으라고 해.
- He's a real stick up the ass. 걘 정말 뻣뻣하고 유머 감각이 제로야.
- Tip.2 I'll kick your butt. 너 가만 안 둘 줄 알아.
- I ⑩ ______ my head. 난 이성을 잃었어.
- If this fails, it's on your head. 이거 실패하면 네 책임이야.
- He's a blockhead. 걘 돌대가리야.
- What a knucklehead. 정말 멍청하군. / 정말 돌대가리군.
- Can I pick your ⑪ ______? 머리 좀 빌려줘.
- Use your brain(s). 머리를 써.
- Tip.3 I'm having a bad ⑫ ______ day. 오늘은 일이 정말 잘 안 풀려.
- Tip.4 Jane is a real pain in the neck. 제인은 진짜 골칫거리야.
- I have a ⑬ ______ in my throat. 나 목이 잠겼어.
- They are at each other's throats again. 걔네 또 서로 못 잡아먹어서 안달이야.

2 Expressions that use parts of the body. #2

※ Here are some useful expressions that use ***shoulder***, ***chest***, ***mind***, ***guts***, ***back***, ***stomach***, ***hand***, ***leg***, ***arm***, ***thumb*** and ***finger***.

- They just give each other the ⑭ ______ shoulder.
  걔넨 서로를 정말 쌀쌀맞게 대해.
- There's something I need to get off my ⑮ ______.
  나 솔직하게 말할 게 있어. / 나 고백할 게 있어.
- This movie just blew my mind. 이 영화는 말 그대로 정말 죽여 줬어.
- I have a gut feeling that she's lying. 내 직감으론 걔 지금 거짓말하고 있어.
- I don't have the ⑯ ______ to ask her out. 난 걔한테 데이트 신청할 용기가(/배짱이) 없어.
- I'm tired of doing backbreaking work. 나 고된 일 하는 거 지긋지긋해.
- Don't talk behind my ⑰ ______. 내 험담 하지 마.
- Tip.5 I have ⑱ ______ in my stomach. 나 가슴이 조마조마해. / 나 너무 떨려(/긴장돼).
- My hands are tied. 나 너무 바빠.
- My hands are full right now. 나 지금은 너무 바빠. / 지금은 받을 손이 없어.
- The situation is getting ⑲ ______ hand. 상황이 걷잡을 수 없이 커지고 있어.
- Everybody was just sitting ⑳ ______ their hands.
  다들 그냥 팔짱 끼고 보고만 있었어.
- He makes money hand over ㉑ ______. 걔 돈 엄청 많이 벌어.
- ㉒ ______ a leg. 빨리빨리 해. / 빨리 서둘러.
- My leg fell ㉓ ______. 나 다리 저려.
- She's just pulling your ㉔ ______. 걘 그냥 농담하는 거야. / 걘 그냥 너 놀리는 거야.
- It cost me an ㉕ ______ and a leg to get this car.
  나 이 차 사느라 돈 엄청 깨졌어.
- Tip.6 If you're going to ㉖ ______ my arm, I guess I'll go.
  네가 정 원한다면 가주지, 뭐.
- I'm ㉗ ______ thumbs. 난 손재주가 없어.
- I have a green thumb. 난 식물 같은 거 잘 키워.
- She has a black thumb. 걘 식물 같은 거 잘 못 키워.
- Tip.7 Gimme ㉘ ______. 하이파이브 (하자)!
- Tip.8 He gave me the (middle) finger. 걔가 나한테 가운뎃손가락 날렸어.
- Tip.9 I'll keep my fingers crossed for you. 행운을 빌어.
- Peter has sticky fingers at work. 피터는 직장에서 손버릇이 나빠.

Answers
① over ② brown ③ on ④ out of ⑤ in ⑥ burning ⑦ on
⑧ by ⑨ real ⑩ lost ⑪ brain(s) ⑫ hair ⑬ frog ⑭ cold
⑮ chest ⑯ guts ⑰ back ⑱ butterflies ⑲ out of ⑳ on
㉑ fist ㉒ Shake ㉓ asleep ㉔ leg ㉕ arm ㉖ twist ㉗ all ㉘ five

Practice

A. Find the best expression.
보기 중 빈칸에 가장 적절한 표현을 고르세요.

❶ A: Was it expensive?
B: Yeah, it was. It ________________.

A: 그거 비쌌어?
B: 응. ________________.

ⓐ only cost peanuts
ⓑ blew my mind
ⓒ cost me an arm and a leg

B. Find the similar expression.
보기 중 밑줄 친 표현과 유사한 표현을 고르세요.

❷ A: I didn't really want to come, but Ann twisted my arm, so here I am.
B: Well, I'm glad she did. It's much funner with you here.

A: 난 정말 오고 싶지 않았는데, 앤이 하도 사정해서 온 거야.
B: 이런, 걔가 그랬기에 망정이지. 네가 오면 훨씬 더 재밌단 말이야.

ⓐ threatened to hurt me
ⓑ took me by the arm and brought me
ⓒ made it difficult for me to refuse

C. Find the inappropriate expression.
보기 중 빈칸에 가장 부적절한 표현을 고르세요.

❸ A: How are you with plants?
B: I have a ________ thumb.

A: 너 식물 기르는 거 잘해?
B: 난 식물 기르는 거 ________.

ⓐ black
ⓑ blue
ⓒ green

❹ A: George made another mistake. He's such an idiot.
B: Yeah, ________________.

A: 조지가 또 실수했어. 진짜 바보 같은 녀석이야.
B: 응, ________________.

ⓐ what a knucklehead
ⓑ he's such a blockhead
ⓒ it's on his head

Answers ❶ ⓒ ❷ ⓒ ❸ ⓑ ❹ ⓒ

Tip.1) "**play it by ear**"은 말 그대로 보자면 "귀로 듣고 연주하다"라는 뜻입니다. 즉, 악보 없이 귀로 대충 듣고 연주하는 것을 말하죠. 물론, 처음에는 그런 의미로만 쓰였겠지만, 현재는 이렇게 뭔가가 준비되지 않고, 또는 계획 없이 그때그때 상황 봐서 즉흥적으로 처리하는 것을 의미하는 표현이 되었습니다.

Tip.2) "**I'll kick your butt.**"은 누군가가 내게 시비를 걸었거나, 혹은 내가 하지 말라고 한 것을 했거나, 또는 다시는 어떤 짓을 못 하도록 누군가에게 경고하려 할 때 "**너 가만 안 둬.**", "**너 혼난다.**", "**너 쥐 패버린다.**"라는 뜻으로 사용할 수 있는 표현입니다. 게임이나 시합 같은 것을 하다가 "**네 코를 납작하게 해줄 테야.**"라는 뜻으로도 쓰일 수 있죠. 여기서 "**butt**"은 "**엉덩이**"를 뜻하는 "**buttocks**"에서 온 것으로, 비속어에 속하며, 좀 약하게 말할 때는 "**behind**", 더 거칠게 말할 때는 "**ass**"라고 표현합니다.

Tip.3) "**I'm having a bad day.**"는 오늘 안 좋은 날(a bad day)을 보내고 있다(I'm having)라는 말로, "**뭔가 잘 안 풀리는 날이야.**", "**일수가 사나워.**", "**일진이 나빠.**"라는 뜻입니다. 이를 좀 더 강조한 표현이 바로 "**I'm having a bad hair day.**"죠. "**I'm having a bad hair day.**"는 "**I'm having a terrible day.**" 또는 "**I'm having a horrible day.**" 정도의 느낌입니다.

Tip.4) "**Jane is a real pain in the neck.**"은 "**neck**" 대신 "**butt**"이나, 이보다 살짝 더 거친 "**ass**"를 써서 "**Jane is a real pain in the butt.**", "**Jane is a real pain in the ass.**"라고 표현하기도 합니다.

Tip.5) 뭔가 조마조마하거나 긴장될 때는 마치 뱃속에 나비가 여러 마리 들어 있는 것처럼 가만히 있지 못한다고 하여 "**have butterflies in one's stomach**"라고 표현합니다. 이때 "**butterflies**"는 "**두근거림**", "**조마조마함**"을 뜻하죠.

Tip.6) "**twist one's arm**"이라는 표현은 말 그대로 "**누군가의 팔을 비틀다**"라는 뜻입니다. 영화나 드라마에서 형사가 범인을 잡을 때 팔을 비틀어 등 쪽으로 젖혀서 꼼짝 못 하게 하는 장면을 떠올리시면 되죠. 좀 더 확장해서 이 표현은 "**누군가의 팔(arm)을 비틀어서(twist) 어떤 일을 강요하다**"라는 뜻으로 쓰이기도 하며, 이렇게 무리하게 강요하는 사람을 "**arm-twister**"라고 부릅니다.

Tip.7) "**Gimme five!**"는 "**Give me five!**"를 소리 나는 대로 표현 것입니다. 여기서 말하는 "**five**"는 "**five fingers**"를 뜻하죠.

Tip.8) "**give ... the finger**"은 "누군가에게 손가락을 주다"라는 뜻인데, 여기서 "**the finger**"은 "**the middle finger**"을 가리킵니다. 어떤 동작인지 아시겠죠? 주로 "**middle**"을 생략하지 않고 "**the middle finger**"이라고 표현하지만 가끔 그냥 "**the finger**"이라고도 한답니다.

Tip.9) "**I'll keep my fingers crossed for you.**"라는 표현은 직역하면 "**널 위해 손가락 꼬고 있을게.**"라는 의미가 됩니다. 여기서 복수로 표현된 손가락은 중지와 검지를 말하죠. 실제로 이 표현을 사용할 때는 제스쳐까지 취하며 말하는 게 일반적이며, 때론 말없이 그냥 제스쳐로만 표현하기도 합니다. 이처럼 중지와 검지를 꼬아서 상대방에게 보여주는 동작은 상대방에게 행운을 빌어주는 의미랍니다. 반대로, 상대방에게 어떤 일이 잘되게 빌라는 뜻으로 말할 때는 "**Cross your fingers. (잘 되게 빌어. / 잘 되게 기도해.)**"라고 표현할 수 있습니다.

Lesson 111 I hurt my ankle.

Understanding

1 Questions used to ask when someone is hurt. Tip.1

※ Here are some questions we commonly ask when someone is hurt.

- Are you hurt? 너 다쳤어?
- Did you ① ______ hurt? 너 다쳤어?
- Where are you hurt? 어디 다쳤어?
- Where did you get hurt? 어디 다쳤어?
- Where does it hurt? 어디가 아파?
- ② ______ did you get hurt? 어쩌다가 다쳤어?
- Is this ③ ______ it hurts? 여기가 아픈 데야?
- Does this hurt? 여기 아파?

※ You can use the verb ***injure*** instead. Note that while ***to be hurt*** means ***to feel physical or emotional pain, or to be physically damaged, especially if the damage is minor***, ***to be injured*** means ***to be physically damaged, especially if the damage is severe***. You can also use ***injury*** and ***hurt*** as nouns.

- Are you injured? 너 다쳤어?
- ④ ______ you get injured? 너 부상 입었어? / 너 부상 당했어? / 너 다쳤어?
- How did you get injured? 너 어쩌다가 다친 거야?
- Do you have an ⑤ ______? 너 다친 곳 있어? / 너 부상 입은 데 있어?

2 Telling someone where you are hurt. Tip.2

※ You can use sentences like those below when talking about which part of the body is hurt. Note that the past tense is used in the examples below.

ex) I hurt my ankle. 나 발목 다쳤어.
ex) I hurt my ⑥ ______ playing basketball. 나 농구 하다가 허리 다쳤어.
Tip.3

※ On the other hand, when you talk about which part of the body hurts, you can use sentences like those below. Note that the simple present tense is used in the examples below.

ex) My feet hurt. 나 발이 아파.
ex) My back hurts so bad. (= My back hurts so badly.) 나 허리가 너무 아파.

ex) My right shoulder hurts like hell. 나 오른쪽 어깨가 열라 아파.
ex) My ⑦ _______ hurt when I walk. 나 걸으면 발목이 아파.
ex) My ⑧ _______ hurts every time I bend it. 나 손목 굽힐 때마다 아파.

※ You can use sentences like those below when talking about which part of the body is injured. As shown below, after describing an injury, you can add a verb plus *-ing* to describe how the injury occurred. Tip.4

ex) I injured my leg. 나 다리 다쳤어.
ex) I injured my left shoulder ⑨ _______ weights.
나 역기 들다가 왼쪽 어깨를 다쳤어.

3 How to properly use "*to be/get hurt*" and "*to be/get injured.*"

※ If you want to talk about who is hurt or injured, not which part of the body is hurt or injured, you use ***to be hurt*** or ***to be injured***. Tip.5

ex) I was hurt badly in the accident. 난 그 사고로 심하게 다쳤어.
ex) I don't want you to be hurt. 난 네가 안 다치면 좋겠어.
/ 난 네가 상처 안 받으면 좋겠어.

ex) She ⑩ _______ to be hurt. 걔 다친 거 같아. / 걔 상처받은 거 같아.
ex) Do you promise ⑪ _______ one will be hurt? 아무도 다치지 않을 거라고 약속할 수 있어?
ex) I was ⑫ _______ injured. 난중상을 입었어. / 난 심각한 부상을 입었어.
ex) I was injured ⑬ _______ a car accident. 나 차 사고 나서 다쳤어.
ex) I was injured ⑭ _______ skiing. 나 스키 타다가 다쳤어.

※ You can use ***to get hurt/injured*** instead of ***to be hurt/injured***. Note that though they are often interchangeable, sometimes ***to get*** refers to ***the occurrence of the hurt or injury***, and sometimes ***to be*** refers to ***the state of being hurt or injured***. In these cases, either expression can still be used, but the exact wording of the sentence may have to be changed depending on which is used. Tip.6

ex) I'm so ⑮ _______ you didn't get hurt. 네가 안 다쳤다니 정말 다행이야.
/ 네가 상처 안 받았다니 정말 다행이야.

ex) She accidentally got hurt. 걘 실수로 다쳤어.
ex) I got hurt ⑯ _______ my couch. 난 소파를 옮기다가 다쳤어.
ex) I got injured while I was playing tennis. 나 테니스 치다가 부상을 당했어.
ex) I ⑰ _______ got injured riding a motorcycle. 나 오토바이 타다가 다칠 뻔했어.

Answers
① get ② How ③ where ④ Did ⑤ injury ⑥ (lower) back
⑦ ankles ⑧ wrist ⑨ lifting ⑩ seems ⑪ no ⑫ severely
⑬ in ⑭ while ⑮ glad 또는 relieved ⑯ moving ⑰ almost

⏱ Practice

A. Complete the following sentences using the given translations.
번역을 참고로 하여 다음 각 문장을 완성해보세요.

❶	________________.	나 발가락 다쳤어.	(발가락 하나)
❷	________________.	나 무릎 아파.	(양쪽 무릎)
❸	________________.	나 손목을 다쳤어.	(한쪽 손목)
❹	________________ when I lift my arm.	나 팔 들면 어깨가 아파.	(한쪽 어깨)

B. Complete the following dialogues using the given translations.
번역을 참고로 하여 다음 각 대화문을 완성해보세요.

❺ A: ________________
B: No, it's just swollen a bit. Should be okay with some ice on it.

A: 너 다쳤어?
B: 아니, 살짝 부은 거야. 냉찜질 좀 하면 괜찮아질 거야.

❻ A: ________________
B: My right knee. It hurts a lot.

A: 어디가 아파?
B: 오른쪽 무릎. 많이 아프네.

❼ A: ________________
B: Ow! Yes, that's the spot.

A: 여기가 아픈 데야?
B: 윽! 응, 바로 거기야.

❽ A: ________________
B: I slipped and fell.
A: Good thing you didn't break your arm.

A: 너 어쩌다가 다친 거야?
B: 미끄러져서 넘어졌어.
A: 팔이 안 부러졌기에 망정이지.

❾ A: I'm so glad you ______________.
B: I guess I was very lucky.

A: 네가 안 다쳤다니 다행이야.
B: 아주 운이 좋았나 봐.

❿ A: Why is Bill in a wheelchair?
B: He ____________ while skiing.

A: 빌은 왜 휠체어 타고 있는 거야?
B: 스키 타다가 다쳤어.

⓫ A: I didn't expect anyone to __________.
B: Oh well. It was unfortunate.

A: 난 누가 다칠 거라고는 예상 못 했어.
B: 그래, 어쩔 수 없지. 운이 없었어.

Answers

❶ I hurt my toe ❷ My knees hurt
❸ I hurt my wrist ❹ My shoulder hurts
일부 답변은 응답자에 따라 달라질 수 있음
❺ Are you hurt? ❻ Where does it hurt?
❼ Is this where it hurts? ❽ How did you get hurt?
❾ didn't get hurt ❿ was injured ⓫ be hurt

Tip.1) 이번 레슨 초반에는 누군가가 다쳤을 때 자주 사용되는 질문들을 소개하고 있습니다. 보통은 "hurt"라는 동사를 사용하지만, 다친 정도가 심각할 경우엔 "injure"라는 동사를 이용하거나 "injure"의 명사형인 "injury"를 이용해 "have an injury"라고 표현하기도 합니다.

Tip.2) 신체 부위가 동사 "hurt" 뒤에 등장할 때 "hurt"는 "**다치다**"라는 뜻이지만, 신체 부위가 동사 "hurt" 앞에 등장할 때 "hurt"는 "**아프다**"라는 뜻이 됩니다. "hurt"가 "**다치다**"라는 뜻일 때는 이미 다친 후에 말하는 경우가 많아서 주로 "**과거 시제**"로 표현하고, "**아프다**"라는 뜻일 때는 현재의 상태를 말하는 것이므로 "**현재 시제**"로 표현하죠.

Tip.3) "back"은 사람의 뒷면, 즉 "**등**"이라는 뜻입니다. 하지만, 일반적으로는 "**허리**"라는 뜻으로 더 많이 사용되죠. "**등**"과 구분하여 "**허리**"를 명확히 밝혀주고자 할 때는 "lower back"이라고 표현할 수도 있습니다.

Tip.4) 어딘가를 "**다쳤다**"고 말할 때는 "injure"을 이용하기도 합니다. 주로 무얼 하다가 다쳤는지는 문장 끝에 "~ing" 형태로 밝혀주는데, 이는 "hurt"의 경우도 마찬가지입니다.

Tip.5) 특정 부위를 말하는 게 아니라 그냥 누군가가 다친 상태라고 말할 땐 "**사람** + be hurt/injured"라고 표현합니다.

Tip.6) "be hurt/injured"는 "get hurt/injured"라고 표현하기도 합니다. be동사는 "**상태**"를 설명해 주지만, "get"은 "**당하는 동작**"을 설명해주기 때문에 "get hurt/injured"라고 표현하면 누군가에 의해, 또는 어떤 사고로 인해 다쳤다는 어감을 주죠.

추가 1) "hurt"는 육체적으로 어딘가를 아프게 하거나, 다쳤을 때도 사용할 수 있지만, 마음을 아프게 하거나 감정을 상하게 한 경우에도 사용됩니다.

I didn't mean to **hurt** your feelings.
너한테 상처 주려던 건 아니었어.

추가 2) "funny"는 "**웃긴**", "**재미있는**"이라는 뜻이지만, 간혹 "**이상한**", "**이상하게**"라는 뜻으로도 쓰입니다.

I landed **funny** playing basketball. 나 농구 하다가 이상하게 착지했어.
I have a **funny** feeling in my stomach. 나 왠지 속이 좀 이상해.

추가 3) "**~해서 다행이야**", "**~하길 잘했어**"라고 말하고 싶을 때는 "(It's a) Good thing (that) ..."이라고 표현합니다. "that" 뒤에는 완벽한 문장이 등장하며, "that"은 거의 생략하고 말하죠.

Good thing you took a taxi. (네가) 택시를 탔기에 망정이지. / 택시 타길 잘했어.

추가 4) 심하게 다쳤다고 말할 때는 "be wounded"라는 표현을 사용하기도 합니다. "be injured"는 사고나 타인의 공격에 의해 다치는 것임에 반해, "be wounded"는 전쟁이나 싸움 등에서 무기에 의해 다치는 것을 말하죠. 타 표현들과 마찬가지로 "wound" 역시 육체적인 부상뿐만 아니라 감정적인 상처를 이야기할 때도 사용할 수 있습니다. 참고로, "wound"는 "**상처**", "**부상**"이라는 뜻의 명사로도 사용될 수 있는데, 이때도 정도가 심한 상처나 부상을 의미하긴 하지만, 반드시 전쟁이나 싸움에 의한 것만을 의미하는 것은 아닙니다.

He **was wounded** in action in Iraq. 그는 이라크에서의 작전 중 부상을 당했어.
I **was wounded** by what he said. 나 그가 한 말에 상처받았어.

Lesson 112 I sprained my wrist.

Understanding

1 Injury related expressions.

※ When you get injured, you may ***bleed***.
Here are some sentences using the word ***bleed***. Tip.1

ex) I bled on my new shirt. (나) 새로 산 티셔츠에 피 흘렸어.

Tip.2 ex) My ① ______ bleed when I brush my teeth. 나 이 닦으면 잇몸에서 피가 나.

ex) My nose is bleeding. 나 코피 나.

ex) We've got to get it to stop bleeding first. Put ② ________ on it.
피나는 것부터 멈추게 해야 해. 거기 압박해.

ex) I'm always getting nosebleeds. 난 항상 코피가 나.

※ An injury to one of your ligaments can happen when you ***twist*** your ankle, wrist, foot, etc. When it happens, we call it ***sprain***. Let's take a look at how the verb ***sprain*** and ***twist*** can be used in sentences below. Tip.3

ex) I sprained my wrist. 나 손목 삐었어.

ex) I sprained my ankle ③ ________. 나 스케이트 타다가 발목 삐었어.

ex) I twisted my ankle. 나 발목 접질렸어.

※ When you sprain your ankle, foot, wrist, etc, you may get a ***cramp***. It is an involuntary, spasmodic muscle contraction causing severe pain. Tip.4

ex) I sprained my ankle very badly. Now it's starting to cramp!
나 발목을 엄청 심하게 삐었더니 이젠 경련이 나.

ex) My shoulder sprain keeps ④ ________. 나 어깨 삔 곳에 계속 경련이 나.

Tip.5

※ We often use the verb ***pull*** when we talk about an injury. It means ***to injure a muscle by stretching it too much***. Tip.6

ex) I pulled my muscle exercising. 나 운동하다가 근육이 놀랐어.

ex) I pulled a muscle ⑤ ______ my lower back. 나 허리 근육이 늘어났어.

※ We often use the verb ***bruise*** when we talk about an injury. It means ***to have an injury that does not break the skin, but results in some discoloration resulting from broken blood vessels under the skin***. Tip.7

ex) I bruised my tailbone. 나 꼬리뼈에 타박상을 입었어.
ex) I got my arm bruised. 나 팔에 멍들었어.
ex) I have a huge bruise ⑥ ______ my knee. 나 무릎에 멍이 크게 들었어.
ex) My big toe got ⑦ ______ playing soccer. 나 축구 하다가 엄지발가락에 멍들었어.
ex) She punched me and it ⑧ ______ a bruise. 걔가 날 주먹으로 쳐서 멍이 생겼어.

※ We often use the verb ***break*** when we talk about an injury. It means ***one of our bones is damaged and separated into two or more parts***. The word ***break*** can also be used as a noun. Tip.8

ex) I broke my foot. 나 발 부러졌어.
ex) I broke my ankle playing basketball. 나 농구 하다가 발목 부러졌어.
ex) He broke his legs ⑨ ______ a car accident. 걘 자동차 사고로 발이 부러졌어.
ex) That's a bad break. 거참 운도 없네. / 거참 심하게도 부러졌네.
ex) It was a clean break. (거기가) 깔끔히 부러졌어. / (그건) 단순 골절이었어.

2 Some useful expressions using the verb *fall*.

※ The verb ***fall*** is **an irregular verb** and its past tense form is ***fell***. Here are some sentences using it. Tip.9

- I fell asleep. 나 잠들었어.
- My leg fell ⑩ ______. 나 다리가 저려.
- A button fell ⑪ ______ my shirt. (내) 셔츠에서 단추가 하나 떨어졌어.
- Stocks fell sharply this month. 이번 달에 주식이 급락했어.
- Her hair falls to her shoulders. 걔 머리카락은 어깨까지 내려와.
- I fell down the stairs. 나 계단에서 넘어졌어. / 나 계단에서 굴러떨어졌어.

- I slipped on the ice and fell ⑫ ______ my back. 나 빙판에서 미끄러져서 뒤로 나자빠졌어.
- We have no savings to fall ⑬ ______ on. 우린 비상용으로 모아놓은 돈이 전혀 없어.
- New Year's Day falls on a Friday next year. 내년 설날(1월 1일)은 금요일이야.
- I think I've fallen ⑭ ______ love with her. 나 그녀와 사랑에 빠졌나 봐.
- I've fallen head over heels for her. 난 걔한테 홀딱 빠져버렸어.
- Tip.10 She's falling ⑮ ______ in her schoolwork. 걘 학업에서 뒤처지고 있어.
- Tip.11 I fell for you the moment I saw you. 난 널 보는 순간 너에게 홀딱 반했어.
- I can't believe I fell ⑯ ______ that. 내가 거기에 속다니 (믿을 수가 없네).

Answers
① gums ② pressure ③ skating ④ cramping ⑤ in ⑥ on
⑦ bruised ⑧ left ⑨ in ⑩ asleep ⑪ off ⑫ on
⑬ back ⑭ in ⑮ behind ⑯ for

Practice

A. Complete the following dialogues using the given translations.
번역을 참고로 하여 다음 각 대화문을 완성해보세요.

❶ A: Why are you limping? Are you hurt?
B: I just ______________.

A: 왜 절뚝거리니? 다쳤어?
B: 방금 발목을 삐었어.

❷ A: I can't stop my ____________.
B: Oh, you picked your nose again, didn't you?

A: 나 코피가 멈추질 않아.
B: 오, 너 또 코 후빈 거지?

❸ A: Why do you have a cast on your foot?
B: I _________ it playing frisbee with my dog.

A: 너 발에 왜 깁스한 거야?
B: 개랑 원반 던지고 놀다가 접질렸어.

❹ A: I cut my finger two hours ago, but it's still ____________.
B: You'd better go see a doctor right away. Let's go. I'll drive.

A: 나 두 시간 전에 손가락 베였는데 아직도 피가 나.
B: 지금 당장 병원에 가보는 게 좋겠어. 가자. 내가 차 몰게.

❺ A: Hey, you have a big ____________ on your knee. What happened?
B: I banged it against the door this morning.
A: Ouch.

A: 야, 너 무릎에 멍이 크게 들었잖아. 무슨 일 있었어?
B: 오늘 아침에 문에 쾅 부딪혔어.
A: 어이구 (아팠겠네).

❻ A: I fell down and ________ my tailbone.
B: Ouch!
A: Yeah.

A: 나 넘어져서 꼬리뼈 부러졌어.
B: 아팠겠다!
A: 응.

❼ A: Look at your fly.
B: Oops.
A: I got you.
B: I can't believe I _________ that.

A: 너 (바지) 지퍼 열렸어.
B: 앗.
A: 속았지.
B: 내가 속아 넘어가다니.

❽ A: Can you tutor Ken? He needs some serious help.
B: Why?
A: He's ____________ in his schoolwork.

A: 너 켄 과외 좀 해줄 수 있어? 걘 도움이 절실해.
B: 왜?
A: 학업에서 뒤처지고 있어서.

Answers 일부 답변은 응답자에 따라 달라질 수 있음
❶ twisted my ankle ❷ nosebleed ❸ sprained ❹ bleeding
❺ bruise ❻ broke ❼ fell for ❽ falling behind

Tip.1) 다쳤을 때는 "**출혈(bleeding)**"이 생기기도 하죠. "**피가 나다**"라고 말할 때는 영어로 "**bleed**"라고 표현합니다. 보통, 이 표현은 피가 흐르는 중에 사용하는 경우가 많아서 "**be bleeding**"처럼 진행형으로 표현되는 경우가 많죠.

Tip.2) "**gum**"은 "**잇몸**", "**치은**"이라는 뜻으로도 쓰이지만, 그보다 씹는 "**껌**"으로 더 익숙하죠. 참고로, 영어에서 껌은 셀 수 없는 명사로 보기 때문에 "**껌 하나**"라고 말하려면 "**a piece of gum**"이라고 표현해야 한답니다.

A: Care for a **piece of gum**? A: 껌 하나 씹을래?
B: Yeah, sure. Thanks. B: 응, 그래. 고마워.

Tip.3) 다쳤을 땐 발목이나 손목, 허리 등의 "**관절(joint)**"을 삐기도 하는데, 영어로 "**삐다**", "**접질리다(접지르다)**"라고 표현할 때는 동사 "**sprain**" 또는 "**twist**"를 사용합니다. "**twist**"가 살짝 접질린 것이라면, "**sprain**"은 심하게 접질린 것을 말하죠.

Tip.4) 근육이 의지와는 관계없이 갑자기 수축하거나 떠는 현상을 "경련(cramp)"이라고 합니다.

Tip.5) "**유지하다**"라는 뜻의 동사 "**keep**" 뒤에 동명사(~ing)가 등장하면 "어떠한 행동을 유지하다", 즉 "**계속 ~하다**"라는 뜻이 됩니다.

Keep going straight. 계속 쭉 가.
Keep trying. 계속 (시도)해봐. / 계속 노력해봐.

Tip.6) 근육이 "**놀라다**", "**결리다**", "**땅기다**", "**늘어나다**"라고 말할 때는 동사 "**pull**"을 사용합니다.

Tip.7) "**~에 멍이 들다**", "**~에 타박상을 입다**"라고 표현할 때는 동사 "**bruise**"를 사용합니다. "**bruise**"는 그 자체로 "**멍**"이라는 명사로 쓰이기도 하며, "**타박상**"은 "**bruising**"이라고 표현합니다.

Tip.8) 아주 심한 경우엔 접질리는 수준을 넘어 부러지기도 하는데, 영어로는 "**부러지다**"라고 말할 때 동사 "**break**"를 사용합니다. 참고로, 완전히 부러지지 않고 그냥 금만 갔을 때는 "**I fractured my bone. (나 뼈에 금 갔어.)**"이라고 표현합니다.

Tip.9) 다치거나 부상을 입는 상황 중에는 "넘어져서" 발생하는 상황이 빠질 수 없죠. 이때 사용되는 동사 "**fall**"은 불규칙 변화 동사로, 과거형은 "**fell**", 과거분사형은 "**fallen**"입니다. 이번 레슨 말미에는 이를 이용한 유용한 표현들을 소개하고 있습니다.

Tip.10) "**fall behind**"는 "**뒤처지다**", "**늦어지다**", "**지불하지 못하다**"라는 뜻으로, 일정이나 공과금 같은 게 밀렸다고 말할 때 주로 사용됩니다. 뒤에는 전치사 "**in**"이나 "**on**"을 동반하는 경우가 많죠.

I **fell behind** in my car payments. 나 차 할부금 밀렸어.
I'm **falling behind** in my school work. 나 요즘 학교 수업 따라가기가 힘들어.

Tip.11) "**fall for ...**"는 "~쪽으로(for) 넘어가다(fall)"라는 말로, 실제로 몸이 넘어지거나 떨어진다는 의미가 아니라 누군가의 매력에 "**홀딱 반하다**", "**홀딱 빠지다**", 또는 누군가의 거짓말이나 달콤한 말, 정략, 잔꾀 등에 "**(속아) 넘어가다**"라는 뜻으로 쓰입니다.

Don't **fall for** it. (그 말에) 속지 마.
I think I'm **falling for** him. 나 걔한테 푹 빠진 것 같아.

Lesson 113 I have a slight fever.

Understanding

1 Expressions used when not feeling well.

※ When you do not feel well, you can use words like ***sick*** or ***ill***. Here are some ways to ask people how they are when they do not look well. Tip.1

- You look sick. Are you okay?
  너 아파 보이는데. 괜찮아?
- You're looking rather ill. Is everything all ❶ ______?
  너 꽤 아파 보이는데. 괜찮은 거야?
- Are you okay? You look a little ❷ ______ today.
  괜찮아? 너 오늘 안색이 좀 창백해 보여.
- You don't look well. Why don't you lie down here?
  너 안색이 안 좋아 보이는데. 여기 좀 눕지그래?

- What's wrong? You don't look very ❸ ______.
  무슨 일 있어? 너 안색이 안 좋아.
- You're coughing a lot. Are you ❹ ______ you're okay?
  너 기침을 많이 하는데. 괜찮은 거 맞아?
- You're bleeding. Are you okay?
  너 피나는데. 괜찮아?

2 Telling someone why you are not feeling well. #1

※ You can use sentences like those below to tell someone why you are not feeling well.

Tip.2 ex) I have a headache. 나 두통이 있어. / 나 머리가 아파.
Tip.3 ex) I have a stomach ❺ ______. 나 장염 걸렸어.
ex) I have ❻ ______. 나 설사해.

※ You can use words like ***bad***, ***slight***, ***terrible*** or ***severe*** to stress how unwell you are feeling.

ex) I have a slight fever. 나 열이 조금 있어.
ex) I have a slight ❼ ______ throat. 나 목이 좀 아파.
= I have a slightly ❼ ______ throat.
ex) I have a bad toothache. 나 이가 많이 아파. / 나 치통이 심해.

ex) I have a terrible ⑧ ________. 나 숙취가 심해.
ex) I have a severe migraine. 나 편두통이 심해.
ex) I have severe ⑨ ________. 나 속이 엄청 쓰려. / 나 속 쓰림이 심해.

3 Common illnesses and symptoms.

※ Here are some examples of common illnesses and symptoms that we suffer from.

- Tip.4 I have a cold. 나 감기 걸렸어.
- I have a ⑩ ______ cold. 나 코감기 걸렸어.
- Tip.5 I have ⑪ ______ flu. 나 독감 걸렸어.
- I have a headache. 나 머리가 아파. / 나 두통이 있어.
- I have a migraine. 나 편두통이 있어.
- I have a fever. 나 열 나. / 나 열 있어.
- I have the ⑫ ______. 나 오한이 나.
- I have a runny nose. (= My nose is running.) 나 콧물 나.
- I have a stuffy nose. (= My nose is stuffed.) 나 코가 막혔어.
- I have a cough. 나 기침 나.
- I have a sore throat. 나 목 아파. / 나 인후염이 있어.
- I have a cold ⑬ ______. 나 입술(/입안)에 발진이 생겼어.
- I have a toothache. 나 이 아파. / 나 치통이 있어.
- I have a rash. 나 두드러기 났어.
- I have the ⑭ ______. 나 딸꾹질 나.
- I have a stomachache. 나 배 아파. / 나 복통이 있어.
- I have an ⑮ ______ stomach. 나 배탈 났어.
- I have a sour stomach. 나 속 쓰려.
- I have a stomach bug. 나 장염 걸렸어.
- I have heartburn. 나 가슴이 쓰려. / 나 가슴이 아려.
- I have a backache. 나 허리 아파. / 나 요통이 있어.
- I have ⑯ ______. 나 불면증이 있어.
- I have indigestion. 나 소화불량에 걸렸어.
- I have diarrhea. (= I have the runs.) 나 설사 해.
- I have pneumonia. 나 폐렴 걸렸어.
- I have anemia. 나 빈혈이 있어.
- I have asthma. 나 천식이 있어.
- I have eczema. 나 습진이 생겼어.
- I have arthritis. 나 관절염이 있어.
- I have ⑰ ______ allergies. 나 계절성 알레르기가 있어.

Answers

① right	② pale	③ well	④ sure	⑤ bug	⑥ diarrhea
⑦ sore	⑧ hangover	⑨ heartburn	⑩ head	⑪ the	⑫ chills
⑬ sore	⑭ hiccups	⑮ upset	⑯ insomnia		⑰ seasonal

Practice

A. Use your own words and complete the following dialogues.
샘플 대화문은 참고용입니다. 자신의 말로 자유롭게 대화를 나눠보세요.

❶ A: You look sick. ___________________?
B: Not really. I think I'd better go home.

❷ A: I have ______________________.
B: Have you taken your medicine yet?

B. Find the best expression.
보기 중 빈칸에 가장 적절한 표현을 고르세요.

❸ A: You look sick. Are you okay?
B: ____________________________

A: 너 아파 보이는데. 괜찮아?
B: ______________________

ⓐ A stomach bug is going around.
ⓑ Not really. I have severe pneumonia.
ⓒ I'm sorry you're sick.

C. Find the similar expression.
보기 중 밑줄 친 표현과 유사한 표현을 고르세요.

❹ A: You look a bit under the weather.
B: My nose is <u>stuffy</u> because of my stupid allergies.

A: 너 컨디션이 좀 안 좋아 보이는데.
B: 망할 놈의 알레르기 때문에 코가 <u>막혔어</u>.

ⓐ blocked
ⓑ annoying
ⓒ sniff

Sample Dialogue

❶ A: You look sick. <u>Are you okay</u>?
B: Not really. I think I'd better go home.

A: 너 좀 아파 보이는데. 괜찮아?
B: 아니, 안 괜찮아. 집에 가는 게 좋겠어.

❷ A: I have <u>a bad headache</u>.
B: Have you taken your medicine yet?

A: 나 머리가 심하게 아파.
B: 약은 먹었어?

Answers

❸ ⓑ ❹ ⓐ

Tip.1) 신체 중 어딘가를 다치거나 부상을 입은 경우가 아니라 몸의 컨디션이 안 좋거나 질병에 걸렸을 때는 "**sick**"이나 "**ill**" 등의 표현을 사용합니다. 참고로, "**sick**"과 "**ill**" 둘 다 "**아픈**"이라는 뜻이지만, 기본적으로 "**sick**"에 비해 "**ill**"이 좀 더 격식적으로 들립니다. 크게 차이를 안 두는 경우가 대부분이긴 하지만 굳이 차이를 따지자면, "**sick**"은 단기적이고 살짝 아픈 느낌을 표현할 때 사용되는 반면, "**ill**"은 좀 장기적인 병을 앓는다고 할 때 사용하는 경우가 많답니다. 또한, "**sick**"은 주로 미국에서 자주 사용되며, "**ill**"은 영국에서 자주 사용된다고도 볼 수 있죠. 영국에서는 "**sick**"이라고 하면 "**속이 매슥거리는**" 또는 "**토할 것 같은**"이라는 의미로 자주 사용됩니다. 추가로, 미국에서는 "**sick**"을 "**죽여주는**", "**대박인**"이라는 뜻의 슬랭으로도 많이 사용하며, 반대로, 사람을 가리켜 "**역겨운**", "**사이코 같은**", "**잔인한**"이라고 말할 때도 사용됩니다.

Tip.2) "**ache**"는 그 자체만으로도 "**아프다**", "**쑤시다**" 또는 "**아픔**"이라는 뜻이 있지만, 다른 명사들과 결합하여 "**~통**"이라는 표현으로 더 많이 사용되는 단어입니다. 다음 표현들을 참고하세요.

head**ache**	두통	tooth**ache**	치통
stomach**ache**	복통	ear**ache**	이통
back**ache**	요통	muscle **ache**	근육통 (→ 이것만 두 단어로 구성)

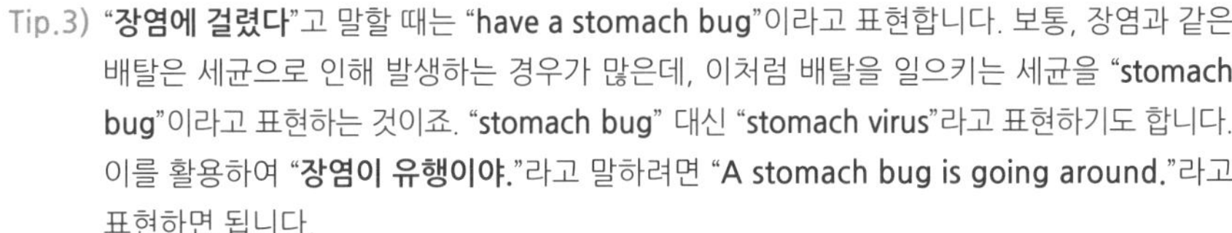

Tip.3) "**장염에 걸렸다**"고 말할 때는 "**have a stomach bug**"이라고 표현합니다. 보통, 장염과 같은 배탈은 세균으로 인해 발생하는 경우가 많은데, 이처럼 배탈을 일으키는 세균을 "**stomach bug**"이라고 표현하는 것이죠. "**stomach bug**" 대신 "**stomach virus**"라고 표현하기도 합니다. 이를 활용하여 "**장염이 유행이야.**"라고 말하려면 "**A stomach bug is going around.**"라고 표현하면 됩니다.

Tip.4) "**감기에 걸렸다**"고 말할 때는 "**I have a cold.**" 외에 "**I've got a cold.**", "**I caught a cold.**"라고 표현할 수도 있습니다. "**걸렸다**"라고 말하기 때문에 과거형으로 "**I had a cold.**"라고 표현하기 쉽지만, 이렇게 표현할 경우 "과거에 감기에 걸렸다가 지금은 다 나았다"는 의미가 된답니다. "**have got**"이 "**have**"와 같은 뜻인 건 아시죠? 즉, 둘 다 "**~을 가지고 있다**"라는 뜻이므로, 현재 "**감기**"라는 질병을 가지고 있다는 뜻이 됩니다.

Tip.5) 보통, 심한 감기를 독감이라고 생각하기 쉬운데, 다양한 원인(바이러스)에 의해 생기는 "호흡기 질환"을 통칭하는 개념인 감기와는 달리, 독감은 "**influenza virus**"에 의해 발생하는 일종의 "전염병"으로, 감기와는 전혀 다른 질병이랍니다. 감기는 흔하고, 주로 추울 때 걸리기 때문에 "**common cold**" 또는 "**cold**"라고 하고, 독감은 "**influenza**"의 가운데 세 글자를 이용해 "**flu**"라고 표현합니다. 또한, 감기는 흔하고 일반적이라서 관사도 부정관사인 "**a**"를 사용하지만, 독감은 그 시기에 돌고 있는 특정한 바이러스로 인한 것이라서 정관사 "**the**"를 사용하죠. 단, 독감도 한 종류의 독감을 말할 때는 부정관사를 사용하기도 합니다.

There's **a** flu going around. 독감이 돌고 있어.

추가 1) "**약을 먹는다**"고 말할 때는 동사로 "**take**"를 이용하여 "**take medicine**"이라고 표현합니다. 보통, "누군가의 약"이라고 표현하는 경우가 많아서 "**medicine**" 앞에는 소유격이 등장하는 경우가 많죠.

Lesson 114 I'm suffering from food poisoning.

Understanding

1 Telling someone why you are not feeling well. #2

Tip.1 ※ When you are not feeling well, you can use the phrase "**I'm suffering from ...**"

ex) I'm suffering from a sore throat. 나 목이 아파서 고생하고 있어. / 나 인후염에 시달리고 있어.

ex) I'm suffering from a fever. 나 열이 나서 고생하고 있어. / 나 열병에 시달리고 있어.

Tip.2 ex) I'm suffering from food ❶ ________. 나 식중독 때문에 고생하고 있어.

ex) I'm suffering from ❷ ________. 나 폐렴으로 고생하고 있어.

ex) I'm suffering from a hangover. 나 숙취 때문에 고생하고 있어.

※ When you talk about what your doctor told you about your condition, you can explain as below.

ex) My doctor told me it's just a cold. 병원에선 그냥 감기래.

ex) My doctor told me I have the flu. 병원에서 나 독감 걸렸대.

ex) He told me to lose some weight. 의사 선생 말이 나더러 살 좀 빼래.

ex) He told me I have high cholesterol. 의사 선생 말이 콜레스테롤 수치가 높대.

ex) She told me I should ❸ ________. 의사 선생 말이 나 담배 끊어야 한대.

ex) She told me my ❹ ________ is too high. 의사 선생 말이 나 혈압이 너무 높대.

2 Expressions used when talking about health related issues.

※ Here are some additional expressions you can use when talking about health related symptoms and conditions.

- My head is spinning. 나 머리가 빙글빙글 돌아.
- My head is ❺ ________. 나 머리가 지끈거려.
- My mind is reeling. [충격 등으로 놀라서] 나 정신을 못 차리겠어.
- My stomach is troubling me. 속이 불편해서 힘들어.
- My cough is keeping me ❻ ____ at night. 나 기침 때문에 밤에 잠을 잘 못 자.
- Tip.3 My feet are swollen. 나 발이 부어올랐어.
- My eye is twitching. 나 눈에서 경련이 일어나.
- My eyes are very puffy. (내) 눈이 많이 부었어.

- My eyes are a bit dry. (내) 눈이 좀 건조해.
- My hands are a little cold. (내) 손이 좀 차가워.
- My ❼ ______ is broken. 나 손톱 깨졌어.
- My ankle is swollen and ❽ ______. 나 발목이 붓고 가려워.
- My lower back aches. 나 허리 아파.
- I can't move my neck. 나 목을 못 움직이겠어.
- I can't stand up straight. 나 똑바로 서질 못 하겠어.
- I can't bend my knees. 나 무릎을 못 굽히겠어.
- I can't ❾ ______ anything. 나 아무것도 못 삼키겠어.
- I can't breathe ❿ ______ my nose. 나 코로 숨을 못 쉬겠어.
- I can't stop ⓫ ______. 나 딸꾹질이 멈추질 않아.

※ When you talk about your illness, injury or discomfort, you can also use the following expressions.

- I have a ⓬ ______ knee. 나 한쪽 무릎이 안 좋아.
- I have a big bruise on my arm. 나 팔에 멍들었어.
- Tip.4 I have eczema ⓭ ______ my palms. 나 손바닥에 습진 생겼어.
- I have ⓮ ______ eye after visiting the swimming pool. 나 수영장 갔다가 유행성 결막염 걸렸어.
- I have pins and ⓯ ______ in my right hand. 나 오른쪽 손이 저려.
- I had a concussion. 나 뇌진탕 걸렸었어.
- I suffered second-degree burns. 나 2도 화상을 입었어.
- I've been sneezing all day. 나 온종일 재채기가 나.
- I feel dizzy. 나 어지러워.
- Tip.5 I feel like throwing up. 나 토하고 싶어.
  (= I feel like ⓰ ______. = I feel like puking.)
- I feel bloated. 나 속이 더부룩해.
- Tip.6 I'm nauseated. (= I feel nauseated.) 나 속이 메스꺼워.
- I'm nauseous. (= I feel nauseous.) 나 속이 메스꺼워.
- I'm walking with a ⓱ ______. 나 발을 절면서 걸어.
- I lost my big toenail playing soccer. 나 축구 하다가 엄지발톱 빠졌어.
- I cut myself. 나 칼에 베였어.
- I cut my finger. 나 손가락 베었어.
- I got a paper cut. (= I have a paper cut.) 나 종이에 (손) 베였어.
- I got a black eye because the baseball hit me in the eye. 나 야구공에 맞아서 눈에 멍들었어.

Answers ❶ poisoning ❷ pneumonia ❸ stop smoking ❹ blood pressure ❺ throbbing ❻ up ❼ nail ❽ itchy ❾ swallow ❿ through ⓫ hiccuping ⓬ bum ⓭ on ⓮ pink ⓯ needles ⓰ vomiting ⓱ limp

⏱ Practice

A. Use your own words and complete the following dialogue.
샘플 대화문은 참고용입니다. 자신의 말로 자유롭게 대화를 나눠보세요.

❶ A: I'm suffering from ________________.
B: Really? ____________________________?

B. Complete the following dialogues using the given translations.
번역을 참고로 하여 다음 각 대화문을 완성해보세요.

❷ A: I have ____________ on my palms.
B: I don't get it. You don't even wash the dishes!

A: 나 손바닥에 습진 생겼어.
B: 이해가 안 되네. 넌 설거지도 안 하잖아!

❸ A: Hey.
B: What?
A: Pull the car over. I think I'm gonna ________ up.

A: 야.
B: 왜?
A: 차 좀 세워봐. 나 토할 거 같아.

❹ A: Are you okay? Why are you limping?
B: I have ________________.

A: 너 괜찮아? 다리는 왜 절어?
B: 한쪽 무릎이 안 좋아.

❺ A: I ________________.
B: Why don't you sit down here for a minute? Let me get you a glass of water. I'll be right back.

A: 나 어지러워.
B: 여기 잠시 앉지그래? 내가 물 한 잔 갖다 줄게. 잠시만.

❻ A: Who gave you a _________ eye?
B: I got hit by a baseball.
A: Are you okay?
B: I guess.
A: Thank God you're okay. It could've been worse, you know.

A: 너 어쩌다가 눈에 멍든 거야?
B: 야구공에 맞았어.
A: 괜찮아?
B: 그런 거 같아.
A: 괜찮다니 다행이네. 그 정도라서 다행인 줄 알아.

Sample Dialogue

❶ A: I'm suffering from food poisoning.
B: Really? What did you eat?

A: 나 식중독 때문에 고생 중이야.
B: 정말? 뭘 먹었길래?

Answers

❷ eczema ❸ throw ❹ a bum knee ❺ feel dizzy
❻ black

Tip.1) 몸이 안 좋을 때는 지난 시간에 배운 "**I have ...**"라는 표현 외에도 "**I'm suffering from ...**"이라고 표현하기도 하는데, 이는 "어떤 질병으로 인해(from ...) 고생 중이다(I'm suffering)"라는 뜻이랍니다.

Tip.2) "**중독**"은 크게 두 가지로 나눌 수 있습니다. 하나는 독성이 있는 물질이 체내로 들어오거나 그런 물질에 노출되어 신체가 장애를 일으키는 것을 의미하며, 또 다른 하나는 무언가를 지나치게 복용한 결과 그것 없이는 견디지 못하는 병적 집착 상태를 의미하죠. 영어에서는 전자를 "**poisoning**", 후자를 "**addiction**"으로 구분합니다.

food **poisoning**	식중독	drug **addiction**	약물중독, 마약중독
carbon monoxide **poisoning**	일산화탄소중독	game **addiction**	게임 중독
heavy metal **poisoning**	중금속중독	computer **addiction**	컴퓨터 중독
lead **poisoning**	납중독	internet **addiction**	인터넷 중독
mercury **poisoning**	수은중독	caffeine **addiction**	카페인 중독
gas **poisoning**	가스중독	nicotine **addiction**	니코틴 중독
cadmium **poisoning**	카드뮴중독	shopping **addiction**	쇼핑 중독
radiation **poisoning**	방사능중독	gambling **addiction**	도박 중독

참고로, "**알코올 중독**"은 이런 표현들과 관계없이 "**alcoholism**"이라고 표현합니다.

Tip.3) "**swell**"은 "**붓다**"라는 뜻의 동사입니다. 무언가가 "**부어오르다**"라고 말할 때는 "**swell up**"이라고 표현하고, "**부어오른**"이라는 뜻의 형용사로 표현할 때는 "**swollen**" 또는 "**swelled**"라고 하죠. "**swollen**"과 "**swelled**"는 차이를 두지 않고 서로 동일한 의미로 사용되긴 하지만, 실제로는 "**swollen**"을 조금 더 많이 사용하고, 어감만으로 따져보면 "**swollen**"은 좀 많이 부은 느낌, "**swelled**"는 살짝 부은 느낌에 가깝다고 볼 수 있답니다.

His arm was beginning to **swell up**. 걔 팔이 부어오르기 시작했어.
My sprained ankle **swelled up** quickly and started to hurt.
발목 삔 부위가 곧 부어오르더니 아프기 시작했어.

Tip.4) "**습진(eczema)**"의 경우엔 양쪽 손바닥에 생길 수도 있고, 한쪽 손바닥에만 생길 수도 있기 때문에 상황에 따라 "**palm**"을 복수로 표현하기도 하고 단수로 표현하기도 합니다.

Tip.5) 보통, "**토하다**"라고 말할 때 "**오바이트**"라고 표현하는 사람들이 있는데, 이는 "**overeat**"이라는 표현으로, 실제로는 "**과식하다**"라는 뜻입니다. "**토하다**"라고 할 때는 "**throw up(가장 일반적인 표현)**", "**vomit(격식적 표현)**", 또는 "**puke(비격식적 표현)**"라는 표현을 사용하죠.

Tip.6) 본래 "**nauseous**"는 사람의 상태가 아니라 메스껍게 만드는 사물의 성질을 묘사할 때 사용하는 형용사입니다. 사람의 상태를 묘사할 때는 "**nauseated**"라는 형용사를 사용해야 하죠. 하지만 대화 시에는 "**nauseous**" 역시 "**nauseated**"와 마찬가지로 사람의 상태 묘사 시 자주 사용됩니다.

Lesson 115 I have a splitting headache.

Understanding

1 Other useful expressions used when talking about health related issues.

※ Here are additional useful expressions you can use.

- I'm under the ① ______. 나 몸이(/컨디션이) 좀 안 좋아.
- Tip.1 I think I'm coming ② ______ with something. 나 아무래도 무슨 병에 걸린 것 같아.
- Tip.2 I'm fighting ③ ______ a bad cough. 나 기침이 심해서 엄청 고생 중이야.
- I'm so stressed about my hair ④ ______ recently.
  나 탈모 때문에 요즘 스트레스가 이만저만이 아니야.
- I'm losing my hair these days. 나 요즘 탈모 증세가 있어.
- I'm ⑤ ______ a fever of 102 degrees. 나 열이 39도(화씨 102도)야.
- I have a ⑥ ______ headache. 나 머리가 쪼개질 듯이 아파.
- I have a stitch in my ⑦ ______ from this morning. 나 아침부터 계속 옆구리가 결려.
- Tip.3 I have a cramp in my neck. 나 목에 쥐 났어.
- He has real serious athlete's foot. 걘 무좀이 엄청 심해.
- He has a severe hand ⑧ ______. 걘 수전증이 심해.
- Tip.4 My family has a history of diabetes. 우리 집엔 대대로 당뇨병 환자가 많아.
- Tip.5 I feel lightheaded. 나 어지러워서 쓰러질 것 같아. / 나 빈혈기가 좀 있어.
- I feel ⑨ ______ all over my body. 나 온몸이 쑤셔.
- Tip.6 I feel stiff in the shoulders. 나 어깨 결려. / 나 어깨가 뻐근해.
  = I feel stiff in my shoulders.
  = I feel ⑩ ______ in the shoulders.
  = I feel ⑩ ______ in my shoulders.
  = I have stiff shoulders.
  = My shoulders are stiff.
- My head is swimming.
  나 머리가 어지러워. / (나) 감당하기 힘든 느낌이 들어. / (나) 버겁게 느껴져.
- My headache is killing me.
  나 두통 때문에 죽겠어. / 나 머리가 아파서 죽겠어.
- My nose is running.
  나 콧물이 나와.
- My nose is running ⑪ ______.
  나 콧물이 계속 나와.

- My nose is running like a water ⑫ ________.
  나 수도꼭지를 틀어놓은 것처럼 코가 계속 나와.
- My nose is ⑬ ________.
  나 콧물이 뚝뚝 떨어져.
- My nose hurts from blowing it too much.
  나 코를 하도 많이 풀었더니 코가 아파.
- My nose is chapped and ⑭ ________. 나 코가 벗겨지고 아파.
- My hands are ⑮ ________. 나 땀 나서 손이 축축해.
- My back went out. 나 허리 삐었어.
- My fingers feel ⑯ ________. 나 손가락에 감각이 없어.
- My shoulder keeps popping. 나 어깨에서 계속 뚝뚝 소리가 나.

Tip.7
- My right knee sometimes gives ⑰ ______ when I walk.
  난 가끔 걸을 때 오른쪽 다리가 풀리는 경우가 있어.
- I threw my back out playing golf yesterday.
  나 어제 골프 치다가 허리 삐끗했어.
- I jumped and ⑱ ________ funny.
  나 뛰었다가 착지할 때 발을 잘못 디뎠어.
- I slept funny last night and now I can barely move my neck.
  나 지난밤에 이상한 자세로 잤더니 목을 거의 움직일 수가 없어.

Tip.8
- He sweats a lot on his palms. He ⑲ ______ hyperhidrosis.
  걘 손바닥에 땀이 아주 많이 나. 다한증이래.

2 Motion sicknesses.

※ You can get ***motion sickness*** when you travel by car, train, airplane or boat. It progresses from a feeling of uneasiness to sweating and/or dizziness. This is usually quickly followed by nausea and/or vomiting. Here are some examples of ***motion sickness***.

- I'm getting carsick. 슬슬 (차)멀미가 나네. / (차)멀미가 나기 시작하네.
- I'm getting seasick. 슬슬 (뱃)멀미가 나네. / (뱃)멀미가 나기 시작하네.
- I'm getting ⑳ ________. 슬슬 (비행기) 멀미가 나네. / (비행기) 멀미가 나기 시작하네.

- I get motion sickness easily. 난 멀미를 자주 해.
- I've had seasickness a few times. 난 뱃멀미를 한 적이 몇 번 있어.

Answers

① weather	② down	③ off 또는 with	④ loss	⑤ running
⑥ splitting	⑦ side	⑧ tremor	⑨ achy	⑩ stiffness
⑪ non-stop	⑫ faucet	⑬ dripping	⑭ sore	⑮ sweaty
⑯ numb	⑰ out	⑱ landed	⑲ has	⑳ airsick

Practice

A. Complete the following dialogues using the given translations.
번역을 참고로 하여 다음 각 대화문을 완성해보세요.

❶ A: Are you all right?
B: Not really. I think I'm ____________ ________ with something.

A: 너 괜찮아?
B: 아니, 별로 안 괜찮아. 컨디션이 점점 안 좋아지는 것 같아.

❷ A: I'm getting ____________.
B: Are you okay? Let me roll down the windows, so you can get some fresh air.

A: 나 차멀미나.
B: 괜찮아? 창문 내려줄 테니 공기 좀 쐐.

❸ A: I'm so stressed about my ________ _______ recently. I might go bald.
B: Don't worry about it. You're already married.

A: 나 요즘 탈모 때문에 엄청 스트레스야. 이러다 대머리 되겠어.
B: 걱정 마. 넌 이미 결혼했잖아.

❹ A: Are you okay? You don't look well.
B: I'm a bit under ______________. Maybe I should call in sick and get some rest.

A: 너 괜찮아? 안색이 안 좋아 보여.
B: 몸이 좀 안 좋아. 병가 내고 좀 쉬는 게 좋을 듯싶어.

❺ A: What took you so long?
B: I ________________ in my leg and I couldn't get up.

A: 왜 이렇게 늦었어?
B: 다리에 쥐가 나서 일어날 수가 없었어.

❻ A: I _____________ all over my body. Feels like someone has beaten me so hard.
B: It wasn't me.

A: 나 온몸이 쑤셔. 자면서 누구에게 얻어맞은 거 같아.
B: 난 아니야.

❼ A: Why are you limping?
B: I ________________ after jumping.

A: 너 왜 절뚝거려?
B: 뛰었다가 착지할 때 발을 잘못 디뎠어.

❽ A: Why're you hunched over like that? Are you okay?
B: I _________ my back out playing golf yesterday.

A: 너 왜 그렇게 등 구부정하게 있어? 괜찮은 거야?
B: 어제 골프 치다가 허리를 삐끗했어.

Answers
❶ coming down ❷ carsick ❸ hair loss ❹ the weather
❺ had a cramp ❻ feel achy ❼ landed funny ❽ threw

Tip.1) “come down”은 “**내려가다**”는 뜻이죠. 가끔 실제로 어느 위치에서 내려간다는 의미 외에도 “컨디션이 내려가다(떨어지다)”라는 의미로 쓰이기도 해서 “**come down with something**” 이라고 하면 “**어떤 병에 걸리다**”, “**컨디션이 안 좋다**”라는 뜻이 된답니다.

I think I'm coming down with a cold.	나 감기 들었나 봐. / 나 감기 기운이 좀 있나 봐.
≈ I think I have a cold.	나 감기 걸린 것 같아.
≈ I have a touch of a cold.	나 감기 기운이 있어.

Tip.2) “**질병 때문에 고생한다**”고 말할 때는 “**I'm suffering from ...**”이라고 표현할 수도 있지만, “질병을 몸에서 몰아내기 위해 싸운다”는 의미에서 “**I'm fighting off ...**”, “**I'm fighting with ...**” 또는 “**I'm battling ...**”이라고 표현하기도 합니다.

Tip.3) “차가 움직이지 못하도록 달아놓는 큼지막한 쇳덩이”를 “**cramp(족쇄, 꺾쇠, 구속물)**”라고 하는데, “**다리에 쥐가 났다**”는 표현은 다리에 이러한 “족쇄(cramp)”가 채워졌다고 하여 “**I have a cramp in my leg.**”이라고 표현합니다. 물론, 동사 “**have**” 대신 “**get**”과 같은 동사를 사용해도 되죠. 재미있게도 “**위(stomach)**”에 이러한 “**족쇄(cramp)**”가 채워진 것을 “**위 경련(stomach cramps)**”이라고 하며, 이는 간혹 “**생리통(menstrual cramps)**”을 의미하기도 합니다. 명사 외에도 “**cramp**”는 “**쥐가 나다**”, “**경련이 나다**”, “**쥐가 나게 하다**”, “**경련을 일으키다**” 라는 뜻의 동사로도 쓰일 수 있습니다. 참고로, 다리에 쥐가 났을 때는 “**My leg fell asleep.**” 이라고 표현하기도 하는데, 말 그대로 “**다리가 잠들어버렸다**”는 뜻이랍니다.

Tip.4) 어떠한 질병과 관련해 “**가족 병력이 있다**”고 말할 때는 “**I have a family history of ...**” 또는 “**My family has a history of ...**”라고 표현합니다. 참고로, 어떤 사람이 지금까지 앓은 병의 종류, 즉 “**병력**”은 영어로 “**medical history**”라고 표현하는데, 말 그대로 지금까지 앓은 “**병의 역사**”라는 뜻이랍니다.

His family has a history of sinus infections. (= Sinus infections run in his family.)	걔 집안엔 대대로 축농증이 있어.

Tip.5) “**lightheaded**”는 빈혈이나 기타 다양한 이유로 인해 기절할 것 같은(쓰러질 것 같은) 느낌과 함께 때로는 매슥거림까지 동반하는 느낌을 표현할 때 사용하는 구체적인 표현입니다. 그냥 어지럽다거나 현기증이 난다고 할 때에는 “**dizzy**”라는 표현을 일반적으로 사용하죠.

Tip.6) 어딘가가 뻐근하다고 할 때에는 “**feel stiff in ...**”이라고 표현할 수도 있고, “**feel stiffness in ...**” 이라고 표현할 수도 있습니다. 혹은, “**have stiff ...**” 또는 “**... is/are stiff.**”라고 표현할 수도 있죠. 모두 같은 의미이지만, 가장 마지막에 소개한 표현이 가장 일반적입니다.

Tip.7) “**give out**”은 무언가를 밖으로 내보낸다는 의미에서 “**(열이나 빛, 냄새, 소리 등을) 내다**”, “**(열이나 빛 등을) 발하다**”, “**(숨을) 내쉬다**”, “**나눠 주다**” 등의 뜻으로 쓰이는 표현이며, 가끔 “**(다리나 무릎 등에) 힘이 빠지다**”, “**(다리나 무릎 등이) 풀리다**”라는 뜻으로도 쓰입니다.

Tip.8) 땀이 과다하게 분비되는 증상인 “**다한증**”은 영어로 “**hyperhidrosis**”라고 표현합니다. 대화 시에는 그냥 “**He has sweaty palms. (걘 손바닥에 땀이 아주 많이 나.)**” 또는 “**He has sweaty hands. (걘 손에 땀이 아주 많이 나.)**”라고 표현하기도 하죠.

Lesson 116 How's your cold?

Understanding

1 What to say when someone is sick.

※ Here are some expressions you can use when someone you care about is sick.

- Are you all right? (= Are you okay?) (너) 괜찮아?
- Do you need help ❶ ______ anything? 내가 뭐 도와줄 거 없어?
- Do you need any medicine? (너) 약 필요해? / 약 줄까?
- Have you ❷ ______ your medicine yet? (너) 약은 먹었어?
- Get plenty ❸ _____ sleep! 잠을 충분히 많이 자도록 해!
- Drink lots of water! 물을 많이 마시도록 해!
- Are you feeling any better? (너) 차도가 좀 있어?
- How's your cold? Is it ❹ ________ any better? 감기는 좀 어때? 좀 괜찮아지고 있어?
- You look ❺ ______. 너 얼굴이 창백해.
- You don't look so well. 너 안색이 안 좋아.
- You look like you're sick. 너 아파 보여.
- You need to ❻ _____ a doctor. (너) 병원에 가봐야겠다.
- Let me take you to the hospital. 내가 병원에 바래다줄게.
- What did your doctor say? 병원에선 뭐래?

2 Asking questions to someone feeling sick. Tip.1

※ Here are some specific questions you can ask when someone is feeling sick.

- How's your cold? (네) 감기는 좀 어때?
- How's your headache? (네) 두통은 좀 어때? / 머리 아픈 건 좀 어때?
- How's your ❼ ________? (네) 숙취는 좀 어때?

※ Here are some ways you can answer.

- I'm fine. Now I'm fully ❽ ________. 괜찮아. 이제 다 나았어.
- I'm ❾ ________ recovered now. 이젠 완전히 나았어.
- I'm better now. [내 몸이나 기분이] 이젠 좀 나아졌어.
- It's better now. [병세가] 이젠 좀 나아졌어.
- I'm feeling better. [몸/기분이] 나아지고 있어. / 한결 나아졌어.
- It's getting better. [병세가] 나아지고 있어.
- It's ❿ ______ better than yesterday. [병세가] 어제보다 훨씬 좋아졌어.
- It'll be fine soon. [병세가] 괜찮아질 거야.

- It'll be a lot better after a ⑪ ____________ sleep.
  잠 좀 푹 자고 나면 훨씬 좋아질 거야.
- It should get better soon.
  곧 나아지겠지.
- I don't think it's going to get any ⑫ ________ than this.
  지금보다 더 심해지진 않겠지.
- It's getting worse. I'd better go see my doctor.
  더 안 좋아지고 있어. 병원에 가 보는 게 좋겠어.

※ You can ask questions like those below when asking how sick someone is.

- How bad is your toothache? 너 치통이 얼마나 심한 거야?
- How bad is your ⑬ __________? 너 설사가 얼마나 심한 거야?

3 Asking how someone became sick.

※ Here are some expressions you can use to ask how someone became sick.

- Where did it come from? 어쩌다가 (그 질병에) 걸린 거야? / 어디서 옮은 거야?
- Where did you get it? 너 어쩌다가 (그 질병에) 걸린 거야? / 너 어디서 옮은 거야?
- How did you get so sick? 너 어쩌다가 그렇게 몸이 안 좋아진 거야? / 너 어쩌다가 그렇게 병이 난 거야?
- How did you ⑭ ________ a cold? 너 어쩌다가 감기 걸린 거야?
- How did you get food ⑮ __________? 어쩌다 식중독에 걸린 거야?

Tip.2 ※ Here are some ways you can answer.

- I got it from my sister. 내 여동생(누나/언니)한테서 옮았어.
- I got it from eating some ⑯ __________ food. 상한 음식을 먹었더니 그래.

Tip.3

※ ***Contagious*** means ***to be capable of being transmitted by direct or indirect contact***. Here are different ways of talking about whether or not someone is suffering from a contagious illness. Tip.4

- Don't worry. I'm not contagious. 걱정 마. 안 옮으니까.
- Are you contagious? 너 전염성이야? (네가 걸린 질병은 전염성이야?)
- Is it contagious? (그거) 전염성이야? / (그거) 옮아?

Answers ① with ② taken ③ of ④ getting ⑤ pale ⑥ see ⑦ hangover ⑧ recovered ⑨ completely ⑩ much ⑪ good night's ⑫ worse ⑬ diarrhea ⑭ catch 또는 get ⑮ poisoning ⑯ spoiled 또는 rotten 또는 bad

Practice

A. Use your own words and complete the following dialogue.
샘플 대화문은 참고용입니다. 자신의 말로 자유롭게 대화를 나눠보세요.

❶ A: How's your ________________?
B: ____.

B. Complete the following dialogues using the given translations.
번역을 참고로 하여 다음 각 대화문을 완성해보세요.

❷ A: I'm having a terrible headache.
B: Are you all right? ________________ some aspirin yet?

A: 나 두통이 너무 심해.
B: 괜찮아? 아스피린 좀 먹었어?

❸ A: How's your cold? Is it ____________?
B: Nope, not at all. It's actually getting worse.

A: 감기는 좀 어때? 차도가 있어?
B: 아니, 전혀. 오히려 더 나빠지고 있어.

❹ A: I got it _______ my sister.
B: You should've stayed away from her.

A: 나 내 여동생한테서 옮았어.
B: 가까이 있지 말았어야지.

❺ A: ________________ food poisoning?
B: I got it from eating some spoiled food.

A: 어쩌다 식중독에 걸린 거야?
B: 상한 음식을 먹었더니 그러네.

❻ A: Where did it ____________?
B: Your guess is as good as mine.

A: 어쩌다가 그 질병에 걸린 거야?
B: 나도 몰라.

❼ A: Are you ____________?
B: Probably. Don't come near me.

A: 너 전염성이야?
B: 아마도. 나한테 가까이 오지 마.

❽ A: How did you ____________?
B: I got it from going outside without a jacket.

A: 너 어쩌다가 감기 걸린 거야?
B: 재킷을 안 입고 밖에 나갔더니 그러네.

Sample Dialogue

❶ A: How's your headache?
B: It's pretty bad, but I guess it will be a lot better after a good night's sleep.

A: 머리 아픈 건 좀 어때?
B: 꽤 안 좋긴 한데, 잠 좀 푹 자고 나면 훨씬 괜찮아질 것 같아.

Answers

❷ Have you taken ❸ getting any better ❹ from
❺ How did you get ❻ come from ❼ contagious
❽ catch a cold 또는 get a cold

Tip.1) 병세가 어떤지 물어볼 때는 **"How's your ...? (~은 어때?)"**와 같이 표현할 수 있습니다. **"~은 얼마나 안 좋은 거야?"**라는 식으로 물으려면 **"How bad is your ...?"**이라고 표현하면 되죠.

Tip.2) 질병이 어떻게 해서 발생한 것인지, 또는 누구에게서 옮은 것인지 이야기할 때는 **"I got it from ..."**이라고 표현합니다. 뒤에 대상이 등장하면 그 대상에게서 옮았다는 뜻이고, 뒤에 동명사가 등장하면 그 행동을 통해 발생했다는 뜻이 되죠.

Tip.3) **"spoil"**은 무언가를 **"망치다"**, **"못쓰게 만들다"**, **"버려 놓다"**라는 뜻의 동사입니다. 이는 여러 가지 의미로 확장될 수 있는데, "아이를 버려 놓는다"는 의미에서 **"응석받이로 키우다"**, **"버릇없이 키우다"**라는 뜻이 되기도 하고, "음식이 먹을 수 없을 정도로 망쳐졌다"라는 의미에서 **"상했다"**라는 뜻이 되기도 하죠. 그래서 이 동사의 과거분사형인 **"spoiled"**는 **"버릇없는"**, **"상한"**, **"썩은"**, **"쉰"**, **"맛이 간"**이라는 뜻이 된답니다. 무언가가 "상했다"고 말할 때는 형용사로 **"bad"**를 이용하기도 하지만 음식과 관련해서는 **"spoiled"**가 더 일반적이며, 이 외에 **"rotten"**이라는 표현도 있는데, 이는 주로 고기나 과일 등이 **"상한"**, **"썩은"**이라는 뜻으로 사용됩니다. 참고로, 영화나 텔레비전 시리즈, 소설 시리즈 등의 내용을 상영 또는 방영되기 전에 미리 유포하여 대중의 감흥을 깨는(망치는) 사람들을 가리켜 **"스포일러(spoiler)"**라고 합니다.

Spare the rod, (and) spoil the child.
매를 아끼면 자식을 버린다. (귀한 자식 매 한 대 더 때린다.)

Tip.4) 어떤 질병이 전염성이 있을 때 우리 **"contagious(전염성의, 전염되는)"**라고 표현합니다. 이는 질병에만 국한해서 사용하는 표현은 아니며, 우리 말에서 우울함과 같은 "감정"이나 "기분"뿐만 아니라 열정과 같은 "태도", 웃음이나 하품, 기부, 춤 같은 "행위"에도 전염성이 있다고 하듯이, 영어에서도 다양한 상황에서 **"contagious"**라는 표현을 사용할 수 있습니다.

추가 1) 아픈 사람에게 **"빨리 낫길 바래."**라고 말하고 싶을 땐 **"Feel better soon!"**이라고 표현할 수 있습니다. 이는 명령문처럼 보이지만 사실 **"I hope you feel better soon!"**이라는 뜻이죠. **"Get well soon!"**이라고 표현하기도 합니다.

추가 2) **"병원에 가봤니?"**라고 물을 때는 다음과 같은 표현들을 이용할 수 있습니다.

Have you been to the doctor?	병원엔 가봤어? (→ 가장 일반적으로 사용)
Have you been to the doctor's?	병원엔 가봤어? (→ 주로 영국영어에서 사용)
Have you been to see the doctor?	병원엔 가봤어?
Have you seen the doctor?	병원엔 가봤어?

추가 3) 미드나 영화를 보면 두통이 있다고 하면서 약통에서 약을 한두 알 꺼내 입에 넣고 그냥 삼키는 것을 종종 볼 수 있습니다. 우린 물 없으면 알약을 잘 못 먹는 사람들도 많지만, 미국 사람들은 이처럼 알약을 먹을 때 물 없이 그냥 삼키는 경우가 많답니다. 딱히 이유는 없지만, 워낙 처방전 없이도 살 수 있는(over-the-counter) 약의 종류도 많고, 아주 작은 크기에서부터 큰 크기에 이르기까지 알약의 사이즈도 다양하기 때문에 애초에 물 없이도 삼킬만한 것을 고르기 때문이지 않나 싶습니다.

Lesson 117 I'm on my way to the E.R.

Understanding

1 Visiting a doctor.

Tip.1 ※ Here are some expressions we often use when talking about visiting a doctor.

- I had a stomachache all week, so I went to the doctor.
  나 일주일 내내 복통에 시달려서 병원에 갔어.
- My father has a terrible headache, so he went to ❶ _____ a doctor.
  우리 아버지는 두통이 심하셔서 병원에 진찰받으러 가셨어.
- I'm not feeling well. I think I need to go to the doctor's.
  나 몸이 좀 안 좋아. 병원에 가야 할 거 같아.
- I think you have the flu. You'd better go see your doctor right away.
  너 독감 걸린 거 같아. 지금 당장 병원에 가보는 게 좋겠어.
- I'm on ❷ _____ to the E.R.
  나 지금 응급실 가는 길이야.

※ ***Symptom*** refers to ***a sign or an indication of disease***, usually a noticeable change in how a person looks or feels. These are some questions your doctor may ask. Tip.2

- What symptoms do you have? 증상이 어때요? / 어떤 증상이 있나요?
- What're your symptoms? 증상이 뭔가요?
- What symptoms are you ❸ _____? 어떤 증상들이 나타나고 있죠?

2 Expressions used to talk about medical examination and diagnosis.

※ ***Check-up*** refers to ***a general physical examination***. During the check-up, your doctor will try to identify the symptoms associated with your illness. Tip.3

- She took the kids to Dr. Smith for a check-up.
  그녀는 아이들을 스미스 박사님한테 데려가서 진찰받게 했어.
- You have been sick all month. ❹ _____ for a check-up.
  너 한 달 내내 아팠잖아. 진찰받으러 가 봐.
- Tip.4 I dropped my father ❺ _____ for a check-up.
  나 우리 아버지를 검진받는 곳에 모셔다드리고 왔어.
- The doctor will examine you ❻ _____.
  의사 선생님이 금방 오셔서 진찰해드릴 거예요.

- Is this your first doctor's ⑦ ___________? 이번이 처음 진찰받으시는 건가요?

Tip.4
- How often do you ⑧ _______ a physical? 넌 검진을 얼마나 자주 받아?
- Make an ⑨ ___________ with the doctor for your standard physical.
  병원 예약해서 정기 검진 받아.

※ The noun ***diagnosis*** refers to ***the identification of the nature of an illness by examination of the symptoms***. Its verb form is ***diagnose***. Note that you can also say ***make/give a diagnosis*** instead of ***diagnose***. Tip.5

- My doctor ⑩ _______ the wrong diagnosis.
  (내) 의사 선생님이 오진하셨어.
- We need all of this information to make a diagnosis.
  (저희는) 진단하려면 이 정보들이 다 필요해요.
- My diagnosis is that you have a cold.
  제 진단으로는 감기에 걸리신 거 같아요.
- Please explain your symptoms to the doctor, so she can diagnose you.
  의사 선생님이 진단하실 수 있도록 증상을 말씀하세요.

3 Things done at the doctor's office.

※ Here are some examples of the things done at the doctor's office. Use ***Cheat Box*** to fill in the blanks. Tip.6

have a blood test (= ⑪ _____ a blood test = take a blood test)	혈액검사를 받다
have my blood pressure ⑫ _______	혈압을 재다
have my temperature ⑬ _______	체온을 재다
have an X-ray ⑬ _______	엑스레이를 찍다
Tip.7 have my eyes ⑭ _______	시력 검사를 받다
receive a prescription (= get a prescription)	처방전을 받다
Tip.8 pay the doctor's bill	치료비를 내다, 진료비를 내다, 진찰료를 내다
pay ⑮ _____ insurance	보험으로 지불하다, 보험 처리하다
have a standard physical (check-up)	정기검진을 받다
have an ⑯ _______ physical (check-up)	연례 정기검진을 받다
have my vital signs checked	맥박, 체온, 혈압 등의 건강 상태를 확인하다

Cheat Box do with annual taken tested checked

Answers ① see ② my way ③ experiencing ④ Go in ⑤ off ⑥ shortly ⑦ examination ⑧ get 또는 have ⑨ appointment ⑩ made ⑪ do ⑫ checked ⑬ taken ⑭ tested ⑮ with ⑯ annual

Practice

A. Complete the following dialogues using the given translations.
번역을 참고로 하여 다음 각 대화문을 완성해보세요.

❶ A: ____________ my dentist. B: Why? A: To get my wisdom tooth pulled.	A: 나 치과 가야 해. B: 왜? A: 사랑니 하나 뽑아야 해서.
❷ A: ____________? B: Nausea and a headache.	A: 증상이 어떤가요? B: 메스껍고 두통이 있어요.
❸ A: How often do you ____________? B: I get one once a year.	A: 넌 검진을 얼마나 자주 받아? B: 1년에 한 번 받아.
❹ A: ____________ you have a cold. B: That's it? A: You look relieved. B: I thought it was something more serious.	A: 제 진단으론 감기에 걸리신 것 같아요. B: 그게 다예요? A: 안심하셨나 보네요. B: 더 심각한 건 줄 알았어요.
❺ A: You sound furious. What's going on? B: My doctor ____________. What a quack.	A: 너 엄청 화난 거 같은데. 무슨 일이야? B: 의사가 오진했어. 돌팔이 같으니라고!
❻ A: I got ____________ yesterday. B: Let me guess, 20/20, right?	A: 나 어제 시력검사 받았어. B: 맞혀 볼게. 1.0 맞지?
❼ A: She ____________ to see if any bones were broken. B: Well? Were any bones broken?	A: 걘 뼈 부러진 곳은 없는지 보려고 엑스레이를 찍었어. B: 응? 뼈 부러진 곳 있었어?
❽ A: What were the results of your ____________? B: The results were good. I'm as healthy as a horse.	A: 혈액 검사 결과는 어떻게 나왔어? B: 결과는 좋게 나왔어. 나 무척 건강하대.

Answers

일부 답변은 응답자에 따라 달라질 수 있음

❶ I need to go see ❷ What're your symptoms
❸ get a physical 또는 have a physical ❹ My diagnosis is that
❺ made the wrong diagnosis ❻ my eyes tested
❼ got an X-ray taken ❽ blood test

Tip.1) 미국에서는 자신의 건강 상태를 점검해 주거나 병 또는 다친 부위를 치료해 주는 담당 의사가 있는데 이를 "**주치의(family doctor)**"라고 하며, 보통 미국에서의 진료 예약은 자신의 주치의와 이루어지는 게 일반적입니다. 그래서 보통 "**병원에 진료받으러 간다**"고 말할 때는 "**go (to) see my doctor**", "**go (to) see his doctor**", "**go (to) see her doctor**"처럼 "나의 의사", "그의 의사", "그녀의 의사"를 만나러 간다고 표현하죠.

Tip.2) 병을 앓을 때 나타나는 여러 가지 상태나 모양을 "**symptom(증세, 증상)**"이라고 합니다. 보통, 증세나 증상은 한 가지 이상이라고 예상하고 묻는 경우가 많아서 질문 시에는 주로 복수로 표현되죠. 참고로, "**symptom**"은 병과 무관한 "**징후**" 또는 "**조짐**"이라는 뜻으로도 쓰일 수 있습니다.

Tip.3) 어디가 아픈지 환자의 병이나 "**증상(symptoms)**"을 살피는 것은 "**check-up (진찰, 검진)**"이라고 하며, 이러한 행위는 "**examine(진찰하다, 검사하다)**"이라고 합니다.

Tip.4) 정기적으로 받는 "**(건강)검진**"은 "**medical check-up**" 또는 "**physical examination**", "**medical examination**"이라고 하는데, 평소 대화 시에는 그냥 간단히 "**check-up**" 또는 "**physical**"이라고 말하는 경우가 더 많습니다. "**physical examination**"이나 "**medical examination**"은 "**physical exam**"이나 "**medical exam**"이라고 줄여서 표현하기도 하며, "**medical check-up**"에 비해 좀 더 정밀한 검사를 필요로 하는 검진을 의미하는 어감이지만, 실제 대화 시에는 구분 없이 사용하는 게 일반적이죠. 참고로, "**physical**"를 제외한 나머지 표현들, 즉 "**(medical) check-up**", "**physical exam(ination)**", "**medical exam(ination)**"은 모두 "**진찰**"이라는 뜻으로 쓰이기도 합니다. "**진찰**"이라는 뜻으로는 이 중 "**check-up**"이 가장 일반적이며, 간혹 "**doctor's exam (ination)**"이라고 표현하기도 합니다.

Tip.5) 의사의 "**진단**"은 영어로 "**diagnosis**"라고 표현하며, 동사로는 "**diagnose**" 또는 "**make/give a diagnosis**"라고 표현합니다.

Tip.6) 병원에서 이루어지는 활동과 관련해서 마지막으로 소개한 표현들 중 "**have**"를 동사로 사용하는 표현들은 "**have**" 대신 "**get**"을 사용하기도 합니다. 소개된 표현들은 모두 환자 입장에서 표현한 것이라서 "**get + (사람) + p.p.**" 형태로 소개된 표현이 많은데, 반대로, 의료 종사자의 입장에서 특정 의료 행위를 한다고 말할 때는 **p.p.**로 소개된 단어들을 일반동사로 바꾸어서 표현하면 된답니다. 예를 들어, 환자 입장에서 "**엑스레이를 찍다**"라고 말할 때는 "**get an X-ray taken**"이라고 표현하지만, 의료 종사자의 입장에서는 "**take an X-ray**"라고 말합니다.

Tip.7) "**시력 검사를 받다**"라고 할 때는 "**have one's eyes tested**"라고 표현합니다. 동사로 "**have**" 대신 "**get**"을 이용할 수도 있고, "**eyes**" 대신 "**vision**", 그리고 "**tested**" 대신 "**checked**"라는 표현을 이용할 수도 있죠.

Tip.8) "**병원비 (청구서)**"를 뜻하는 가장 일반적인 표현은 "**medical bill**"입니다. 이를 "**doctor's bill**" 또는 "**hospital bill**"이라고 표현하기도 하지만, 엄밀히 말하면 다른 청구서라서 때론 한 사람이 "**doctor's bill**"과 "**hospital bill**"이라고 구분된 각각의 청구서를 받기도 한답니다. 우리나라와 마찬가지로 미국의 병원비 명세에도 일반인들이 이해하기 힘든 외계어로 가득하죠.

Lesson 118 I need to check into the hospital.

Understanding

1 Types of hospitals.

※ Here are various types of hospitals in the U.S. Use *Cheat Box* to fill in the blanks. Tip.1

clinic = doctor's ① ________ = doctor's	개인병원	**Cheat Box**
② ________ hospital = polyclinic	종합병원	vet's
university hospital	대학병원	clinic
③ ________ hospital	국립병원	office
state hospital	주립병원	general
oriental medical hospital	한방병원	national
oriental medical ④ ________	한의원	
pet clinic = ⑤ ________ = veterinary hospital (Tip.2)	동물병원	

※ Here are some expressions you will often hear and use when talking about visiting the doctor's office.

- I'm on my way to the hospital. 난 병원에 가는 길이야.
- I've been ⑥ ____________ of the hospital. 난 병원을 들락거렸어.
- She's in the hospital ⑦ ______ treatment. 걘 치료를 받기 위해 병원에 있어.
- He's being ⑧ __________ at the hospital. 걘 병원에서 치료받고 있어.
- He was sent to the hospital for a heart ⑨ ________.
  걘 심장마비로 병원에 실려 갔어.

2 Expressions used when talking about checking into or out of the hospital.

※ Here are some expressions you can use when talking about checking into or out of the hospital. Tip.3

- I checked into the hospital last night. 나 어젯밤에 병원에 입원했어.
- Have you ever checked into a hospital? 너 병원에 입원해본 적 있어?
- When did the ⑩ ________ first check into the hospital? (Tip.4)
  그 환자는 언제 처음 입원했어요?
- My father broke his leg and was checked into the hospital.
  우리 아버지는 다리가 부러져서 입원하셨어.
- I'm expected to check out ⑪ _____ the hospital next Tuesday.
  난 다음 주 화요일에 병원에서 퇴원할 거 같아.

- She finally checked out last week. 갠 지난주에 드디어 퇴원했어.
- I went to visit my friend in the hospital. 난 병원에 있는 친구에게 문병 갔어.
- I was hospitalized for two weeks. 난 2주간 입원해 있었어.
- He entered the hospital. 걔 입원했어.
- She went ⑫ ______ the hospital this morning. 걔 오늘 아침에 입원했어.
- She left the hospital against medical advice. 갠 의사의 충고를 무시하고 퇴원했어.
- My brother was discharged ⑬ ______ the hospital this morning.
  우리 형은 오늘 아침에 퇴원했어.
- He's out of the hospital now. 갠 이제 퇴원했어.
- She got ⑭ ______ the hospital in just two days. 갠 겨우 이틀 만에 퇴원했어.

※ Here are some expressions you can use in case of an emergency.

Tip.5
- Call 911.
  911 불러. / 911에 전화해.
- He's hurt! Someone call an ambulance!
  그가 다쳤어! 아무나 구급차 좀 불러줘!
- Someone please call an ambulance! It's an ⑮ ______!
  아무나 구급차 좀 불러줘요! 긴급상황이에요!
- After the accident the ambulance ⑯ ______ my brother to the hospital.
  사고 후 구급차가 오빠를 병원으로 이송했어.

3 Other things done at the doctor's office.

※ In addition to what we covered in our previous lesson, here are some things that are also done at the doctor's office. Use ***Cheat Box*** to fill in the blanks.

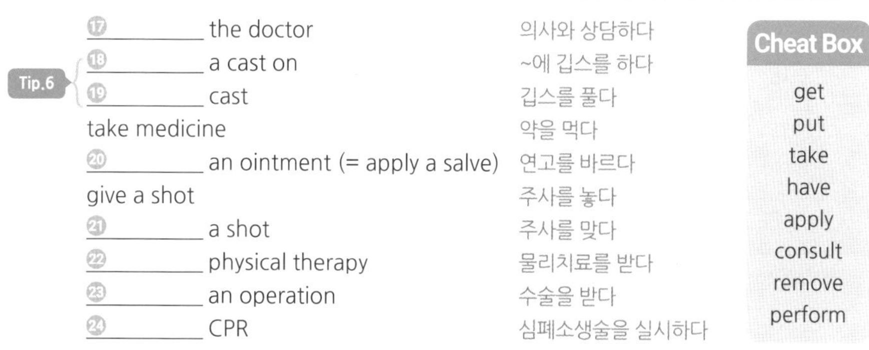
⑰ ______ the doctor 의사와 상담하다
Tip.6
⑱ ______ a cast on ~에 깁스를 하다
⑲ ______ cast 깁스를 풀다
take medicine 약을 먹다
⑳ ______ an ointment (= apply a salve) 연고를 바르다
give a shot 주사를 놓다
㉑ ______ a shot 주사를 맞다
㉒ ______ physical therapy 물리치료를 받다
㉓ ______ an operation 수술을 받다
㉔ ______ CPR 심폐소생술을 실시하다

Cheat Box
get
put
take
have
apply
consult
remove
perform

Answers

① office	② general	③ national	④ clinic	⑤ vet's	⑥ in and out
⑦ for	⑧ treated	⑨ attack	⑩ patient	⑪ of	⑫ into
⑬ from	⑭ out of	⑮ emergency	⑯ took	⑰ consult	⑱ put
⑲ remove	⑳ apply	㉑ get	㉒ take	㉓ have	㉔ perform

⏱ Practice

A. Complete the following dialogues using the given translations.
번역을 참고로 하여 다음 각 대화문을 완성해보세요.

❶ A: He ________________ the hospital for a heart attack.
B: Do you know if he's okay? When did this happen?

A: 걘 심장마비로 병원에 실려 갔어.
B: 혹시 걔 괜찮은지 알아? 언제 이런 거야?

❷ A: Where's Lucy?
B: She's in the hospital ______________.

A: 루시는 어딨어?
B: 걘 치료 때문에 병원에 있어.

❸ A: I'm no longer feeling ill.
B: Then, ____________ the hospital.

A: 난 더 이상 안 아파.
B: 그럼 퇴원해.

❹ A: What did you do yesterday?
B: I went to _____ my friend in the hospital.

A: 너 어제 뭐 했어?
B: 친구 병문안 갔어.

❺ A: Someone call an ambulance! My father just had a heart attack! ____________!
B: I'm a doctor. Let me take a look at him.

A: 아무나 구급차 좀 불러줘요! 아버지가 방금 심장마비로 쓰러지셨어요. 급해요!
B: 제가 의사입니다. 제가 한번 볼게요.

❻ A: Have you ever __________ a hospital?
B: Yeah, when I broke my leg.

A: 넌 병원에 입원한 적 있어?
B: 응, 다리 부러졌을 때.

❼ A: Did you ______________ shot?
B: Not yet. I will, though.

A: 너 독감 주사 맞았어?
B: 아직. 근데 맞을 거야.

❽ A: After I broke my leg, the doctor _____ _________ on it.
B: Did you get lots of signatures on it?

A: 다리 부러졌을 때 의사 선생님이 깁스를 해주셨어.
B: 깁스 위에 사인 많이 받았어?

❾ A: My brother ______ an operation on his heart.
B: Is he okay?

A: 우리 형 심장 수술 받았어.
B: 형은 괜찮아?

일부 답변은 응답자에 따라 달라질 수 있음

❶ was sent to ❷ for treatment ❸ check out of
❹ visit ❺ It's an emergency ❻ checked into
❼ get your flu ❽ put a cast ❾ had

Tip.1) 미국에서는 아플 때 보통 자기 주치의의 "**개인병원(doctor's office)**"을 찾습니다. "**병원에 진찰 받으러 가다**"라고 말할 때는 "**go to see a doctor**"이라고 말하기도 하지만, "**go to the doctor's**"라고 말하기도 하는데, 이때 "**go to the doctor's**"라는 말이 바로 "**go to the doctor's office**"에서 "**office**"가 생략된 표현이랍니다. 진찰 후 더 전문적인 치료나 수술이 필요할 경우 주치의는 자신의 환자를 자신이 소속된 종합병원으로 보내게 됩니다. 참고로, 개인병원은 "**doctor's (office)**" 또는 "**clinic**"이라고 표현하며, 여러 명의 의사가 상주하는 종합병원은 "**hospital**"이라고 표현합니다.

Tip.2) "**동물병원**"을 뜻하는 "**vet's**"는 "**vet's office**"에서 "**office**"가 생략된 표현입니다. 그 말은, 생략하지 않고 "**vet's office**"라고 표현해도 된다는 말이겠죠? 참고로, "**veterinarian**"의 줄임말인 "**vet**"은 "**수의사**"라는 뜻으로, 이 자체로 "**동물병원**"이라는 뜻으로 쓰이기도 합니다.

Tip.3) 병원에 입원하는 것은 호텔에 투숙하는 것과 마찬가지로 "**check in**"이라고 표현합니다. 반대로, 퇴원하는 것은 "**check out**"이라고 표현하겠죠? 누군가가 병원에 입원했을 때 병문안 가는 것은 그냥 "**방문하다**"라는 뜻의 동사 "**visit**"을 이용합니다.

Tip.4) 병들거나 다쳐서 치료가 필요한 사람", 즉 "**환자**"는 영어로 "**patient**"라고 합니다. 이들 중 그 증세나 부상이 심각한 "**중환자**"는 "**serious patient**" 또는 "**critical patient**"라고 하며, "**입원 중인 환자**"는 "**inpatient**", "**외래환자**"는 "**outpatient**"라고 표현합니다. 참고로, "**patient**"가 형용사로 사용될 때는 "**인내심 있는**", "**참을성 있는**"이라는 뜻이 되며, 반대로 "**인내심 없는**", "**참을성 없는**"이라고 말할 때는 "**impatient**"라고 표현합니다.

There were so many **patients** in the hospital today. 오늘 병원에는 환자들이 많았어.
You need to learn to be **patient**. 넌 인내심 좀 길러야 해.
Why are you being so **impatient**? 넌 왜 그렇게 인내심 있게 가만히 있질 못해?

Tip.5) 보통, 위급하거나 차가 없을 때 우리나라에서는 "**119**"를 이용하죠. 미국에서는 "**911**"을 이용합니다. "위급한 상황"을 영어로는 "**emergency(응급상황, 응급)**"라고 표현하는데, 보통 응급상황 발생 시 911에 연락하면 911은 응급상황이 발생한 곳에서 가장 가까이 있는 "**구급차(ambulance)**"를 출동시킵니다. 특이하게도, 미국의 구급차 회사는 환자가 받는 응급조치에 따라 비용을 청구하는 것이 아니라 탑승한 의료팀의 수준에 따라 비용을 청구하는데, 이때 발생하는 구급차 이용료는 수백 달러에서 천 달러 이상에 달하기도 한답니다. 비용산정 시 이송거리에 따른 비용은 아주 미미한 반면, 환자의 가족이나 친구가 동승할 경우 추가로 수백 달러를 청구하는 회사들도 있습니다.

Tip.6) 정확히 "**깁스(gips)**"는 독일어로 "**석고**"라는 말입니다. 깁스할 때 석고 붕대를 재료로 쓰긴 하지만, 실제로 "**깁스**"는 영어로 "**cast**"라고 표현해야 합니다.

추가 1) "**만병통치약**"은 "모든 것(all)을 다 치료한다(cure)"고 하여 "**cure-all**"이라고 하며, "**panacea(패너시어)**"라고 표현하기도 합니다.

추가 2) 환자의 심리적 안정을 위해 제공하는 가짜 약, 즉 "**위약(僞藥)**"은 영어로 "**placebo(플러씨보우)**"라고 하며, 이를 통해 실제로 병이 낫게 되는 현상을 "**플러씨보우 효과(placebo effect)**"라고 합니다.

Chapter 24 가족

In this chapter

여러분은 "친척(親戚)"과 "인척(姻戚)"을 구분할 수 있으세요?
"인척"은 혼인으로 맺어진 관계로, 아직 미혼이라면 "인척"이 없는 것이랍니다.
사람들이 흔히 "인척"과 대등한 개념으로 잘못 알고 있는 "친척"은 사실 "인척"을 포함하는 개념으로,
즉, 혈연으로 맺어진 관계와 혼인으로 맺어진 관계를 모두 총칭하는 개념입니다.
우리는 혈연으로 맺어진 관계를 다시
아버지 쪽 "내척(內戚)"과 어머니 쪽 "외척(外戚)"으로 구분하지만,
영어에서는 이를 구분하진 않으며, 인척의 경우에만 끝에 "-in-law"를 붙여 구분해주죠.

이번 챕터에서는 가족관계를 나타내는 표현들과 더불어,
가족 구성이 어떻게 되는지를 묻고 답하는 방법,
그리고 가족과 관련된 유용한 표현들에 대해 학습하게 됩니다.

Lesson 119 How many are there in your family?

Understanding

1 Words related to family relationships.

※ Here are some words you can use when talking about family relationships. Look at the family tree diagram and fill in the blanks. Tip.1

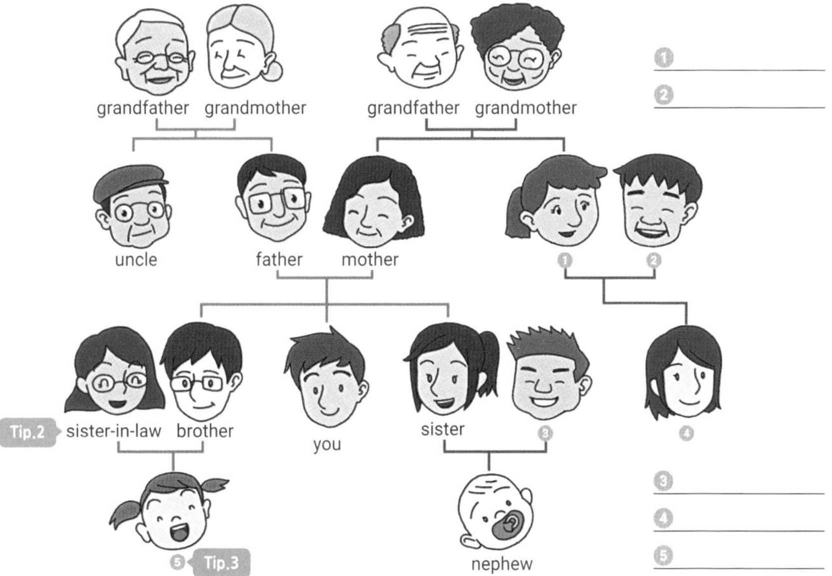

① __________
② __________
③ __________
④ __________
⑤ __________

2 Talking about how many people are in your family.

※ Here are different ways you can answer when someone asks how many people are in your family. Tip.4

How many (people) are there in your family? 네 가족은 몇 명이야?

→ There are eight people (in my family). 우리 가족은 여덟 명이야.
→ There are six (in my family). 우리 가족은 여섯이야.
→ There are just three, my parents and me. ⑥ ________ it.
우리 부모님과 나, 이렇게 셋뿐이야. 그 외엔 없어.
→ I ⑦ ________ four people in my family, my parents, my sister and me.
우리 가족은 네 명이야. 부모님과 누나, 그리고 나.

※ You can also ask and answer as below. Tip.5

Who does your family consist ⑧ _____? 네 가족은 어떻게 구성돼 있어?

(= Who ⑨ _____ is in your family? = Who is in your family?)

→ It ⑩ _________ of my parents and my brothers.
부모님과 남자 형제들로 구성돼 있어.

→ It ⑪ _________ my parents and my ⑫ _________ sister.
우리 집엔 부모님과 여동생이 있어. Tip.6

→ My family includes my younger brother, my ⑬ _______ sister, my folks and me.
우리 가족은 남동생과 누나, 부모님, 그리고 나, 이렇게 있어. Tip.7

→ My family has my brother, my parents and myself.
우리 가족은 형(/오빠/남동생)과 부모님, 그리고 나야.

→ My mom and dad are my only family.
우리 가족은 엄마 아빠랑 나밖에 없어.

→ I have an older brother and sister, a younger sister and my mom in my family.
우리 가족은 어머니 계시고, 위로 오빠 한 명, 언니 한 명, 아래로 여동생이 한 명 있어.

3 Talking about how many brothers or sisters you have.

※ Here are different ways to ask and answer when someone asks how many brothers or sisters you have.

Tip.8 How many ⑭ _________ do you have? 넌 형제나 자매가 몇이나 있어?

(= How many brothers or sisters do you have?)

→ I don't have any. (= I have no siblings.) 난 형제자매가 없어.

→ I have just one, my little sister. 난 여동생 한 명뿐이야.

→ I have two brothers. 난 남자 형제가 둘 있어.

→ I have a sister and two brothers. 난 자매 하나랑 형제 둘 있어.

→ I have one older sister and two younger brothers.
난 언니(/누나) 하나랑 남동생 둘 있어.

→ I have two siblings, one older sister and a younger brother.
난 형제자매가 둘 있어. 언니(/누나) 하나랑 남동생 하나.

※ Here are different ways to say you do not have any brothers and sisters.

Do you have any siblings? 넌 형제나 자매가 있어?

(= Do you have any brothers or sisters?)

→ No, I don't have ⑮ _____. (= No, I have no siblings.) 아니, 난 형제자매가 없어.

→ No, I'm an ⑯ _____ child. 아니, 난 외동아들이야. / 아니, 난 외동딸이야.

Answers

① aunt	② uncle	③ brother-in-law		④ cousin	⑤ niece
⑥ That's	⑦ have	⑧ of	⑨ all	⑩ consists	⑪ includes
⑫ younger	⑬ older	⑭ siblings		⑮ any	⑯ only

Practice

A. Use your own words and complete the following dialogues.
샘플 대화문은 참고용입니다. 자신의 말로 자유롭게 대화를 나눠보세요.

❶ A: How many people are there in your family?
B: ______________________________.

❷ A: Do you have any brothers or sisters?
B: ______________________________.

B. Find the best expression.
보기 중 빈칸에 가장 적절한 표현을 고르세요.

❸ A: What's you guys' birth order?
B: I'm the youngest, and Sarah was born in between Kathleen and I. So that means Kathleen is ____________.

ⓐ just old
ⓑ elderly
ⓒ the oldest

A: 너희 태어난 순서가 어떻게 돼?
B: 내가 막내고, 새라는 캐슬린과 나 사이에 태어났어. 그리니, 캐슬린이 ____________.

❹ A: You were born before Derek but after Jane, right?
B: That's right, I'm the ____________.

ⓐ prodigal son
ⓑ middle child
ⓒ baby of the family

A: 너 데릭보단 먼저 태어났지만 제인보다는 늦게 태어났지, 그치?
B: 맞아. 내가 ____________.

Sample Dialogue

❶ A: How many people are there in your family?
B: I have four people in my family, my parents, my sister and me.

A: 네 가족은 몇 명이야?
B: 우리 가족은 네 명이야. 부모님과 누나, 그리고 나.

❷ A: Do you have any brothers or sisters?
B: No, I'm an only child.

A: 넌 형제나 자매가 있어?
B: 아니, 난 외동아들이야.

Answers ❸ ⓒ ❹ ⓑ

Street Smarts

Tip.1) "**parent**"는 "**부모**"라는 뜻이지만 정확히 말하자면 부모 중 한 명을 말합니다. 아버지와 어머니를 모두 일컬을 때에는 "**parents**"처럼 복수로 표현해야 옳죠. 마찬가지로 할아버지와 할머니를 모두 일컬을 때는 "**grandparents**"라고 해야 합니다.

Tip.2) 결혼으로 인해 맺어진 가족 관계는 끝에 "**-in-law**"라는 표현이 붙습니다. 즉, 법적으로 맺어진 관계라는 뜻이죠. 예를 들어, "**father-in-law**"라고 하면 "**시아버지**" 또는 "**장인**"이라는 뜻이 됩니다. 이때는 "**parents-in-law**(시부모님, 처부모님)" 처럼 앞의 명사가 복수일지라도 "**in-law**"는 복수로 표현하지 않습니다. 앞 명사 없이 "**in-laws**"처럼 그 자체로 복수 명사로 사용하면 배우자의 가족을 통칭하는 표현이 되는데, 남편 입장에서 "**in-laws**"는 "**처가 식구들**"이 되고, 아내 입장에서 "**in-laws**"는 "**시댁 식구들**"이 되겠죠?

Tip.3) 가족 관계를 나타낼 때 영어가 우리말보다 유일하게 세분화되어 있는 것이 바로 "**남자 조카**", "**여자 조카**"라는 것입니다. 우리말에서는 이를 구별해서 부르진 않지만, 영어에서는 "**nephew(남자 조카)**"와 "**niece(여자 조카)**"로 구분한답니다.

Tip.4) 가족 구성원에 관해 이야기할 때는 가족 수가 몇 명인지로 묻고 답하는 경우가 많죠. 이때는 "**How many (people) are there in your family?**"라고 묻고, "**There are ...**" 또는 "**I have ...**"라고 답합니다.

Tip.5) 구체적으로 가족이 어떻게 구성돼 있는지 물을 때는 "**Who does your family consist of?**"라고 묻습니다. 요즘에는 간단히 "**Who (all) is in your family?**"라고 묻는 경우가 더 많죠. 이에는 정확한 구성원으로 대답하면 되는데, 보통 자신은 빼고 말하는 경우가 많습니다. 대답 시에는 "**I have ... in my family.**"라고 표현하기도 하지만, "**consist of(~로 구성되다)**" 또는 "**include(~을 포함하다)**"와 같은 표현들을 이용하기도 합니다.

Tip.6) 형제자매의 경우 나이가 많고 적음을 표현할 때는 "**older**"이나 "**younger**"을 사용합니다. 맏이와 막내는 각각 "**oldest**", "**youngest**"라고 하죠. "**younger**" 대신 "**little**" 또는 "**baby**" 등의 표현을 사용하기도 합니다. 참고로, 가족 간에 연장자를 표현할 때는 "**older**"이나 "**oldest**" 대신 "**elder**"이나 "**eldest**"라는 표현을 사용하기도 하지만, 미국에서는 실제 대화 시 "**older**"과 "**oldest**"를 더 많이 사용합니다.

> Hey, this is my **younger** brother. 어이, 이쪽은 내 남동생이야.
> She's Rachel, my **youngest** sister. 잰 레이철이야. 내 막내 여동생이지.
>
> This is my **older** sister. (= This is my **elder** sister.)
> 이쪽은 우리 언니야. / 이쪽은 우리 누나야.
>
> He's my **oldest** brother. (= He's my **eldest** brother.)
> 그는 내 첫째 형이야. / 그는 내 첫째 오빠야.

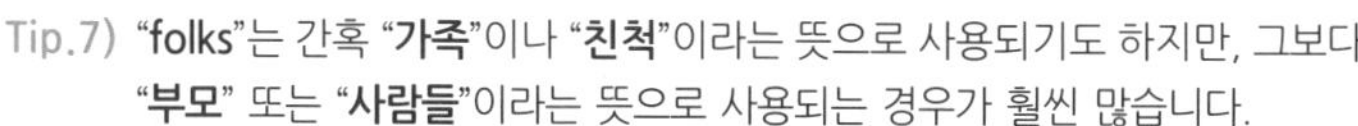

Tip.7) "**folks**"는 간혹 "**가족**"이나 "**친척**"이라는 뜻으로 사용되기도 하지만, 그보다 "**부모**" 또는 "**사람들**"이라는 뜻으로 사용되는 경우가 훨씬 많습니다.

Tip.8) "**sibling**"은 정확히 말하면 "**형제자매**"라는 개념이 아니라 "**같은 부모가 낳은 또 다른 자식**"을 의미하는 말입니다. "**a sibling**"은 "**형제 한 명**"일 수도 있고, "**자매 한 명**"일 수도 있죠. "**siblings**"라고 하면 구성원이 모두 남자 형제일 수도 있고, 모두 여자 형제일 수도 있으며, 남자 형제와 여자 형제를 합쳐서 부르는 것일 수도 있습니다.

Lesson 120 She's my soon-to-be bride.

Understanding

1 Casual names of family members in English.

※ Here are additional names of family members in English you can use. Use *Cheat Box* to fill in the blanks.

Formal	Informal
mother 어머니	Tip.1 mom, ① ________, ma, mama
father 아버지	dad, daddy, pa, papa, ② ________, pops, old man (Tip.2)
younger sister 여동생	little sister, little sis, ③ ______ / baby sister, baby sis (Tip.3)
younger brother 남동생	little brother, little bro, lil' bro / baby brother, ④ ________ (Tip.3)
grandmother 할머니	grandma, ⑤ ________, gran, nana (Tip.4)
grandfather 할아버지	grandpa, ⑥ ________, granddad (Tip.4)
child (children) 아이/자식/자녀	kid (kids)

Cheat Box pop mommy gramps granny baby bro lil' sis

※ The ways you ask or answer how many children you have are the same as when you ask or answer how many siblings you have.

Q: How many kids do you have? Q: 넌 자녀가 몇이나 있어?
A: I have three. One is a boy and the other two are girls. A: 셋 있어. 하나는 아들이고, 나머지는 딸이야.

Q: Do you have any children? Q: 넌 자녀 있어?
A: Not yet. A: 아직 없어.

2 Talking about how something will be in the future.

※ The phrase ***soon-to-be*** is used to refer to how something will be in the near future rather than how it is right now. Tip.5

- soon-to-be married couple 예비부부(곧 부부가 될 커플)
- soon-to-be ⑦ __________ 곧 이혼할 남편
- soon-to-be parents 예비부모(곧 부모가 될 사람들)
- soon-to-be dad 곧 아빠가 될 사람
- soon-to-be retiree 곧 은퇴할 사람
- soon-to-be ⑧ __________ book 출간 예정 서적 (곧 출간될 서적, 출간 예정작)
- soon-to-be stormy weather 곧 폭풍우가 몰아칠 듯한 날씨

※ ***-to-be*** can also be added as below to refer to how something will be in the near future. Tip.5

- mother-to-be / mom-to-be 예비 어머니(어머니가 될 사람) / 예비 엄마
- ⑨ __________ 예비 신부(신부가 될 사람)

3 Useful expressions related to family.

※ Here are some useful family-related expressions you can use.

Like father, like son!

- I have my mom's nose. 내 코는 우리 엄마 코를 닮았어.
- I take ⑩ ______ my father. 난 우리 아버지를 닮았어.
- I look ⑪ ______ my mom. 난 우리 엄마를 닮았어.
- She got that ⑫ ______ you. 걘 그거 당신 닮은 거야. / 걘 당신 닮아서 그런 거야.
- It's in my blood. (그건) 타고난 거야. / (그건) 집안 내력이야. / (그건) 우리 집 전통이야.
- It ⑬ ______ in the family. (그건) 집안 내력이야.
- Tip.6 My sister and I are two years ⑭ ______. 내 여동생(/언니/누나)과 난 두 살 차이나.
- There is no bad blood between us. 우린 서로 악감정 없어.
- Like father, like son. 부전자전이라니까. / 그 아비에 그 아들이지.
- The apple doesn't fall far from the tree. 사과는 나무에서 멀리 떨어지지 않는 법이지. / 부전자전이지, 뭐.
- Like two peas in a ⑮ ______. 붕어빵이네. / 완전 똑같이 생겼네.
- Blood is thicker than water. 피는 물보다 진하잖아.
- He's been a father figure to me. 그는 지금껏 내게 아버지 같은 존재셨어.
- She's ⑯ ______ a mother to me. 그녀는 내게 어머니 같은 분이셔.

Answers
① mommy ② pop ③ lil' sis ④ baby bro ⑤ granny
⑥ gramps ⑦ ex-husband ⑧ released ⑨ bride-to-be
⑩ after ⑪ like ⑫ from ⑬ runs ⑭ apart ⑮ pod ⑯ like

Practice

A. Use your own words and complete the following dialogue.
샘플 대화문은 참고용입니다. 자신의 말로 자유롭게 대화를 나눠보세요.

❶ A: Do you have any children?
B: ____________________.

B. Complete the following dialogues using the given translations.
번역을 참고로 하여 다음 각 대화문을 완성해보세요.

❷ A: She's my ____________.
B: Wow, you're damn lucky.

A: 그녀는 곧 내 신부가 될 사람이야.
B: 와, 넌 복도 지지리도 많네.

❸ A: Are you the ____________?
B: That's me.
A: Congratulations in advance then.

A: 당신이 곧 아빠가 되실 분인가요?
B: 저 맞아요.
A: 그럼 미리 축하드려요.

❹ A: I wonder why he's not smart like you.
B: He ________ after you. That's why.

A: 쟤는 왜 당신만큼 공부를 못하는 거지?
B: 당신 닮았으니 그렇죠, 뭐.

❺ A: I ________ my mom's nose.
B: Too bad you don't look more like her.

A: 내 코는 우리 엄마 코를 닮았어.
B: 다른 곳도 닮지 그랬냐.

❻ A: Why is he stubborn like that?
B: He ____________ from you.

A: 쟨 누굴 닮아서 저렇게 고집이 세?
B: 당신 닮아서 그런 거야.

❼ A: Look at him. He's so stubborn.
B: Like father, ____________.

A: 쟤 좀 봐. 정말 고집불통이야.
B: 그 아버지에 그 아들이지, 뭐.

❽ A: Your brother is always late just like you.
B: What can I say? It runs ____________.

A: 네 형은 꼭 너처럼 항상 늦네.
B: 어쩌겠어. 집안 내력인데.

Sample Dialogue

❶ A: Do you have any children?
B: Yes, I have a son and a daughter.

A: 자녀 있으세요?
B: 네, 아들 하나랑 딸 하나 있어요.

Answers

❷ soon-to-be bride 또는 bride-to-be 또는 soon-to-be wife 또는 wife-to-be
❸ soon-to-be dad 또는 father-to-be ❹ takes ❺ have
❻ got that ❼ like son ❽ in the family

Tip.1) 주로 미국을 제외한 영국, 호주, 뉴질랜드 등의 영어권에서 "**mom**"을 "**mum**" 또는 "**mummy**"라고 표현하기도 합니다.

Tip.2) "**pop**"은 "**아빠**"라는 의미로 사용되기도 하지만 드물게 "**중년 남성**"이라는 뜻으로 사용되기도 합니다.

Tip.3) "**little sis(ter)**", "**lil' sis(ter)**", "**baby sis(ter)**", "**little bro(ther)**", "**lil' bro(ther)**", "**baby bro(ther)**" 등은 6~7살짜리 아이처럼 실제로 나이가 어린 동생을 부를 때 사용하기도 하지만, 성인일지라도 자기보다 어린 동생을 가리킬 때 사용하기도 합니다. 참고로, "**little sister**"와 "**baby sister**", "**little brother**"와 "**baby brother**"는 모두 자신보다 어린 동생을 가리키는 표현이지만, 어감은 살짝 다릅니다. "**little**"은 그냥 "**어린**"이라는 뜻이라서 "**little sister**"와 "**little brother**"는 각각 "**어린 여동생**", "**어린 남동생**" 정도의 의미가 되지만, "**baby**"는 "**아기**" 또는 "**막내**"라는 뜻이라서 "**baby sister**"와 "**baby brother**"는 각각 "**꼬마 여동생**", "**꼬마 남동생**"이라는 의미일 수도 있고, "**막내 여동생**", "**막내 남동생**"이라는 의미일 수도 있습니다.

Tip.4) "**grandpa**", "**grandma**"는 각각 "**할아버지**", "**할머니**"를 가리키는 비격식적인 표현으로, "**granddad**", "**granny**"는 이보다도 살짝 더 비격식적인 느낌을 주는 표현들입니다.

Tip.5) 아직 이루어지진 않았으나 곧 이루어질 관계 또는 신분을 말할 때는 "**soon-to-be**"라는 표현을 사용하게 됩니다. 이는 곧 어떤 관계나 신분이 될 것이라는 의미를 가진 형용사로, 예를 들어, "soon-to-be **dad**"라고 하면 "곧 아빠가 될 사람"이라는 뜻이 된답니다. 또는 "**bride**-to-be" 처럼 관계나 신분을 나타내는 명사 뒤에 간단히 "**-to-be**"만 붙여도 비슷한 의미가 됩니다. 실제 대화에서는 두 표현 모두 자주 사용되는데, 두 표현 중에서는 "**곧**"이라는 의미의 "**soon**"이 포함된 "**soon-to-be + 명사**"가 좀 더 가까운 미래의 관계나 신분을 의미하는 듯한 어감을 주긴 하지만 사용 시에는 같은 의미로 사용되는 경우가 많습니다.

Tip.6) 형제자매간 나이 터울을 말할 때는 "**apart(떨어져)**"라는 표현을 이용해 "**We're two years apart.**"처럼 표현합니다. "**우린 두 살 떨어져 있어.**"라는 뜻으로, 결국 "**우린 두 살 차이나.**", "**우린 두 살 터울이야.**"라는 말이죠.

추가 1) "**soon-to-be**"와 "**-to-be**"는 서로 바꿔 쓰일 수 있는 경우가 많지만, 항상 그런 것은 아닙니다. 문장에 따라 "**soon-to-be**"만 자연스러운 경우도 있고, "**-to-be**"만 자연스러운 경우도 있죠. 언제 어느 표현이 자연스러운지 명확하게 구분되는 경우도 있지만 주관적인 경우도 있기 때문에 문장을 통째로 연습하는 것이 좋습니다.

추가 2) "**(It's) Too bad (that) ...**" 뒤에 완벽한 문장이 등장하면 뭔가 아쉬움을 나타내는 표현이 됩니다. 물론, 표면적인 의미 그대로 아쉬움을 뜻하기도 하지만, 상황에 따라서는 "**~하지 그랬냐.**"처럼 비꼬는 말이 되기도 하죠.

Too bad you're not good enough.	(네) 실력이 좀 아쉽네.
Too bad you can't come with us.	네가 우리랑 같이 못 간다니 아쉽네.
Too bad you're not interested.	네가 관심 없다니 아쉽네.

Chapter 25 직업

In this chapter

"직업"은 "생계를 유지하기 위해 일정 기간 계속 종사하는 일"을 뜻합니다.
놀고먹을 수 있는 금수저나 건물주가 아니라면, 누구나 직업을 구해야겠죠?

이번 챕터에서는 무슨 일을 하는지, 어느 회사에 다니는지, 어떤 직업을 갖고 싶은지 등
직업 또는 직장과 관련된 표현들에 대해 학습하게 됩니다.

더불어, "I wish …"를 활용해 현실에 대한 안타까움을 표현하는 방법과,
"I hope …"를 활용해 실현 가능성이 있는 바람을 표현하는 방법에 대해서도 가볍게 살펴봅시다.

Lesson 121 What do you do for a living?

Understanding

1 Various questions used to ask what someone does for a living.

※ Here are various ways to ask what someone does for a living.

Tip.1 • What do you do?	넌 뭐 해? / 넌 직업이 뭐야?
• What do you do for a ❶ ________?	넌 직업이 뭐야?
• What's your ❷ ____________?	네 직업은 뭐야?
• What's your job?	네 직업은 뭐야?
• What kind of work do you do?	넌 어떤 일 해?
• What line of work are you ❸ ______?	넌 어떤 직종에 종사해?
• What field are you in?	넌 어떤 분야에 종사해?
• What're you doing these days?	넌 요즘 뭐 해?
• What job do you have?	넌 어떤 일에 종사해?
• What do you do ❹ _______ work?	넌 어떤 일 해?
• Where do you work?	넌 어디서 일해?
• What company do you work for?	넌 어느 회사 다녀?
• What company are you with?	넌 어느 회사에서 일해?

2 Telling someone what you do for a living.

※ Here are various ways you can tell someone what you do or what someone else does for a living. Tip.2

ex) I'm a pharmacist.	난 약사야.
ex) I'm a college professor.	난 대학 교수야.
ex) She is a designer. Tip.3	걘 디자이너야.
ex) He's a doctor ❺ _______ lawyer.	걘 의사이자 변호사야.
ex) Kristin is an architect.	크리스틴은 건축가야.
ex) My husband is a firefighter.	우리 남편은 소방관이야.

ex) Sharon is a dramatherapist. Quite ❻ __________, isn't it?
샤론은 연극 치료사야. 꽤 생소하지?

ex) My brother is a civil engineer. He always works ❼ _____ site.
우리 오빠는 토목기사야. 항상 현장에서 일해.

ex) Julia is an accountant. Tip.4 ❽ ________ Tip.5 me, she's very good with numbers.
줄리아는 회계사야. 나랑은 다르게 걘 숫자를 아주 잘 다루지.

3 Names of occupations in English. #1

※ Here are various names of common occupations in English.

teacher 교사	 professor 교수	 doctor 의사	 ⑨ ______ 간호사	 vet(erinarian) 수의사
 ⑩ ______ 약사	 police officer (Tip.6) 경찰관	 ⑪ ______ 소방관	 accountant 회계사	 lawyer 변호사
 (Tip.7) ⑫ ______ 작가, 저술가	 architect 건축가	 designer 디자이너	 photographer 사진작가, 사진사	
 computer programmer 프로그래머	 ⑬ ______ 은행원, 금전출납원	 engineer 기사, 기술자	 ⑭ ______ (자동차) 정비사	

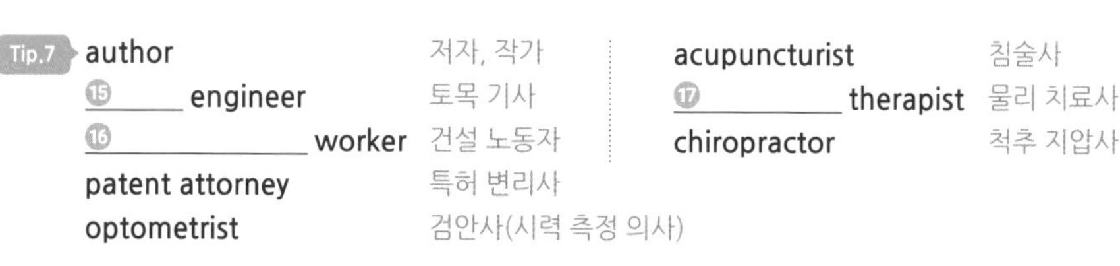

Tip.7

author	저자, 작가	acupuncturist	침술사
⑮ ______ engineer	토목 기사	⑰ ______ therapist	물리 치료사
⑯ ______ worker	건설 노동자	chiropractor	척추 지압사
patent attorney	특허 변리사		
optometrist	검안사(시력 측정 의사)		

Answers

① living ② occupation ③ in ④ for ⑤ slash
⑥ unusual ⑦ on ⑧ Unlike ⑨ nurse ⑩ pharmacist
⑪ firefighter ⑫ writer ⑬ teller ⑭ (auto) mechanic
⑮ civil ⑯ construction ⑰ physical

⏱ Practice

A. Use your own words and complete the following dialogues.
샘플 대화문은 참고용입니다. 자신의 말로 자유롭게 대화를 나눠보세요.

❶ A: What do you do for a living?
B: I'm ________________. How about you?
A: I'm ________________.

❷ A: What does your __________ do?
B: ______________________. I'm so proud of ______.

B. Complete the following dialogues using the given translations.
번역을 참고로 하여 다음 각 대화문을 완성해보세요.

❸ A: What do you do __________?
B: I'm a surgeon.

A: 넌 직업이 뭐야?
B: 난 외과 전문의야.

❹ A: What is your __________?
B: I'm a professor.
A: What do you teach?
B: I teach Biology.

A: 넌 직업이 뭐야?
B: 난 교수야.
A: 뭐 가르치는데?
B: 생물학 가르쳐.

❺ A: __________ do you have?
B: I'm the manager of a grocery store.

A: 넌 어떤 일에 종사해?
B: 슈퍼마켓에서 매니저로 일해.

❻ A: What __________ do you do?
B: I'm a full-time college student and a translator.

A: 넌 어떤 일을 하니?
B: 난 대학생이고 번역 일도 해.

Sample Dialogue

❶ A: What do you do for a living?
B: I'm a firefighter. How about you?
A: I'm a high school teacher.

A: 넌 직업이 뭐야?
B: 난 소방관이야. 넌?
A: 난 고등학교 교사야.

❷ A: What does your husband do?
B: My husband is a firefighter. I'm so proud of him.

A: 네 남편은 뭐 해?
B: 우리 남편은 소방관이야. 난 그이가 정말 자랑스러워.

Answers

일부 답변은 응답자에 따라 달라질 수 있음
❸ for a living ❹ occupation ❺ What job ❻ kind of work

Tip.1) "What do you do?"는 "**넌 (평소에) 뭐 해?**"라는 뜻입니다. 금수저가 아니라면 당연히 평소엔 생계를 위해 일을 해야겠죠? 그래서 보통 "What do you do?"는 "What do you do for a living?"과 같은 의미로 쓰입니다.

Tip.2) 직업을 설명할 때에는 "work(**일하다**)", "own(**소유하다**)" 등의 동사를 활용하기도 하지만, "정체를 밝혀주는 동사"인 be동사를 활용하는 경우가 많습니다.

Tip.3) 오른손으로 칼이나 채찍을 휘두를 때의 동선과 흡사한 사선(/) 기호는 영어로 "slash"라고 읽습니다. "/" 기호는 "not applicable(**해당 없음**)"의 약어인 "n/a", "with"의 약어인 "w/", "without"의 약어인 "w/o"에서도 볼 수 있듯이 문서나 메뉴판 등에서 약어를 만들 때도 사용되며, "**가수 겸 배우**", "**친구이자 웬수**"처럼 "and"의 의미로 사용되기도 합니다.

It's an action slash horror movie.	(그건) 액션 공포 영화야.
She's an actress slash singer.	그녀는 배우 겸 가수야.

추가로, "slash"라는 단어 자체는 기호 모양에서 유추할 수 있듯이 "**일격**", "**내리침**", "**베인 상처**"라는 뜻으로 쓰이기도 하고, "**칼로 베다**"라는 의미에서 "**삭감**", "**인하**"라는 뜻으로 쓰이기도 합니다.

Tip.4) "accountant"는 회계 관련 일을 하는 사람을 가리키는 말로, "**회계사**"라는 뜻일 수도 있고, "**회계원**", "**경리**"라는 뜻일 수도 있습니다. 상황에 따라 판단해야 하죠.

Tip.5) "unlike"는 "like(**~처럼, ~와 같은**)"의 반대말로, "**~와는 달리**", "**~와 다른**"이라는 뜻입니다.

Tip.6) "**경찰관**"은 한 때 남성들이 거의 대부분이었기 때문에 이들을 "policeman"이라고 표현하곤 했습니다. 물론, 지금도 이렇게 표현하는 사람들이 많긴 하지만, 직업명 상의 성차별을 없애기 위해 이들을 통칭할 때는 "police officer"라고 하고, 여성 경찰관은 "policewoman"으로 따로 구분하여 부르죠. 이는 "**소방관**"의 경우도 마찬가지입니다. "**경찰관**"과 "**소방관**"은 이들을 통칭할 때와 남녀를 구분하여 부를 때 복수를 표현하는 방법이 달라지므로 다음 내용을 참고하세요.

police officer	⇒ police officers	경찰관
policeman	⇒ policemen	남자 경찰관
policewoman	⇒ policewomen	여자 경찰관
firefighter	⇒ firefighters	소방관
fireman	⇒ firemen	남자 소방관
firewoman	⇒ firewomen	여자 소방관

Tip.7) "author"도 "**작가**"라는 뜻이 있지만, 보통 특정 책의 "**저자**"라는 뜻으로 많이 쓰이기 때문에 "**작가**"라는 직업을 말할 때는 일반적으로. "writer"를 사용합니다. 더 구체적으로, 글 쓰는 일과 연관된 직업에는 다음과 같은 것들이 있습니다.

novelist	소설가	critic	비평가, 평론가
screenwriter	시나리오 작가	ghostwriter	대필 작가
playwright	극작가	song writer	작사가, (작사가 겸) 작곡가
speechwriter	연설 원고 작성자	poet	시인

Lesson 122 He works for Samsung.

Understanding

1 Talking about where you work. Tip.1

※ Here are some expressions you can use when asking where someone works.

- Where do you work?
  넌 어디서 일해?
- Where does your father work?
  너희 아버지는 어디서 일하셔?

※ You can answer as below.

- I'm a computer programmer at Good Software.
  난 프로그래머야. "굿 소프트웨어"에 다녀.
- I work at a small company. 난 작은 회사에 다녀.
- Tip.2 My husband works ❶ ________ home. 우리 남편은 집에서 일해.
- My mom is a nurse. She works at Healing Hospital.
  우리 엄마는 간호사야. 힐링 병원에서 일하셔.
- He works for a ❷ ________ company. 걘 외국계 회사에서 일해.
- She works for a newspaper. 걘 신문사에 다녀.
- He works for the ❸ ________, not the vision of the company.
  걘 회사 비전이 아니라 연봉만 보고 일해.
- Tip.3 He works for the ❹ ________ as a police officer. 걘 시 정부 소속 경찰이야.
- He works in the construction ❺ ________. 걘 건설업에 종사해.

2 Useful expressions related to occupations.

※ Here are some useful occupation-related expressions you can use.

- My job pays pretty well. 내 직업은 연봉이 꽤 세.
- My job is killing me. 나 직장 때문에 죽을 맛이야.
- It pays ❻ ________ money. 거긴 돈을 많이 줘.
- I had to work ❼ ________. 나 야근해야 했어.
- Tip.4 I work part-time. 나 파트타임으로 일해.
- Tip.5 I called ❽ ________ today. 나 오늘 병가 냈어.
- I have the day ❾ ________ tomorrow. 나 내일 쉬는 날이야. / 나 내일 비번이야.
  (= Tomorrow is my day ❾ ________.) / 나 내일 휴가야.

- I have my own business. 난 사업을 해. / 난 자영업자야.
- I'm ⑩ __________ jobs. 난 쉬면서 다른 일자리 알아보고 있어.
- I'm not cut ⑪ ______ for this job. 난 이 일에 (적성에) 안 맞아.
- I got fired. 나 잘렸어. / 나 해고됐어.
- I got ⑫ ______________ yesterday. 나 어제 승진했어.
- I'm retired. 난 은퇴했어.
- Tip.6 My boss is driving me crazy. 나 상사 때문에 미쳐버리겠어. / 나 우리 사장 때문에 미치겠어.
- I'm ⑬ ________ at work. 나 지금 꼼짝 못하고 일하고 있어.
- How long is your ⑭ ____________? 넌 통근 시간이 얼마나 걸려?

3 Useful expressions using the phrase "What do you ...?"

※ Here are some example sentences using the phrase "**What do you ...?**"

- What do you need? (너) 뭐 필요해?
- What do you need this ⑮ ______? (너) 이게 왜 필요해? / (너) 이건 뭐에 쓰려고?
- What do you want? (넌) 뭘 원해?
- What do you want for dinner? (너) 저녁에 뭐 먹고 싶어?
- What do you want for your birthday? (너) 생일에 뭐 받고 싶어?
- What do you want ⑯ ________ me? (네가) 나한테서 바라는 게 뭐야?
- What do you want ⑰ ______ a spouse? (네가) 배우자에게 바라는 점이 뭐야?
- Tip.7 What do you ⑱ ______ like eating? (너) 뭐 먹고 싶어?
- What do you do for fun? (넌) 뭐 하고 놀아?
- What do you do to ⑲ ______ time? 넌 뭐 하면서 시간 때워?
- Tip.8 What do you mean? 무슨 말이야?
- What do you say? 어때? / 어떤 거 같아? / 넌 어떻게 생각해?
- What do you say to that? 넌 그거 어떻게 생각해?
- What do you think? 어때? / 어떤 거 같아? / 넌 어떻게 생각해?
- What do you have ⑳ ______ mind? 네가 생각하고 있는 건 뭐야?
- What do you suggest? 뭐가 좋을까? / (너) 좋은 생각 있어?
- What do you like about her? (넌) 걔 어떤 부분이 좋아?
- What do you ㉑ ________ me for? (너) 날 뭐로 보는 거야?
- What do you call this? 이걸 뭐라고 해? / 이건 뭐라고 하지?
- What do you ㉒ ______ in James? 넌 제임스의 어떤 점이 좋아?

Answers
① from 또는 at ② foreign ③ salary ④ city ⑤ industry
⑥ good ⑦ overtime ⑧ in sick ⑨ off ⑩ between ⑪ out
⑫ promoted ⑬ stuck ⑭ commute ⑮ for ⑯ from
⑰ in ⑱ feel ⑲ kill ⑳ in ㉑ take ㉒ see

Practice

A. Complete the following sentences using the given translations.
번역을 참고로 하여 다음 각 문장을 완성해보세요.

❶ My little brother is a doctor. He works _____ my father.
내 남동생은 의사야. 아버지 밑에서 일해.

❷ Janet works _____ a bank. She's a teller. 재닛은 은행에서 일해. 갠 은행원이야.

❸ He works _____ Samsung. 갠 삼성에서 일해.

❹ She works _____ a hospital as a physical therapist.
갠 병원에서 물리 치료사로 일해.

B. Complete the following dialogues using the given translations.
번역을 참고로 하여 다음 각 대화문을 완성해보세요.

❺ A: You should apply for this job.
B: Why?
A: I heard it pays _______________.

A: 너 이 일자리에 지원해 봐.
B: 왜?
A: 보수가 좋대.

❻ A: I'm not _______________ this job.
B: Then stop wasting your time and find a new job!

A: 이 일은 나한테 안 맞는 거 같아.
B: 그럼 시간 좀 그만 허비하고 빨리 딴 직장 알아봐!

❼ A: What do you ___________ James?
B: He's always honest and consistent. I really hate liars.

A: 넌 제임스의 어떤 점이 좋아?
B: 갠 늘 솔직하고 한결같아서 좋아. 난 거짓말하는 사람은 정말 싫거든.

❽ A: What do you _____________ time?
B: I mostly spend time on my phone.

A: 넌 뭐 하면서 시간 때워?
B: 난 주로 휴대폰 만지작거리며 시간 보내.

C. Use your own words and complete the following dialogue.
샘플 대화문은 참고용입니다. 자신의 말로 자유롭게 대화를 나눠보세요.

❾ A: Where do you work?
B: ____.

Answers

일부 답변은 응답자에 따라 달라질 수 있음

❶ for ❷ at ❸ for ❹ at ❺ good money
❻ cut out for ❼ see in ❽ do to kill

Sample Dialogue

❾ A: Where do you work?
B: I work for the government. I'm currently working at City Hall.

A: 너 어디서 일해?
B: 나 공무원이야. 지금은 시청에서 일하고 있어.

Tip.1) 어디서 일하는지 물을 때는 "**Where do you work?**"과 같이 물을 수 있습니다. 이에 응답할 때는 "**work at**"을 사용하기도 하고, "**work for**"를 사용하기도 하는데, "**work for**" 뒤에는 장소 외에도 사람이나 목적, 일의 결과물 등이 등장하기도 하죠. 어떤 분야에서 일한다고 말할 때는 "**work in**"을 사용합니다.

Tip.2) "**재택근무**"는 집에서 일한다는 의미라서 "**난 재택근무해.**"라고 말하려면 "**I work at home.**"이라고 표현하면 됩니다. 하지만, 이보다 "**I work from home.**"이라고 표현하는 게 훨씬 더 일반적이죠.

Tip.3) 영어로 "**공무원**"은 "**public officer**" 또는 "**civil servant**"라고 하지만, 사실 자기 직업을 말할 때는 대부분 "**난 정부를 위해 일해. (I work for the government.)**"라고 표현합니다. 참고로, 미국에는 "**연방 정부(federal government)**", "**주 정부(state government)**", "**카운티 정부(county government)**", "**시 정부(city government)**"처럼 여러 단계의 정부가 있는데, 일반적으로 "**I work for the government.**"라고 하면 "**연방 정부 관련 일을 하는 공무원**"이라는 뜻으로 인식되며, 그 외에는 "**I work for the state.**"처럼 표현합니다.

Tip.4) "**full-time**"은 정규직 근로자의 소정 근로시간과 동일한 시간 동안 근무하는 것을 말하며, "**part-time**"은 이에 못 미치는 시간 동안 근무하는 것을 말합니다. 미국에서는 노동직이나 서비스직의 경우 "**part-time**"이 많죠. 참고로, "**'full-time'으로 일하는 사람**", "**'part-time'으로 일하는 사람**"은 각각 "**full-timer**", "**part-timer**"라고 표현합니다.

She is a **full-time** mother. (= She is a **full-time** housewife.) 걘 전업주부야.
He works **full-time**. 걘 정규직으로 일해.

Tip.5) "**call in sick**"은 말 그대로 "아파서(in sick) 전화를 걸어(call) 회사에 못 나가겠다고 알리는 것"을 말합니다. 조금 확장해서 생각해보면 "**전화로 병가를 내다**"라는 뜻으로도 사용할 수 있겠죠.

Tip.6) "**drive**"는 "**운전하다**", "**몰다**"라는 뜻의 동사입니다. 이는 사람을 어떠한 상태가 되게끔 몰고 간다는 뜻으로 사용되기도 하기 때문에 "**My boss is driving me crazy.**"라고 말하면 "상사가/사장이 나를 미치게끔 몰아가고 있어." 즉, "**상사/사장 때문에 미치겠어. (상사/사장 때문에 돌아버리겠어.)**"라는 뜻이 되죠. 보통은 이렇게 "**be driving me crazy**"처럼 진행형으로 쓰이는 경우가 많습니다.

Tip.7) "**feel like**"는 "**~한 느낌이 들다**"라는 뜻으로 쓰일 때도 있지만, 어떤 행동, 음식, 물건 등과 함께 "**~을 하고 싶다**", "**~을 먹고/마시고 싶다**", "**~을 갖고 싶다**"라는 뜻으로도 자주 사용됩니다. 구체적으로 어떠한 행동을 하고 싶다고 말하려면 "**feel like**" 뒤에 동명사 형태로 표현하면 되죠.

Tip.8) "**What do you mean?**"은 "**무슨 말이야?**"라는 뜻으로, "**What do you mean by that? (그게 무슨 말이야?)**"처럼 사용되기도 합니다. "**What do you mean?**" 자체가 완벽한 문장이라서 이 뒤에 또 다른 완벽한 문장이 등장할 수 없지만, 대화 시에는 이를 무시하고 완벽한 문장을 사용하기도 한답니다.

What do you mean I'm wrong? 내가 틀렸다니, 그게 무슨 말이야?

Lesson 123 I want to be a high school teacher.

Understanding

1 Talking about what kind of person you want to be.

※ You can ask the following questions when you want to know what someone wants to be or what kind of job someone wants to have in the future.

- What do you want to be (when you grow ❶ _____)? 넌 (커서) 뭐가 되고 싶어?
- What occupation do you want (to have)? 넌 어떤 직업을 원해?
- What job do you want (to have)? 넌 어떤 직장을 구하고 싶어?
- What do you want to ❷ _____ for a living? 넌 어떤 직업을 갖고 싶어?

Tip.1 ※ To respond to the above questions, you can use the phrase "**I want to be ...**"

ex) I want to be the best interpreter. 난 최고의 통역사가 되고 싶어.
ex) I want to be a ❸ ________ mother. 나는 애정이 넘치는 엄마가 되고 싶어.
ex) I want to be a high school teacher. 난 고등학교 교사가 되고 싶어.
ex) I want to be a ❹ __________. 난 백만장자가 되고 싶어.
Tip.2
ex) I want to be a good mom just like you. 난 당신처럼 좋은 엄마가 되고 싶어요.
ex) I want to be just like you. 난 딱 당신처럼 되고 싶어요.

2 Names of occupations in English. #2

※ Let's take a look at additional names of occupations.

Tip.3 homemaker (= ❺ __________) 주부

librarian 사서

Tip.4 ❻ __________ 요리사(특히 주방장)

musician 음악가

❼ __________ 군인

lifeguard 인명 구조원, 안전 요원

Tip.5 janitor 건물 관리인, 수위

scientist 과학자

professional athlete 프로 운동선수 | ⑧ ________ Tip.6 대통령 | carpenter 목수 | ⑨ ________ 배관공

soccer player 축구 선수
hairdresser 헤어드레서
makeup artist 화장 전문가
curator 큐레이터

⑩ ________ 통역사
⑪ ________ 번역가
Tip.7 ambassador 대사
politician 정치가

3 Talking about what you want to be in the future.

※ When you talk about what you want to be in the future, you can use the phrase **"I'll be ..."** or **"I'm going to be ..."** Tip.8

ex) I'll be a celebrity. 난 유명 연예인이 될 거야. / 난 유명 인사가 될 거야.

ex) I'll be an astronaut. 난 우주 비행사가 될 거야.

ex) I'm going to be a ⑫ ________. 난 외교관이 될 거야.

ex) I'm going to be a doctor ⑬ ________. 난 언젠가 의사가 될 거야.

ex) I'm going to be a vet. 난 수의사가 될 거야.

ex) I'm going to be a grandpa. 난 (곧) 손주가 생겨. / 난 (곧) 할아버지가 돼.

ex) I'm going to be a ⑭ ______ sister. 난 (곧) 동생이 생겨. / 난 (곧) 언니가 돼. / 난 (곧) 누나가 돼.

※ When you talk about someone you want to be like, you can say as below. Tip.9

- I'd like to grow up to be like my father.
  = I'd like to be like my father when I grow up.
  난 커서 우리 아버지 같은 사람이 되고 싶어.
- I'd like to grow up to be like Oprah Winfrey.
  = I'd like to be like Oprah Winfrey when I grow up.
  난 커서 오프라 윈프리 같은 사람이 되고 싶어.

Answers

① up ② do ③ loving ④ millionaire ⑤ housewife ⑥ chef ⑦ soldier ⑧ president ⑨ plumber ⑩ interpreter ⑪ translator ⑫ diplomat ⑬ someday ⑭ big

Practice

A. Use your own words and complete the following dialogue.
샘플 대화문은 참고용입니다. 자신의 말로 자유롭게 대화를 나눠보세요.

❶ A: What do you want to be?
B: ______________________.

B. Complete the following sentences using the given translations.
번역을 참고로 하여 다음 각 문장을 완성해보세요.

❷ ______________________. 난 유명한 배우가 될 거야.

❸ ______________________ soon. 난 곧 아빠가 돼.

❹ ______________________.
난 (곧) 동생이 생겨. / 난 (곧) 오빠가 돼. / 난 (곧) 형이 돼.

❺ My brother ______________________.
우리 오빠는 커서 오바마 대통령 같은 사람이 되고 싶어 해.

C. Complete the following dialogues using the given translations.
번역을 참고로 하여 다음 각 대화문을 완성해보세요.

❻ A: ____________ be a world-famous chef just like my dad.
B: Awesome. I'll be rooting for you.

A: 난 우리 아빠처럼 세계적으로 유명한 요리사가 될 거야.
B: 멋지네. 내가 응원할게.

❼ A: I ____________ my father when I get married.
B: Is your father really that great?
A: Not exactly. He's a couch potato and he never helps out around the house.
B: I think we should break up.

A: 난 결혼하면 우리 아빠 같은 사람이 되고 싶어.
B: 너희 아빠가 정말 그렇게 훌륭한 분이셔?
A: 딱히 그렇진 않아. 항상 TV만 보시고, 집안일은 손가락 하나도 까딱 안 하셔.
B: 우리 그만 만나는 게 좋겠어.

Sample Dialogue

❶ A: What do you want to be?
B: I want to be a painter.

A: 넌 뭐가 되고 싶어?
B: 난 화가가 되고 싶어.

Answers

일부 답변은 응답자에 따라 달라질 수 있음

❷ I'm going to be a famous actor ❸ I'm going to be a dad
❹ I'm going to be a big brother
❺ would like to grow up to be like President Obama
❻ I'll ❼ would like to be like

Tip.1) 어떠한 사람이 되고 싶다고 말하려면 **"I want to be ..."**라고 표현합니다. 반대로, 어떤 사람이 되고 싶지 않다고 말하려면 간단히 **"I don't want to be ..."**라고 표현하면 되겠죠?

Tip.2) **"like"**는 **"~ 같은"**, **"~처럼"**, **"~와 비슷한"**이라는 뜻의 전치사입니다. **"꼭 ~ 같은"**, **"꼭 ~처럼"**, **"꼭 ~와 비슷한"**처럼 의미를 강조해주고 싶을 때는 **"just like"**라고 표현하죠.

Tip.3) 보통, 일상적인 대화에서 **"주부"**라고 말할 때는 **"housewife"** 또는 그냥 **"mother"**이라고 표현하며, 격식적인 자리나 직업 등을 이야기할 때에만 **"homemaker"**라고 표현합니다.

Tip.4) **"요리사"**는 **"cooker"**가 아니라 **"cook"**이라고 표현합니다. 즉, **"cook"**은 **"요리하다"**라는 동사로도 쓰이고, **"요리사"**라는 명사로도 쓰이죠. 이를 **"cooker"**라고 표현하면 **"주방 도구"**, **"요리 도구"**라는 뜻이 되어, 상황에 따라 **"밥솥(rice cooker)"** 등을 의미하기도 한답니다. **"cook"**보다 좀 더 전문적인 요리사나 주방장은 **"chef"**라고 표현합니다.

Tip.5) 외부와 차단되어 있는 빌리지 형태의 주택 단지나 아파트 같은 곳에 입주하게 되면 출입구를 지키는 **"경비원(수위)"**을 볼 수 있습니다. 이런 분들은 영어로 **"janitor"**라고 하죠. **"janitor"**와 비슷한 표현으로는 **"custodian"**이라는 것도 있습니다. 이는 **"관리인"**이라는 뜻으로, **"janitor"**와 동의어처럼 사용되는 경우도 많지만, 사실 관리인들은 남들이 자신을 **"janitor"**라고 부르는 걸 싫어한답니다. 관리인들은 특정 건물이나 땅 전체를 관리하며, 문을 단속하거나 청소 후 경보 장치를 설정하는 등 다양한 책임을 맡고 있지만, 경비원은 단순히 특정 위치에 배치되어 간간이 청소 정도만 하기 때문이죠. 추가로, 전기총이나 보안봉 등의 장비를 갖추고 좀 더 전문적으로 입주민이나 출입자들의 안전을 지키는 사람들은 **"security guard(보안요원, 안전요원)"**라고 합니다.

Tip.6) **"president"**는 **"어떤 단체를 지배·통솔하는 최고 수장"**을 뜻합니다. "국가의 수장"이라 하면 **"대통령"**이 될 테고, "회사의 수장"이라 하면 **"사장"**이 되겠죠?

Tip.7) **"대사(ambassador)"**는 본국을 대표해 본국과 정식 외교관계를 맺은 나라에 파견되는 외교사절로, 이보다 한 단계 낮은 계급이 **"공사(diplomatic minister 또는 minister)"**입니다. 한편, **"영사(consul 또는 consular representative)"**는 대사나 공사, 또는 외무부 장관의 지시를 받아 외국에 있으면서 본국의 무역 통상 이익을 도모하거나 자국민의 보호 등을 담당하는 공무원을 말하죠. **"대사"**나 **"공사"**는 **"외교관(diplomat)"**이기 때문에 **"면책특권(diplomatic immunity)"**이 부여되지만, **"영사"**는 **"공무원(official)"**이기 때문에 이런 특권이 부여되지 않습니다.

Tip.8) **"난 ~가 될 거야."**, **"난 (곧) ~가 돼."**라고 말하고 싶을 땐 **"I'll be ..."** 또는 **"I'm going to be ..."**처럼 미래 시제로 표현하면 됩니다.

Tip.9) **"난 커서 ~와 같은 사람이 되고 싶어."**라고 말하고 싶을 때는 **"I'd like to grow up to be like ..."** 또는 **"I'd like to be like ... when I grow up."**처럼 표현합니다.

Lesson 124 I wanted to be a brilliant scientist.

Understanding

1 Talking about what kind of person you want to be using the verb *become*.

※ When you talk about what kind of person you want to be, you can also use the verb ***become***. Tip.1

ex) I want to become a ❶ _______ attorney. 난 공정한 변호사가 되고 싶어.
ex) I'm going to become rich. Tip.2 난 부자가 될 거야.
ex) I'll become a historian. 난 역사학자가 될 거야.

2 Talking about your childhood dreams.

※ Here are some ways to ask what someone wanted to be in the past.

ex) What did you want to be when you ❷ _______ up?
난 크면 뭐가 되고 싶었어?

ex) ❸ _____ a kid, what did you want to be when you grew up?
넌 어릴 적엔 커서 뭐가 되고 싶었어?

ex) What did you want to be when you were a kid?
넌 어릴 적에 뭐가 되고 싶었어?

ex) What did you want to be when you were young?
넌 젊을 때 뭐가 되고 싶었어? / 넌 어릴 때 뭐가 되고 싶었어?

ex) What did you want to be when you were growing up?
넌 크면 뭐가 되고 싶었어?

ex) What did you want to be ❹ _________ up?
넌 커서 뭐가 되고 싶었어?

※ Here are various ways to respond to the questions above.

ex) I wanted to be a brilliant scientist. 난 뛰어난 과학자가 되고 싶었어.
ex) I wanted to be a brave soldier. 난 용감한 군인이 되고 싶었어.

ex) I wanted to become a professional baseball player.
난 프로 야구 선수가 되고 싶었어.

ex) I didn't want to be a ❺ ___________ concierge.
난 일만 하는 호텔 직원이 되고 싶지 않았어.

ex) I didn't want to be an ❻ __________ freelancer.
난 불안정한 프리랜서가 되고 싶지 않았어.

ex) I didn't want to become a writer ⑦ ____ first.
난 처음에는 작가가 되고 싶지 않았어.

ex) I didn't want to become a ⑧ __________.
난 짐이 되고 싶지 않았어.

ex) I never wanted to become worthless.
난 결코 아무짝에도 쓸모없는 사람이 되고 싶지 않았어.

3 Useful expressions using the verb *to be*.

※ Here are some example sentences of the root form of the verb ***to be***.

• Be quiet.	조용히 해.
Tip.3 • Be a man and ⑨ ______ the question.	남자답게 청혼해.
• Be careful ⑩ ______ that. It's expensive.	그거 조심해. 비싼 거야.
• Be ⑪ ______ to your little sister.	네 여동생에게 잘해.
Tip.4 • Be ⑫ ______ to lock the door.	잊지 말고 문 꼭 잠가.
• Be frank when you talk to him.	걔랑 얘기할 땐 솔직하게 말해.
• Be straightforward ⑬ ______ her.	걔한테 솔직하게 말해.
• Always be open-minded.	항상 열린 사고를 가져. / 늘 편견 없이 생각해.
• C'mon, be ⑭ __________.	제발, 농담하지 말고. / 야, 좀 진지해져.
• Don't be like that.	그러지 좀 마.
• Don't be stupid.	멍청하게 굴지 마.
• Don't be naive.	순진하게 굴지 마.
• Don't be late.	늦지 마.
• To be or not to be.	죽느냐 사느냐.
• Let it be.	그냥 내버려 둬.
• Can you be more ⑮ __________?	좀 더 자세히(구체적으로) 말해 줄래?
• You can be honest with me.	나한테 솔직히 말해도 돼. / 나한테는 거짓말 안 해도 돼.
• It's important to be flexible.	융통성이 있어야 해. / 융통성 있게 행동하는 게 중요해.
• I'll be there in half an hour.	(나는) 30분 뒤에 거기 도착할 거야.
• You should be honest to your employer.	고용주한테는 솔직하게 말해야지.
• She should be here ⑯ ______ minute.	걘 곧 도착할 거야.
• You need to be patient.	인내심을 가져야 해.
• You need to be ⑰ __________.	넌 현실적일 필요가 있어.

Answers
① fair ② grew ③ As ④ growing ⑤ workaholic
⑥ insecure ⑦ at ⑧ burden ⑨ pop ⑩ with ⑪ nice
⑫ sure ⑬ with ⑭ serious ⑮ specific ⑯ any ⑰ realistic

Practice

A. Use your own words and complete the following dialogue.
샘플 대화문은 참고용입니다. 자신의 말로 자유롭게 대화를 나눠보세요.

❶ A: What did you want to be when you were ___________?
B: ____.

B. Complete the following dialogues using the given translations.
번역을 참고로 하여 다음 각 대화문을 완성해보세요.

❷ A: What ___________________ growing up?
B: I wanted to be a soccer player.

A: 넌 커서 뭐가 되고 싶었어?
B: 난 커서 축구 선수가 되고 싶었어.

❸ A: I ________________ an insecure freelancer.
B: You're making good money now.

A: 난 불안정한 프리랜서가 되고 싶지 않았어.
B: 돈은 잘 벌고 있잖아.

❹ A: _____________ lock the door on your way out.
B: Okay, I'll make sure to do that.

A: 나갈 때 잊지 말고 문 꼭 잠가.
B: 알았어, 꼭 그러도록 할게.

❺ A: What if she says no?
B: If she says no, she says no. Be a man and ________________.
A: You're right. Nothing ventured, nothing gained.

A: 그녀가 거절하면 어쩌지?
B: 거절하면 거절하는 거지. 남자답게 청혼해.
A: 네 말이 맞아. 모험 없인 얻는 것도 없으니.

❻ A: I'm making a killing.
B: C'mon, ___________________________.
A: I am. My business is really booming.

A: 나 떼돈 벌고 있어.
B: 제발, 나한텐 솔직하게 말해도 돼.
A: 농담 아니야. 사업이 정말 잘 되고 있단 말이야.

Sample Dialogue

❶ A: What did you want to be when you were young?
B: I wanted to be a writer, but it didn't work out so well.

A: 넌 어릴 적에 뭐가 되고 싶었어?
B: 난 작가가 되고 싶었어. 하지만 그리 일이 잘 풀리진 않았어.

Answers

답변은 응답자에 따라 달라질 수 있음

❷ did you want to be ❸ didn't want to be ❹ Be sure to
❺ pop the question ❻ you can be honest with me

Tip.1) 보통, be동사는 "(정체가)**~이다**", "(상태가)**~하다**", "(위치가)**~에 있다**"라는 뜻으로 알고 있지만, "**want to be**"처럼 사용되면 "**~이 되고 싶다**"라는 뜻이 됩니다. 이때 "**be**"는 "**become (~이 되다)**"과 같은 뜻이므로 "**be**" 대신 "**become**"이라고 표현할 수도 있죠. 하지만 "**be**"가 "**become**"에 비해 발음하기 더 쉽고 자연스럽기 때문에 평상시 대화에서는 "**be**"를 더 많이 사용한답니다. 반대로 말하면, "**become**"이라고 말할 때가 "**be**"라고 말할 때보다 어감상 더 장황한 느낌이 있어서, "반드시 어떤 사람이 되고 싶다"는 단호한 결의를 말하고 싶을 때는 "**become**"을 사용하죠.

Tip.2) "**lawyer**"와 "**attorney**"는 별 차이 없이 사용하는 경우가 많지만, 이들을 정확히 구분하자면, 법대를 나오면 무조건 "**lawyer**"이라고 하고, 그중에서 실제로 "**사법시험에 합격한 사람**"들만 "**attorney**"라고 합니다.

Tip.3) 보통, 청혼할 때는 상대가 예상하지 못했을 때 불쑥 질문을 던져서 상대방을 놀라게 하는 경우가 많죠? 이처럼 "**청혼하다**"는 표현은 갑작스럽게 질문을 던진다고 하여 "**pop the question**"이라고 합니다.

Tip.4) "**be sure to ...**"와 "**make sure to ...**"는 둘 다 "**꼭 ~해**"라는 뜻으로 기본적인 의미는 같지만 현대 영어에서는 "**make sure to ...**"를 선호합니다. 비슷한 상황에서는 "**Remember to ...**", "**Don't forget to ...**"라고 표현하기도 하죠.

Be sure to pick up some milk at the store.	슈퍼에서 우유 좀 꼭 사오도록 해.
Make sure to call me before seven.	나한테 꼭 7시 전에 연락해.
Make sure to be here on time.	늦지 않게 꼭 여기 와.
Make sure to be here by six p.m. at the latest.	늦어도 오후 여섯 시까진 와.
Make sure to come here (at) 10 o'clock sharp.	열 시 정각까지 여기에 꼭 와.
Make sure to call me when you get home.	집에 도착하면 꼭 전화해
Remember to give me a reminder.	나한테 꼭 상기시켜줘.
Remember to feed the dog.	개밥 꼭 챙겨줘.
Remember to take care of yourself.	몸조리 잘하도록 해.
Don't forget to return it by tomorrow.	(그거) 꼭 내일까지 반납해.

추가 1) "**good money**"는 "좋은 돈"이라는 뜻이 아니라 "**상당한 돈**", "**많은 보수**", "**좋은 벌이**"를 뜻하는 표현입니다. "**decent money**", "**okay money**", "**a good wage**", 또는 "**a good living**"이라고 표현하기도 하죠. 참고로, "**돈을 벌다**"라고 말할 때는 동사로 "**earn**"을 이용하기도 하지만, 그보다 "**make**"를 훨씬 더 일반적으로 사용합니다.

I make good money.	나 월급 많이 받아. / 나 연봉 높아.
He's making good money.	갠 돈 많이 벌고 있어.
His job pays good money.	걔 직장은 보수가 좋아.
She makes decent money.	걔 돈 괜찮게 벌어. / 걔 돈 잘 벌어. / 걔 수입이 짭짤해.
They make okay money.	걔네 돈 그럭저럭 벌어. / 입에 풀칠할 만큼은 벌어.
I make a good wage.	난 돈 잘 벌어.
He makes a good living.	갠 벌이가 좋아. / 갠 잘 살아.

Lesson 125 I hope to be an artist.

Understanding

1 Talking about jobs you wish to have.

Tip.1 ※ When talking about a job you would like to have, you can use the verb ***hope***.

A: What do you hope to be? A: 넌 어떤 사람이 되고 싶어?
B : I hope to be an artist. B : 난 예술가가 되고 싶어.

※ You can use the phrase "**I hope to be/become ...**" to talk about what you hope to be someday.

ex) I hope to be a ❶ ________. 난 꽃집 주인이 되고 싶어.
ex) I hope to become an actress. 난 배우가 되고 싶어.

Tip.2

2 Names of occupations in English. #3

※ Let's take a look at additional names of occupations.

artist
예술가, 화가

model
모델

❷ ________
판사

pilot
파일럿

dentist
치과 의사

secretary
비서

journalist
저널리스트, 기자

Tip.3

reporter
리포터, 기자

entertainer
연예인

singer
가수

actor / ❸ ________
(남자)배우 / (여자)배우

florist
꽃집 주인, 꽃집 점원

taxi driver
택시 기사

bus driver
버스 운전사

④ ____________

전문 상담가

⑤ ____________

우편집배원, 우편배달부

nail technician

네일 테크니션, 손톱 관리사

butcher

정육점 주인, 정육업자

Tip.4 cleaner	청소부
⑥ ____________	심리학자
school counselor	전문 상담교사
financial advisor	재정 상담가, 자산 관리사
⑦ ____________ agent	부동산 중개인
customer service representative	고객 서비스 상담원

3 Wishing to be someone else.

※ You can use "**I wish I were ...**" to talk about something you would like to be, but are not. Tip.5

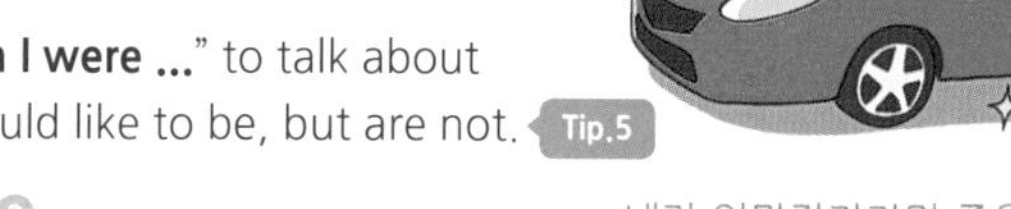

ex) I wish I were a ⑧ ____________. 내가 억만장자라면 좋을 텐데.

ex) I wish I were a ⑨ ____________ businessman. 내가 성공한 사업가라면 좋을 텐데.

ex) I wish I were an opera singer. 내가 오페라 가수라면 좋을 텐데. / 내가 성악가라면 좋을 텐데.

Tip.6

ex) I wish I were a journalist. 내가 저널리스트라면 좋을 텐데.

ex) I wish I were a school ⑩ ____________. 내가 전문 상담교사라면 좋을 텐데.

※ When you don't wish to have your current job, you can use sentences like those below.

ex) I wish I weren't an attorney. 내가 변호사가 아니라면 좋을 텐데.

ex) I wish I weren't a ⑪ ____________. 내가 유명인이 아니라면 좋을 텐데.

ex) I wish I weren't a chef. 내가 요리사가 아니라면 좋을 텐데.

Tip.7

Answers

① florist ② judge ③ actress ④ counselor
⑤ mailman ⑥ psychologist ⑦ real estate ⑧ billionaire
⑨ successful ⑩ counselor ⑪ celebrity

Practice

A. Complete the following sentences using the given translations.
번역을 참고로 하여 다음 각 문장을 완성해보세요.

❶ ____________________ 난 파일럿이 되고 싶어.
❷ ____________________ 난 연예인이 되고 싶어.
❸ ____________________ 내가 판사라면 좋을 텐데.
❹ ____________________ 내가 심리학자가 아니라면 좋을 텐데.

B. Complete the following dialogues using the given translations.
번역을 참고로 하여 다음 각 대화문을 완성해보세요.

❺ A: I hope to ____________.
B: What subject do you want to teach?
A: Literature.

A: 난 선생님이 되고 싶어.
B: 어떤 과목을 가르치고 싶은데?
A: 문학.

❻ A: What do you like to do in your spare time?
B: I love cooking. I'm hoping to ________ a famous chef one day.

A: 넌 여가 시간에 뭘 즐겨 해?
B: 난 요리를 무척 좋아해. 언젠가 유명한 요리사가 되면 좋겠어.

C. Use your own words and complete the following dialogues.
샘플 대화문은 참고용입니다. 자신의 말로 자유롭게 대화를 나눠보세요.

❼ A: What do you hope to be?
B: I hope to ____________.

❽ A: I wish I were ____________.
B: What would you do if you were?
A: I would ____________.

Answers

일부 답변은 응답자에 따라 달라질 수 있음

❶ I hope to be a pilot.
❷ I hope to become an entertainer.
❸ I wish I were a judge.
❹ I wish I weren't a psychologist.
❺ be a teacher
❻ become

Sample Dialogue

❼ A: What do you hope to be?
B: I hope to be a dentist.

A: 넌 어떤 사람이 되고 싶어?
B: 난 치과의사가 되고 싶어.

❽ A: I wish I were a rich and successful businessman.
B: What would you do if you were?
A: I would help the poor.

A: 난 내가 부유하고 성공한 사업가라면 좋겠어.
B: 그러면 어쩔 건데?
A: 가난한 사람들을 돕겠어.

Street Smarts

Tip.1) 가능성을 따지지 않고, 그냥 어떠한 사람이 되길 원한다고 말할 때는 앞서 배운 바와 같이 **"I want to be/become ..."**이라고 표현합니다. 되고 싶긴 하지만, 가능성이 희박하거나 아예 불가능할 경우엔 **"I wish I could be/become ..."**이라고 표현하죠. 되길 원하고, 또 언젠가는 꼭 그런 사람이 되고 싶다고 말할 때는 **"I hope to be ..."**라고 표현합니다.

Tip.2) 영어에는 남성 명사와 구분되어 끝이 **"-ess"**로 끝나는 여성 명사들이 있습니다. 이들은 남성 명사와 함께 쌍으로 기억해두면 좋겠죠?

actor	남자 배우	/ actress	여자 배우
waiter	웨이터	/ waitress	웨이트리스
tiger	수호랑이	/ tigress	암호랑이
emperor	남자 황제	/ empress	여자 황제
sorcerer	남자 마법사	/ sorceress	여자 마법사
heir	상속자	/ heiress	상속녀
deacon	남자 집사	/ deaconess	여자 집사

위 표현 중 **"actor"**는 때때로 성별과 관계없이 사용되기도 합니다. 즉, 여자 배우를 가리킬 때도 **"actor"**라고 표현하기도 하죠. 참고로, 목소리로 연기하는 **"성우"**도 성별에 따라 **"voice actor(남자 성우)"**, **"voice actress(여자 성우)"**라고 구분해서 부르기도 하고, 구분 없이 둘 다 **"voice actor"**라고 부르기도 합니다.

Tip.3) **"journalist"**는 신문, 잡지, 텔레비전, 라디오 등을 위해 기사를 쓰는 사람을 말하며, **"reporter"**는 기사를 쓰기도 하지만 그런 기사를 보도하기도 하는 사람을 말합니다.

Tip.4) **"cleaner"**는 "공원 청소부", "도로 청소부", "건물 청소부"처럼 일반적인 **"청소부"**를 의미하기도 하고, **"vacuum (cleaner)"**처럼 **"청소기"**를 의미하기도 하죠. 참고로, **"cleaners"**처럼 사용될 때는 **"세탁소"**라는 뜻으로도 쓰입니다.

Did you pick up my suit from the cleaners?　　세탁소에서 내 정장 찾아왔어?

Tip.5) "내가 억만장자라면 좋을 텐데."처럼 현실에 대한 아쉬움을 표현할 때는 **"I wish I were ..."**라고 표현합니다.

Tip.6) **"opera singer"**는 말 그대로 **"오페라 가수"**라는 뜻이지만, **"성악가"**라는 뜻으로도 쓰입니다.

Tip.7) **"entertainer(연예인)"**라는 표현은 그리 자주 사용되는 표현은 아닙니다. 흔히 **"연예인"**을 말할 땐 해당 연예인의 활동 분야에 따라 **"actor"**, **"singer"** 등으로 구체적으로 말하는 경우가 많죠. 연예인 중에는 (특히 그 연예인이 현재 활동 중이라면) 인지도가 높은 사람들이 많아서 **"연예인"**을 **"celebrity(유명인)"**라고 표현하는 경우도 많습니다.

추가 1) **"want"**나 **"wish"**와 달리 **"hope"**는 진행 시제로도 자주 사용됩니다.

I'm hoping to hear from you.　　(난) 네 소식을 들으면 좋겠어.

Lesson 126 I wish I were rich.

Understanding

1 Use of the verb *hope*.

※ When you talk about a feeling of expectation and desire for a certain thing to happen, you can use the verb ***hope***. Note that I hope is followed by a complete sentence or "**to + infinitive**." Tip.1

ex) I hope you have a lovely time. 즐거운 시간 보내길 바래.
ex) I hope you ① ______ a nice vacation. 즐거운 방학 됐길 바래. / 휴가 즐거웠길 바래.
ex) I hope you're okay ② ______ this. 이걸로 해도 괜찮으면 좋겠네. / 이렇게 해도 괜찮아? / 이거면 되겠어?
ex) I hope you don't mind. 괜찮으시다면 좋겠네요. / 괜찮지? / 괜찮죠?
ex) I hope to see you soon. 조만간 봐. / (널) 빨리 만나길 바래. / (널) 빨리 만나고 싶어.
ex) I hope to hear ③ ______ you soon. 곧 네 소식을 들을 수 있길 바래.
ex) I hope to be just like you someday. 나도 언젠가는 꼭 너처럼 되고 싶어.

2 Use of the verb *wish*.

※ When you talk about a desire that is not easily attainable, unlikely or impossible, you use the verb ***wish***. Note that "**I wish ...**" is followed by a complete sentence. The verb used in the sentence is either in past or past perfect tense. Tip.2

ex) I wish I could speak English well.
내 영어 실력이 유창하면 좋을 텐데.
ex) I wish I could ④ ______ the future.
(내가) 미래를 알 수 있다면 좋을 텐데.
ex) I wish I were handsome.
(내가) 잘생겼으면 좋을 텐데.
ex) I wish I were better ⑤ ____________.
(내가) 인맥이 더 많으면 좋을 텐데. / (내가) 발이 좀 더 넓으면 좋을 텐데.
ex) I wish I weren't so easily ⑥ ____________.
(내가) 이렇게 쉽게 유혹에 빠지지 않으면 좋으련만. / 난 유혹에 너무 쉽게 넘어가.
ex) I wish you were here. 네가 여기 있으면 좋으련만.

Tip.3

ex) I wish I knew. 내가 알면 좋겠어.

3 Other uses of the verb *wish*.

※ The verb ***wish*** can be used to express a desire to do something. Tip.4

- You wish! 꿈 깨! / 됐거든! / 네 바람이겠지!
- I will do ⑦ ______ you wish. 네가 바라는 대로 할게.
- Be careful what you wish ⑧ ______.
  (원하지 않은 결과가 나올 수도 있으니) 소원 신중히 빌어. / 말이 씨가 되니 말조심해.
- I wish ⑨ ______ travel abroad. 나 해외여행 가고 싶어.
- I don't wish to bother you, but... 널 귀찮게 하고 싶진 않지만...

※ The verb ***wish*** can also be used to express a desire for the happiness, good fortune, etc. of someone. Tip.5

Tip.6
- Wish me ⑩ ______. 행운을 빌어줘.
- I wish you the very best of luck. 아무쪼록 행운을 빌어.
- We wish you a "Merry Christmas." 즐거운 성탄절 되세요.

※ The noun ***wish*** means ***a desire or hope for something to happen***. Tip.7

- ⑪ ______ a wish. 소원을 빌어.
- Did you make a wish? 너 소원 빌었어?
- I ⑫ ______ my wish. 내 소원이 이루어졌어.
- My wish came ⑬ ______. 내 소원이 이루어졌어.
- All my wishes came true. 내 모든 소원이 다 이루어졌어.
- I hope all your wishes come true. 네 모든 소원이 다 이루어지길 바래.
- I have no wish to sell my car. 난 내 차를 팔 마음(의도)이 없어.
- I went ⑭ ______ my parents' wishes. 난 부모님의 기대(바람)를 저버렸어.
- Your wish is my command. 분부대로 합죠.

Tip.8 ※ When you wish someone to have happiness, luck, success, good health, etc., you can use **the plural form** of the noun ***wish*** as below.

- Best wishes!
  행운을 빌어! / 좋은 일만 가득하길!
  / 행복이 넘치길! / 늘 건강하길!
- He sends you his best wishes.
  그가 행운을 빈다고 전해 달래.

Answers

① had	② with	③ from	④ tell	⑤ connected
⑥ tempted	⑦ as	⑧ for	⑨ to	⑩ luck
⑪ Make	⑫ got	⑬ true	⑭ against	

Practice

A. Complete the following dialogues using the given translations.
번역을 참고로 하여 다음 각 대화문을 완성해보세요.

❶ A: ______________________________.
B: I hope not.

A: 난 내일 비가 안 오면 좋겠어.
B: 나도.

❷ A: ______________________________.
B: I'm sure you will.

A: 좋은 직장을 구하면 좋겠어.
B: 넌 분명 그럴 거야.

❸ A: Don't you know anyone in that company?
B: No. I wish I were ______________.

A: 그 회사에 아는 사람 없어?
B: 없어. 내가 인맥이 더 많으면 좋을 텐데.

❹ A: I wish I could ______________.
B: Same here. Why does English have to be so hard to learn?
A: Amen!

A: 영어를 잘할 수 있으면 좋겠어.
B: 나도. 영어는 왜 배우기 어려워야 하는 거지?
A: 옳소!

❺ A: I wish ______________.
B: No way! Then I'd be the last in class.

A: 내가 똑똑하면 좋을 텐데.
B: 절대로 안 돼. 너라도 있어야 내가 꼴찌를 면하지.

❻ A: It's a laid-back job.
B: Really? Good for you. I wish I could ______________ like that, too.

A: 널널한 직장이야.
B: 정말? 좋겠네. 나도 그런 직장 가졌으면 좋겠다.

❼ A: Come back when you're done.
B: Your wish is ______________.

A: 일 끝나면 다시 와.
B: 분부대로 합죠.

❽ A: Do you think I have a chance with her?
B: ___________!

A: 내가 걔랑 잘될 가능성이 있을까?
B: 꿈 깨!

❾ A: What should I do?
B: Doesn't matter. Do ______________.

A: 나 어쩌면 좋을까?
B: 난 상관 안 해. 너 하고 싶은 대로 해.

Answers

일부 답변은 응답자에 따라 달라질 수 있음

❶ I hope it doesn't rain tomorrow ❷ I hope I find a good job
❸ better connected ❹ speak English well
❺ I were smart ❻ have a job ❼ my command
❽ You wish ❾ as you wish

Tip.1) 실현 가능성이 있는 "**바람**"을 표현할 때는 동사로 "**hope**"를 이용합니다. 뒤에는 to부정사 혹은 완벽한 문장이 등장하죠.

Tip.2) 실현 가능성이 아예 없거나 희박한 바람을 표현할 때는 동사로 "**wish**"를 이용합니다. 이는 주로 상상하거나 가정하는 상황에서 사용되죠. "**I wish ...**" 뒤에는 완벽한 문장이 등장합니다.

Tip.3) 앞서 소개한 "**I wish ...**" 관련 모든 예에서 뒤에 등장하는 문장의 시제가 모두 과거라는 점 눈치채셨나요? 그래서 이를 문법적으로 "**가정법 과거**"라고 한답니다. 가정법 과거는 현재 사실의 반대 상황을 가정하는 것으로, 지금은 그렇지 못함을 아쉬워하는 느낌을 줍니다. 가정법 과거에서 특이한 점이 한 가지 있다면, be동사를 모두 "**were**"로 표현하는 것인데, 대화 시에는 이런 문법 규칙을 무시하고 그냥 "**was**"로 표현하는 경우도 자주 있습니다.

Tip.4) "**wish**"는 "**want**"와 비슷하게 무언가를 "**원하다**", "**바라다**"라는 뜻으로도 사용됩니다.

Tip.5) "**wish**"는 누군가에게 행복이나 행운 등을 빌어 줄 때도 사용됩니다.

Tip.6) 애니메이션 "뮬란"에서 보면 여자 주인공이 맞선을 보러 가면서 메뚜기에게 "**행운을 빌어줘.**"라고 말합니다. 이때의 표현이 바로 "**Wish me luck!**"이죠.

Tip.7) "**wish**"는 그 자체로 "**바람**", "**소망**", "**의도**", "**소원**", "**기원**"이라는 뜻의 명사로 사용될 수 있습니다.

Tip.8) "**wish**"는 누군가에게 "**행운**", "**행복**", "**성공**", "**건강**" 등을 기원하는 표현에서도 명사로 사용되는데, 이때는 주로 복수로 표현됩니다.

추가 1) 상대방의 바람에 "**나도.**"라고 말할 때 아무 생각 없이 그냥 "**I hope so.**"라고 말하는 학습자들이 많은데, "**I hope this all works out. (이 모든 게 효과가 있어야 할 텐데.)**"처럼 상대방의 긍정적인 바람에 "**나도 (그러길 바래).**"라고 말하는 경우에만 "**I hope so.**"라고 표현하고, "**I hope it doesn't rain tomorrow. (내일 비가 안 와야 할 텐데.)**"처럼 부정적인 바람에 "**나도 (안 그러길 바래).**"라고 말하는 경우엔 "**I hope not.**"이라고 표현해야 합니다.

A: I hope it rains tomorrow. B: **I hope so**, too.	A: 내일 비 오면 좋겠어. B: 나도.
A: I hope it doesn't get too cold tonight. B: **I hope not**.	A: 오늘 밤에 날씨가 그리 안 추워지면 좋겠네. B: 나도.

추가 2) "**Amen!(아멘!)**"이란 말은 기도나 찬양의 말끝에 그 내용에 찬동한다는 뜻으로 쓰이는 말입니다. 하지만 일반적인 대화에서도 상대방의 말에 전적으로 동의할 때 "**바로 그거야.**"나 "**내 말이.**"라는 의미로 사용될 수 있죠. 비슷한 표현으로는 "**Tell me about it.**"이나 "**I hear you.**"도 있지만 "**Amen.**"이나 "**Amen to that.**"이 좀 더 과장된 표현이랍니다.

추가 3) "**laid-back**"은 "**느긋한**", "**태평한**"이라는 뜻으로도 쓰이지만, "여유 있는", "정신없이 바쁘지 않은", "어렵지 않고 수월한"이라는 의미에서 "**널널한**"이라는 뜻으로도 쓰입니다.

Appendix

제한된 지면 관계로
각 레슨에 담지 못한 유용한 자료를
한데 모았습니다.

각 레슨을 학습하면서
시간이 날 때 재미 삼아 한번 읽어보세요.

Appendix

1 Various Sleeping Positions

사람들은 자기도 모르게 "잠잘 때 취하는 자세(sleeping position)"가 있습니다. 이것으로 그 사람의 성격을 알 수 있다고 말하기도 하지만, 어쨌든 그 사람에겐 그 자세가 가장 편한 자세겠죠. 다음은 잠잘 때 취하는 자세에 따른 사람들의 유형을 정리해본 것입니다.

Back Sleeper (= Log/Soldier Sleeper)
(sleeping on the back with arms at sides)

Back Sleeper
(with arms crossed to support the head)

Back Sleeper (= Starfish (position))
(with arms and legs spread out)

Side Sleeper
(lying on one side)

Side Sleeper (= Fetal (position))
(curling up)

Side Sleeper
(with one knee bent)

Side Sleeper
(with one lower arm to support the head)

Tummy Sleeper (= Freefaller)
(sleeping on the stomach)

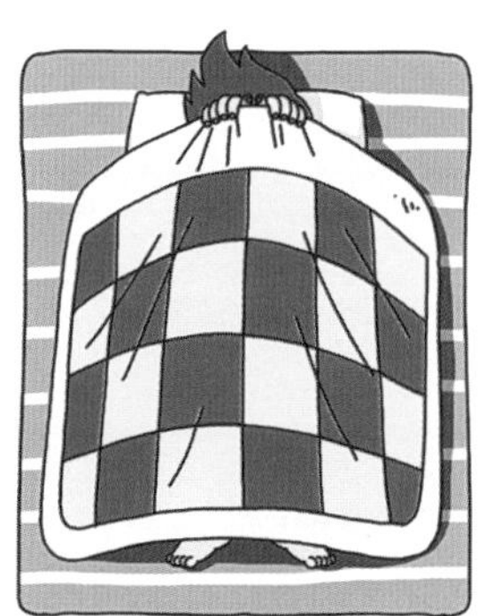

Hidden Sleeper
(covering from head to toe)

2 Parts of the Face

얼굴 각 부위의 명칭은 다음과 같습니다.

1. forehead 이마
2. eyebrow 눈썹
3. eyelash 속눈썹
4. eye 눈
5. pupil 눈동자, 동공
6. ear 귀
7. nose 코
8. nostril 콧구멍
9. eyelid 눈꺼풀
10. cheek 볼, 뺨
11. mouth 입
12. teeth 이, 이빨
13. lips 입술
14. tongue 혀
15. chin 턱

추가로, 대표적인 얼굴 모양은 영어로 다음과 같이 표현합니다.

long face
긴 얼굴

oval face
타원형 얼굴

round face
둥근 얼굴

rectangular face
직사각형 얼굴

square face
정사각형 얼굴

heart-shaped face
하트꼴 얼굴

diamond face
(= diamond-shaped face)
마름모꼴 얼굴

Appendix

3 Body Parts

신체 각 부위의 명칭은 다음과 같습니다.

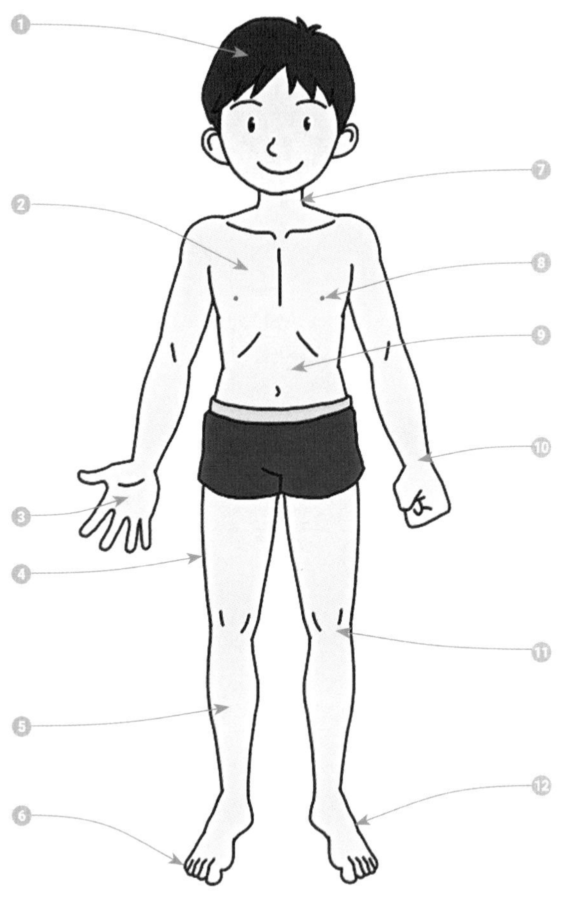

1	head	머리
2	chest	가슴, 흉부
3	palm	손바닥
4	thigh	넓적다리
5	shin	정강이
6	toe	발가락
7	neck	목
8	nipple	젖꼭지, 유두
9	stomach	복부, 배
10	wrist	손목
11	knee	무릎
12	foot	발

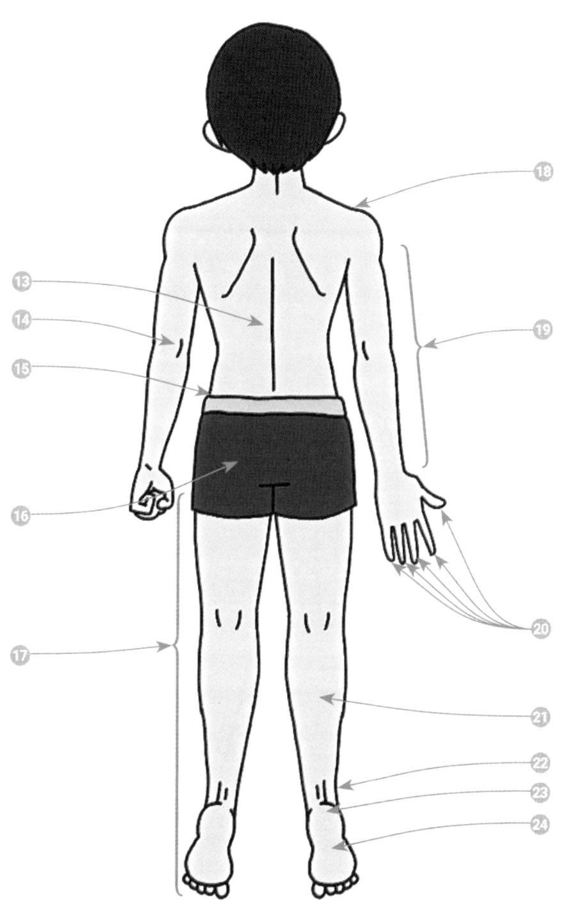

⑬ back 등, 등허리
⑭ elbow 팔꿈치
⑮ waist 허리
⑯ buttock 엉덩이
⑰ leg 다리

⑱ shoulder 어깨
⑲ arm 팔
⑳ finger 손가락
㉑ calf 종아리, 장딴지
㉒ ankle 발목
㉓ heel 발뒤꿈치
㉔ sole 발바닥

Appendix

4 Fingers and Toes

각 손가락의 명칭은 다음과 같습니다.

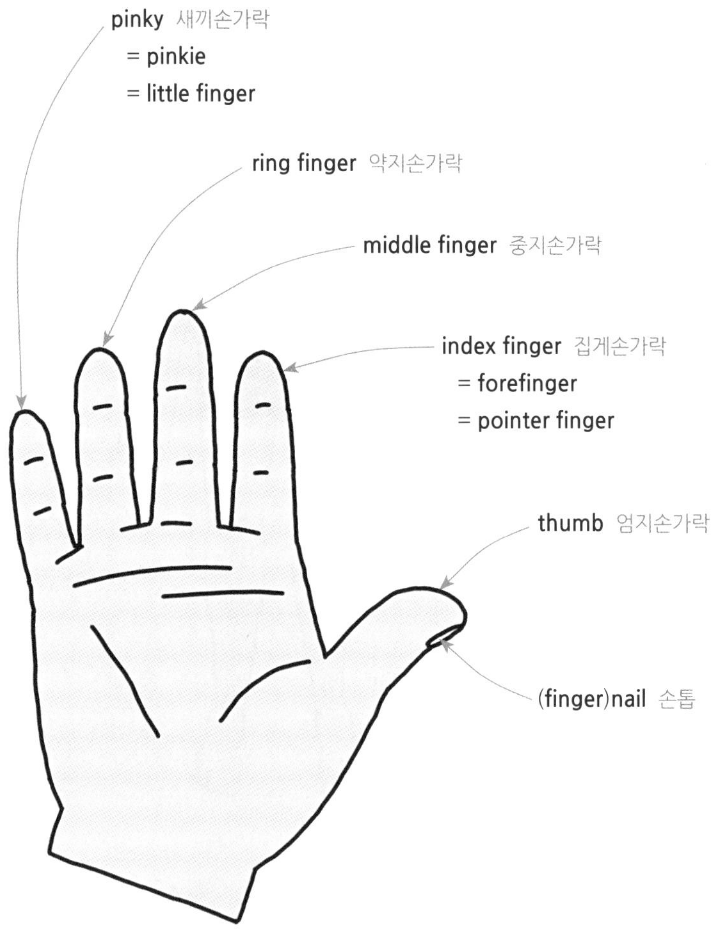

각 발가락의 명칭은 다음과 같습니다.

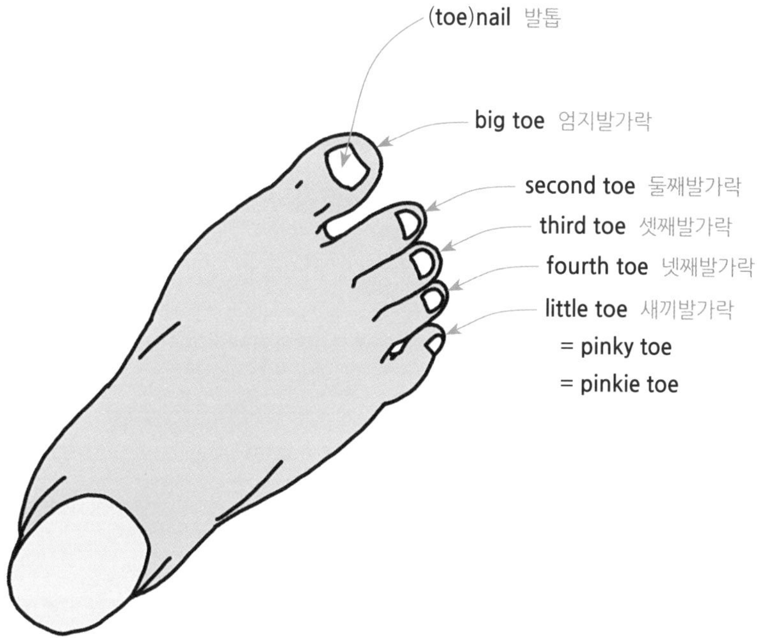

Appendix

5 Types of Medicines and Vitamins

약의 종류에는 다음과 같은 것들이 있습니다.

pill (= tablet)	알약
powder (= powdered medicine)	가루약
liquid medicine	물약
syrup	시럽
first-aid remedy (= emergency remedy)	구급약, 상비약
Western medicine	양약
Chinese medicine (= oriental medicine = herbal medicine)	한약
concoction	조제약
prescription drug (= prescription medicine)	처방약
cold medicine	감기약
cough medicine	기침약
headache medicine / Tylenol	두통약 / 타이레놀
diarrhea medicine	설사약
digestive medicine	소화제
sleeping pill (= sleeping tablet)	수면제
birth control pill (= contraceptive pill)	피임약
painkiller	진통제
fever reducer / aspirin	해열제 / 아스피린
antibiotic	항생제
nutritional supplements	영양제
vitamin	비타민제

"비타민(vitamin)"은 많이 섭취할 필요는 없지만, 물질대사나 생리 기능을 조절하는 필수적인 영양소로, 부족 시 성장 장애나 체중 저하 등의 증상이 나타날 수 있습니다. "체중 저하"라고 해서 다이어트에 좋겠다고 생각하기 쉬우나, 그 외에도 심각한 장애를 초래할 수도 있으므로 꼭 챙겨 먹는 게 좋죠. 비타민이 부족해서 생기는 생리적 기능장애를 "비타민 결핍증(avitaminosis)"이라고 하며, 부족한 비타민의 종류에 따라 발생할 수 있는 결핍증은 대략 다음과 같습니다.

대분류	소분류	부족시 발생할 수 있는 결핍증
지용성 (fat-soluble vitamins)	vitamin A (retinol)	야맹증, 안구건조증, 각막연화증
	vitamin D (calciferol)	구루병, 골연화증(안짱다리 등 뼈의 변형 발생, 성장 장애)
	vitamin E (tocopherol)	세포막 파괴
	vitamin K (phylloquinone)	혈액 응고 지연
수용성 (water-soluble vitamins)	vitamin B_1 (thiamine)	각기병(팔과 다리가 붓고 힘이 없어지며 통증이 심함)
	vitamin B_2 (riboflavin)	피부염
	vitamin B_6 (pyridoxine)	피부염
	vitamin B_{12} (cobalamin)	악성 빈혈
	vitamin C (ascorbic acid)	괴혈병(잇몸과 피부에서 피가 나고 아프며, 피로나 식욕부진이 나타남)

6 Words for Family Members and Other Relatives

한집안의 가족 관계를 나타내는 단어들은 다양합니다. 완전히 다른 단어들도 있지만, 비슷하거나 파생된 단어들도 많으니 연관 지어서 함께 알아둡시다. 참고로, 결혼으로 인해 맺어진 가족 관계는 끝에 "-in-law"라는 표현이 붙게 됩니다. 즉, 법적으로 맺어진 관계라는 뜻이죠.

남자		여자		남자 또는 여자	
great-grandfather	증조할아버지	great-grandmother	증조할머니	great-grandparent	증조부모
grandfather	할아버지	grandmother	할머니	grandparent	조부모
father	아버지	mother	어머니	parent	부모
uncle	삼촌, 외삼촌	aunt	고모, 이모		
husband	남편	wife	아내	spouse	배우자
brother	형, 오빠, 남동생	sister	누나, 언니, 여동생	sibling	형제자매
				cousin	사촌
son	아들	daughter	딸	child	자녀
nephew	남자조카	niece	여자조카		
grandson	손자	granddaughter	손녀	grandchild	손주
father-in-law	장인어른, 시아버지	mother-in-law	장모, 시어머니	parent-in-law	시부모, 처부모
son-in-law	사위	daughter-in-law	며느리		
brother-in-law	시동생, 형부, 매형, 자형, 매제, 처남	sister-in-law	형수, 시누이, 올케, 처제, 처형, 동서		

추가적으로, 부모와 자식, 형제간의 호칭은 어떻게 맺어진 관계인가에 따라 다음과 같이 세분화될 수 있습니다. 물론, 실제 생활 속에서는 그냥 “father”, “mother”, “parents”, “brother”, “sister”, “child”, “son”, “daughter”이라고 표현하는 게 일반적이며, 행정적인 필요에 의해 꼭 구분 지어 말해야 할 상황에서만 다음 표현들을 사용합니다.

관계의 종류		표현	
부모 중 한 분이 돌아가셨거나 이혼 등의 사유로 맺어진 관계	부모	stepfather stepmother stepparents	의붓아버지, 계부 의붓어머니, 계모 의붓부모
	형제	stepbrother stepsister half-brother half-sister	의붓형제 의붓자매 이복형제 이복자매
	자식	stepchild stepson stepdaughter	의붓자식 의붓아들 의붓딸
낳진 않았으나 길러준 관계	부모	foster father foster mother foster parents	수양아버지 수양어머니 수양부모
	형제	foster brother foster sister	젖형제 젖자매
	자식	foster child foster son foster daughter	수양자녀 수양아들 수양딸
입양 등의 방법을 통해 법적으로 맺어진 관계	부모	adoptive father adoptive mother adoptive parents	양아버지 양어머니 양부모
	형제	adoptive brother (= adopted brother) adoptive sister (= adopted sister)	입양된 형제 입양된 자매
	자식	adoptive child (= adopted child) adoptive son (= adopted son) adoptive daughter (= adopted daughter)	양자녀 양자 양녀

Appendix

7 Types of Families

가족의 유형은 다음과 같습니다.

유형		의미
nuclear family	핵가족	부모와 자녀만으로 구성된 가족
large family (= big family)	대가족	부모와 많은 자녀(3~10명)로 구성된 가족
single-parent family (= one-parent family)	한부모가족	부모 중 하나만 있는 가족
broken family	결손가정	부모가 이혼한 가족
immediate family	직계가족	가장 가까운 친족(부모와 자식 관계)
extended family	확대가족	직계가족의 범위를 넘어 조부모, 삼촌, 숙모, 사촌 등이 모두 함께 살거나 근처에 사는 가족
close-knit family	단란한 가족	서로 친밀하고 잘 어울리는 가족
dysfunctional family	역기능(문제) 가족	서로 문제가 많은 가족(술, 마약 중독, 폭력 등의 문제를 안은 가정)
blood relative	혈족	결혼을 통해 맺어진 관계가 아닌 혈통으로 이어진 친척

참고로, "single-parent family"의 경우는 보통 부모가 이혼했거나, 둘 중 한 명이 사망했을 경우 모두에 해당될 수 있지만, "broken family"는 이혼했을 때에만 해당됩니다.

추가로, "**맞벌이 가족**"은 "double-income family", "**외벌이 가족**"은 "single-income family"라고 표현합니다. "**맞벌이**"나 "**외벌이**"는 가정 형편 때문에 결정되기도 하지만 요즘에는 더 나은 삶의 질을 위해, 노후를 대비하기 위해, 남편과 아내 각자의 자아실현을 위해 맞벌이를 하는 가정도 늘고 있죠. 더 나아가 자녀도 안 두는 가정이 있는데, 이들을 가리켜 "**딩크족(DINK)**"이라고 합니다. "**Double Income, No Kids**"의 약어이죠. 자녀 대신 애완동물을 기르는 딩크족을 따로 구분하여 "**딩펫족(DINKPET)**"이라고 부르기도 합니다.

Hurry up

and go get yourself

a copy of

MAD for 영어회화 Volume 4.

MAD for 영어회화 4권에서는 다음 내용이 이어집니다.

- 챕터 26 - 장소 및 위치
- 챕터 27 - 소유
- 챕터 28 - 취미와 여가활동
- 챕터 29 - 운동과 다이어트
- 챕터 30 - '필요(need)'와 '바람(want)'
- 챕터 31 - 제안
- 챕터 32 - 여러 대상 중 일부